"十四五"职业教育国家规划教材

汽车机械基础

（第三版）

QICHE JIXIE JICHU

主　编　吴建蓉　赵宇衡　赵学芳
副主编　辛礼兵　龙俊波　高　峰
　　　　张卫利

新形态
教材

中国教育出版传媒集团

高等教育出版社·北京

内容提要

本书是"十四五"职业教育国家规划教材。

本书分为工程力学、汽车材料、机构与机械传动、液压传动四篇,共十九章,内容包含汽车相关工作岗位中所必须具备的机械基础知识,为后续专业课程的学习奠定坚实的基础。

本书为新形态一体化教材,配套有 PPT 教学课件、视频、动画、知识拓展等教学资源,其中部分资源以二维码链接形式在书中呈现,其他资源可以通过封底的联系方式获取。

本书可作为高等职业院校汽车类相关专业的教材,也可作为汽车相关企业的培训用书。

图书在版编目(CIP)数据

汽车机械基础 / 吴建蓉,赵宇衡,赵学芳主编.
3 版. -- 北京 : 高等教育出版社,2025.1(2025.8重印).
ISBN 978-7-04-063353-5

Ⅰ. U463

中国国家版本馆 CIP 数据核字第 2024J4F299 号

策划编辑 班天允	责任编辑 程福平 班天允	封面设计 张文豪	责任印制 高忠富

出版发行	高等教育出版社	网　　址	http://www.hep.edu.cn
社　　址	北京市西城区德外大街 4 号		http://www.hep.com.cn
邮政编码	100120	网上订购	http://www.hepmall.com.cn
印　　刷	上海新艺印刷有限公司		http://www.hepmall.com
开　　本	787mm×1092mm　1/16		http://www.hepmall.cn
印　　张	15.25	版　　次	2016 年 2 月第 1 版
字　　数	374 千字		2025 年 1 月第 3 版
购书热线	010-58581118	印　　次	2025 年 8 月第 4 次印刷
咨询电话	400-810-0598	定　　价	37.00 元

本书如有缺页、倒页、脱页等质量问题,请到所购图书销售部门联系调换

版权所有　侵权必究
物　料　号　63353-00

配套学习资源及教学服务指南

 二维码链接资源

　　本书配套视频、动画、知识扩展等学习资源，在书中以二维码链接形式呈现。手机扫描书中的二维码进行查看，随时随地获取学习内容，享受学习新体验。

打开书中附有二维码的页面　　　　**扫描二维码**　　　　**查看相应资源**

 教师教学资源索取

　　本书配有课程相关的教学资源，例如，教学课件、应用案例等。选用教材的教师，可扫描以下二维码，关注微信公众号"高职智能制造教学研究"，点击"教学服务"中的"资源下载"，或电脑端访问地址（101.35.126.6），注册认证后下载相关资源。

　　★如您有任何问题，可加入工科类教学研究中心QQ群：240616551。

本书二维码资源列表

页码	类型	说明	页码	类型	说明
1	拓展阅读	科技报国的家国情怀和使命担当	94	动画	双曲柄机构
			95	动画	风窗玻璃刮水器
3	视频	世界著名科学家、"两弹一星"功勋获得者——钱学森	96	动画	汽车转向系统
			99	动画	起落架工作原理
4	知识拓展	二力平衡和作用力与反作用力的区别	99	动画	曲柄滑块机构
			101	动画	配气机构示意
6	动画	曲柄连杆机构受力	102	动画	盘形凸轮
13	知识拓展	力矩与力的关系	102	动画	移动凸轮
14	知识拓展	力矩与力偶的关系	103	动画	圆柱凸轮
20	视频	平衡在汽车上的应用	104	动画	凸轮轴
33	视频	汽车碰撞测试	116	动画	机械手
59	拓展阅读	推动经济社会发展绿色、低碳化,实现高质量发展	125	视频	带传动应用
			140	视频	链传动应用
60	拓展阅读	绿色低碳环保	142	拓展阅读	精益求精的大国工匠精神
61	拓展阅读	氮化铝(AIN)陶瓷基板之新能源汽车	143	动画	斜齿轮传动
			143	动画	齿轮齿条传动
74	视频	汽车的轻量化	143	动画	锥齿轮传动
77	拓展阅读	锂电池发展历史及优缺点	143	动画	蜗轮蜗杆传动
78	拓展阅读	锂电池工作原理	159	动画	定轴轮系
78	拓展阅读	新型锂电池生产基地	162	动画	行星轮系
78	拓展阅读	宁德时代新能源	165	动画	蜗杆传动
78	拓展阅读	高合汽车的"科技安全"实力,不是为了酷炫而酷炫	173	视频	内燃机曲轴
			178	视频	活塞连杆组轴瓦
80	拓展阅读	科技兴国(比亚迪)	186	视频	离合器
81	视频	节能减排技术	187	视频	工匠担当、兼济天下——大国工匠高凤林
86	拓展阅读	什么是替代燃料汽车?替代燃料又有什么作用			
			189	拓展阅读	工程理论、奉献精神
86	拓展阅读	新能源汽车的类别和优势	191	动画	磨床工作原理
87	拓展阅读	以供应链为基础技术,助力全球经济发展	193	动画	千斤顶
			194	动画	流量
88	动画	往复活塞式发动机	196	动画	液压泵工作原理
91	动画	移动副	197	动画	齿轮泵工作示意
91	动画	转动副	198	动画	叶片泵工作原理
91	动画	螺旋副	199	动画	柱塞泵
91	动画	高副	200	视频	ABS工作原理
94	动画	曲柄摇杆机构	201	动画	溢流阀
94	动画	双摇杆机构	202	动画	顺序阀

页码	类型	说　　明	页码	类型	说　　明
203	动画	单向阀	217	动画	增压回路
204	动画	三位四通阀换向原理	219	动画	液压锁紧回路
206	动画	调速阀	221	动画	快速运动回路
207	动画	单杆液压缸	224	拓展阅读	科教兴国、产教融合
211	动画	线隙式滤清器	225	视频	液压动力转向助力器工作原理

前言
Foreword

　　本书是"十四五"职业教育国家规划教材。本书全面贯彻党的二十大精神，以"德技并修、工学结合"为引领，以培养服务经济发展的高素质技术技能人才为己任，是根据教育部最新发布的《高等职业学校专业教学标准》中对本课程的要求，并参照相关国家标准和职业技能等级考核标准修订而成的。

　　汽车机械基础是高等职业院校汽车类、机电类以及智能交通类相关专业的基础或核心课程，涉及知识面广泛，是后续课程的基础。

　　本次修订的主要工作有：

　　1. 落实立德树人根本任务，挖掘课程中蕴含的思政元素，有机融入教材。

　　2. 采用双色印刷，便于学生对于课程的知识点进行梳理，更好地把握教学的重点内容。

　　3. 对于纯理论性的知识点，进行了有针对性的学习指导，便于学生掌握。

　　4. 丰富完善了教学资源。为使学生更加直观形象地掌握教学内容，修订过程中添加了动画以及视频类的数字化教学资源，使学生在学习过程中，通过扫描二维码即可观看，掌握各个重要部件的工作过程。

　　5. 在建设数字化教学资源时，添加了相应课程知识内容在工作岗位上的具体应用，从而使学生明白知识内容的重要性，进一步实现岗位与课堂的融合，对接岗位要求，产教融合。

　　本书由上海工商职业技术学院吴建蓉，上海交通职业技术学院赵宇衡，上海市公用事业学校赵学芳担任主编；由安徽职业技术学院辛礼兵，鞍山市交通运输学校龙俊波、高峰，湖北国土资源职业学院张卫利担任副主编。

　　由于编写时间和编写水平有限，书中难免有不妥之处，恳请读者指正。

编　者

目 录
Contents

第一篇　工　程　力　学

第二篇　汽　车　材　料

第三篇　机构与机械传动

第四篇　液　压　传　动

第一篇 〉工程力学

　　工程力学涉及的内容很广泛,本书仅讨论静力学与材料力学中最常用的基础知识。静力学研究物体的受力状态和平衡规律,以及在工程中的实际应用。材料力学研究物体在外力作用下的变形、内力和破坏的规律,为合理设计构件提供足够的强度、刚度分析的基本方法。

　　工程力学是机电类专业共同的重要基础课,是学好后续专业课程的前提。学好工程力学不仅可以解决许多实际生产问题,也为后续课程的学习奠定必要的基础。学习工程力学课程要善于思考和发现问题,重点放在注重分析问题的思路和解决问题的方法上。

●拓展阅读

科技报国的家国
情怀和使命担当

第一章

静力学基础

汽车是由千万个零部件组成的,各个零部件都是按照它所在的工作岗位要求进行选材、加工,零部件之间要按照一定的工作要求进行装配,直至最后由零件组成机构再到总成,形成发动机、底盘、电气设备和车身结构而组装成汽车。汽车总成拆分平面图如图1-1所示。

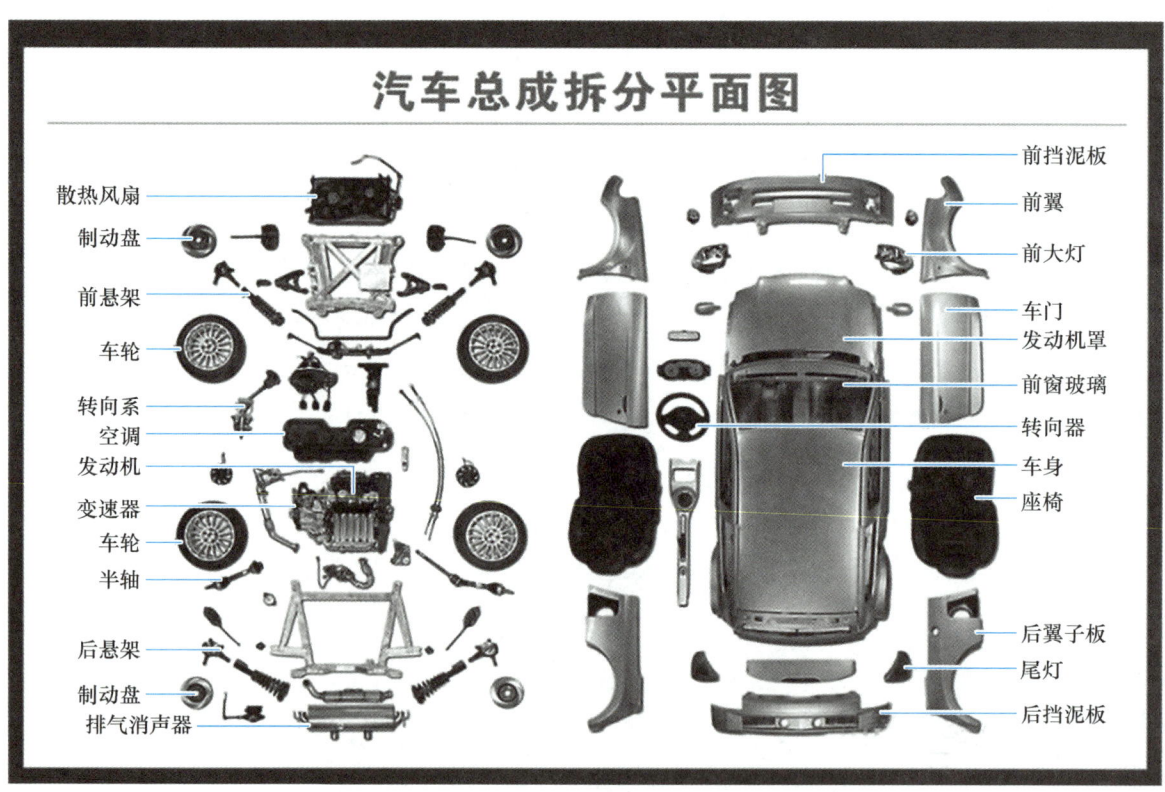

图 1-1 汽车总成拆分平面图

这就要求每个零件必须能够满足静力学要求,能够承受住零件间相互的作用力以及相互的约束。

正确运用力学的基础知识,对杆件进行静力分析和平衡规律的研究,保证杆件的安全,是本章学习的主要目的。

视频

世界著名科学家、
"两弹一星"功勋
获得者——钱学森

第1节　力的概念与性质

一、力的基本知识

1. 力的定义

力是物体间的相互作用，作用的结果使物体的运动状态发生变化或使物体发生变形。力是一个物体对另一个物体的作用，不能脱离实际物体而存在。如运动员踢足球，足球瞬时产生局部变形，并向前快速滚动，都是由于受到了运动员施加的作用力的结果。

2. 力的三要素

力的作用效果取决于三个要素，即力的大小、方向和作用点。

（1）力的大小　指物体间相互作用的强弱，单位是 N（牛）或 kN（千牛）。

（2）力的方向　指作用力的指向和方位。

（3）力的作用点　指力作用在物体上的位置。

力是一个既有大小又有方向的矢量。如图 1-2 所示，力的大小不同，作用位置不同，作用的方向不同，都会产生不同的效果。

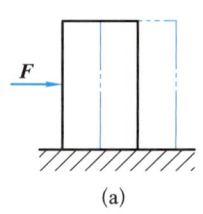 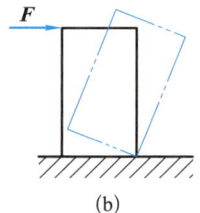 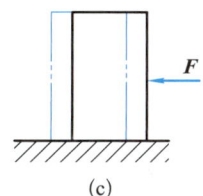

（a）　　　　　　　　　（b）　　　　　　　　　（c）

图 1-2　力的三要素

3. 力的矢量表示

在力学中有两类量：标量和矢量。标量只考虑大小，如质量、长度等；矢量既考虑大小，又要考虑方向。力是矢量，既有大小又有方向。通常，力用带箭头的线段表示，箭头的指向表示力的方向，线段的长度按一定的比例表示力的大小。力的矢量在图示中用黑体字 F 表示，如图1-3所示。

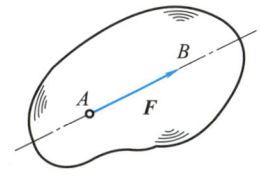

图 1-3　力的矢量表示

二、力的基本性质

1. 作用力与反作用力定律

一个物体对另一个物体施加作用力时，另一个物体对此物体必产生一个反作用力，这两个力大小相等、方向相反、作用在同一直线上，且分别作用在两个物体上。

这个定律概括了自然界物体间相互作用的关系，表明一切力都是成对出现的。

2. 二力平衡公理

作用于某刚体上的两个力，使该刚体保持平衡的必要与充分条件是：这两个力大小相等、方向相反、作用在同一直线上，简称二力等值、反向、共线，如图 1-4 所示。用矢量表示为

$$F_1 = - F_2$$

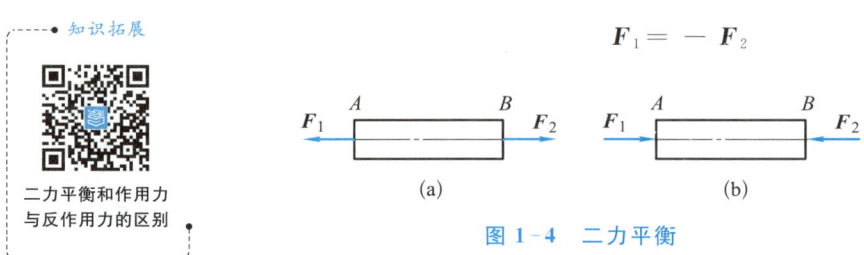

图 1-4 二力平衡

利用二力平衡公理可以得出一个推论：<u>作用于刚体上的力,可以沿其作用线移动到该刚体上的任一点,而不改变它对刚体的作用效果</u>,称为力的可传递性,如图 1-5 所示(图中 $F = F_1 = F_2$)。

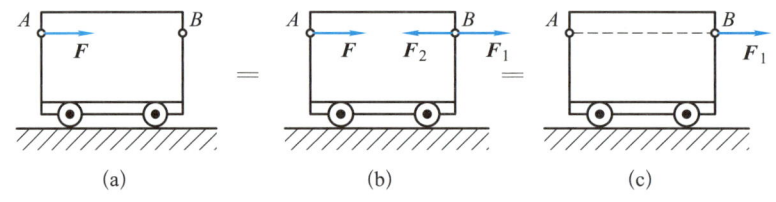

图 1-5 力的可传递性

3. 力的平行四边形法则

作用于某一点的两个力可以合成为一个合力,合力也作用于该点,合力的大小由这两个力为邻边所构成的平行四边形的对角线来确定,如图 1-6a 所示。合力用矢量表示为 $F_R = F_1 + F_2$。

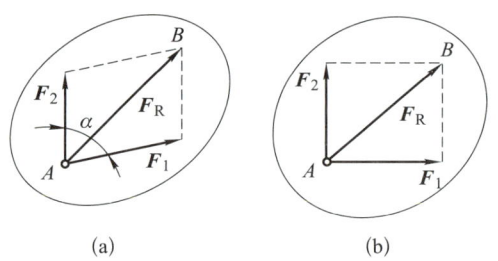

图 1-6 力的合成与正交分解

利用力的平行四边形法则,还可以把作用于物体上的一个力分解为相交的两个分力,分力与合力作用于同一点上。通常将合力分解为方向已知、相互垂直的两个分力,如图 1-6b 所示,这种分解称为正交分解。

第2节 约束、约束反力及常见的约束类型

一、约束与约束反力

1. 约束

位移不受限制的物体称为自由体,位移受到限制的物体称为非自由体。对非自由体的某些位移起限制作用的物体称为约束。

2.约束反力

约束作用于物体上的力称为约束反力,简称约束力。如火车铁轨约束车轮只能在轨道上运动,轨道作用于车轮上的力称为约束反力。约束反力一般是未知力,往往是需要求解的。约束反力的大小用平衡条件来计算,方向根据约束的类型来确定。

二、常见的约束类型

1.柔性约束

工程上常见的钢丝绳、传动带、链条对物体的约束只能承受拉力,不能承受压力,称为柔性约束。常用 F_T 表示这类约束反力,如图 1-7 所示。

2.光滑面约束

两物体的接触面是光滑的刚性面,摩擦力忽略不计,称为光滑面约束。光滑面约束只能限制物体过接触点沿接触面的公法线方向运动,不能限制物体沿接触面的切线方向运动。约束反力沿接触点的公法线方向,并指向被约束的物体,称为法向反力,常用 F_N 表示这类约束反力,如图 1-8所示。

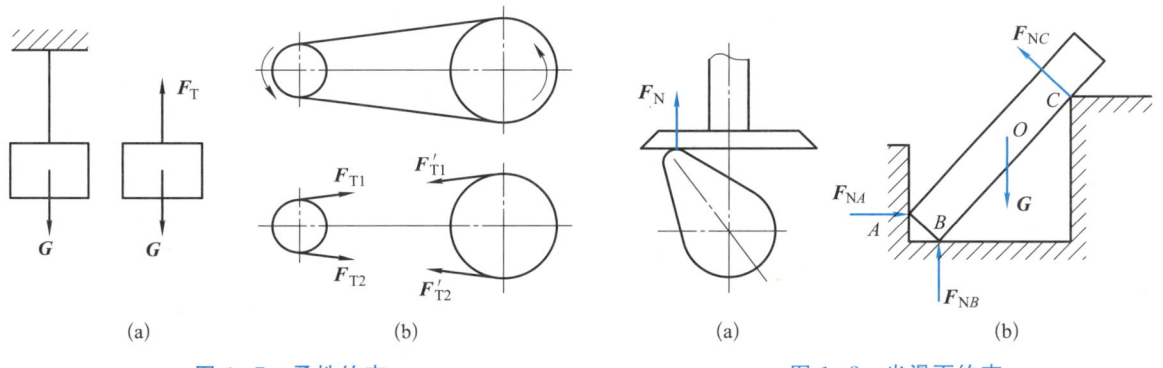

图 1-7 柔性约束   图 1-8 光滑面约束

3.铰链约束

用圆柱销将两个构件连接在一起,构件只能绕销轴的回转中心转动,不能产生相对移动,这类约束称为铰链约束,摩擦略去不计时,称为光滑铰链约束。两个构件之一固定在支承面上,称为固定铰链支座,如图 1-9 所示;铰链支座下面装有几个滚轴,使铰链支座在支承面上能任意移动,称为活动铰链支座,如图 1-10 所示。

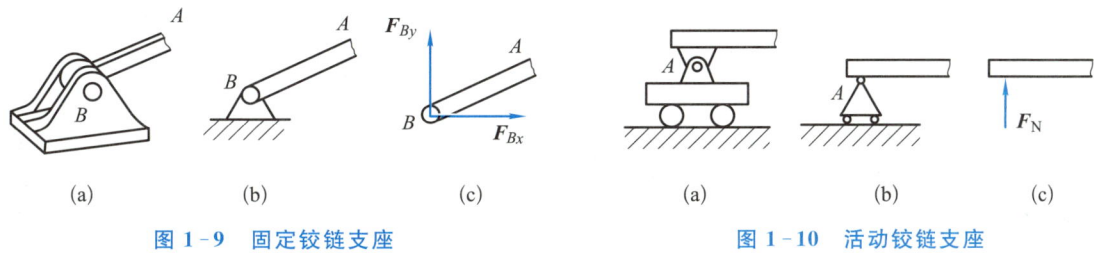

图 1-9 固定铰链支座   图 1-10 活动铰链支座

4. 固定端约束

构件的一端固定、另一端为自由的支座称为固定端约束。构件的<u>固定端既不能转动，也不能移动</u>，如图 1-11 所示。固定端约束的受力分析如图 1-12 所示，用 M_A 表示约束力偶。

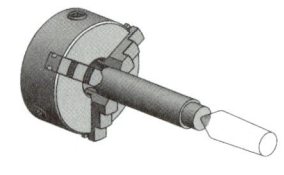

图 1-11　固定端约束

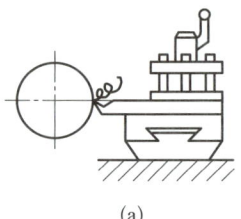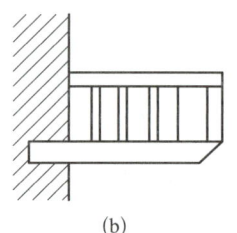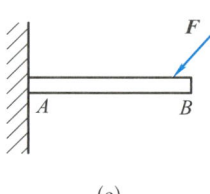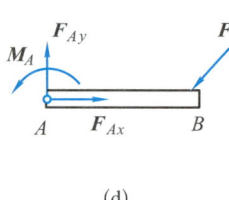

(a)　　　　　　　(b)　　　　　　　(c)　　　　　　　(d)

图 1-12　固定端约束的受力分析

动画

曲柄连杆机构受力

第3节　物体的受力分析与受力图

在工程实际中，为了求出某个构件的未知受力，需要根据已知的力，应用平衡条件来求解。因此，首先要确定构件受到几个力的作用，每个力的作用位置和作用方向，这个分析的过程称为物体的受力分析。

为了清晰地反映物体的受力情况，必须将所研究的物体从周围物体中分离出来，用相应的力代替周围物体的作用，单独画出它的简图，这个过程称为取分离体或取研究对象。在分离体上画出所有主动力和周围物体对它的约束力，得到分离体的受力图，称为物体的受力图。

画受力图的一般步骤：

(1) 画出分析对象的分离体简图。

(2) 在简图上标出已知力。

(3) 在简图上解除约束处画出约束反力。

例 1-1　如图 1-13 所示，用绳索将球拴在光滑的斜面上，斜面的倾角为 α，球的重力为 G。试画出球的受力图。

解：(1) 取球为研究对象，画出球的分离体简图。

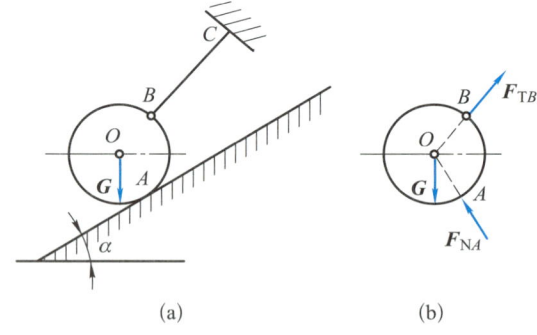

图 1-13　球的受力图

(2) 画出球上主动力 G。G 竖直向下并作用于球心。

(3) 画出球上约束力。画出 B 点的绳索约束反力 F_{TB}、A 点的斜面约束反力 F_{NA}。

(4) 检查。检查受力图上是否有多画、漏画、错画的力，注意检查约束力的方向。

例 1-2　汽车内燃机的曲柄连杆机构受力图如图 1-14 所示，曲柄 OA、连杆 AB 不计自重，曲柄 OA 受力矩 M 的作用，活塞 B 受力 F，摩擦不计，机构的系统平衡。试画出各构件及机构整体的受力图。

解：分别取曲柄 OA、连杆 AB、活塞 B 为分离体，并画出其简图。

（1）连杆 AB 不计自重，为二力杆，其约束反力沿两铰链 A、B 中心连线，且 $\boldsymbol{F}_A' = -\boldsymbol{F}_B'$，设为压力，如图 1-14b 所示。

（2）活塞 B 除受到主动力 $\boldsymbol{F}$ 和重力 $\boldsymbol{G}$ 外，还受到气缸的光滑面对活塞的约束，假设法向反力 $\boldsymbol{F}_{NB}$ 向左；连杆对活塞的约束反力，按照作用力与反作用力定律，有 $\boldsymbol{F}_B' = -\boldsymbol{F}_B$。

（3）曲柄 OA 不计自重，不是二力杆，有主动力矩 M，A 处受连杆的约束，按照作用力与反作用力定律，有 $\boldsymbol{F}_A' = -\boldsymbol{F}_A$；铰链 O 处约束反力为 $\boldsymbol{F}_{Ox}$、$\boldsymbol{F}_{Oy}$。

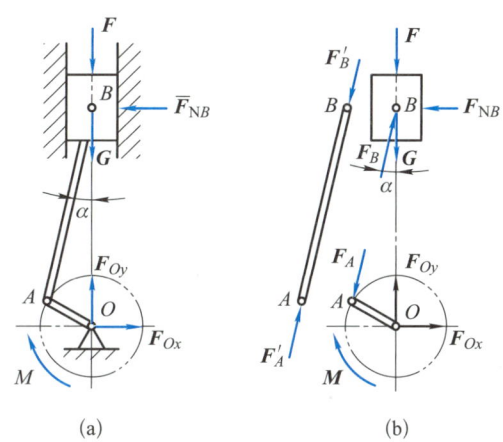

图 1-14 曲柄连杆机构受力图

（4）对于曲柄连杆机构整体，A、B 铰链处所受的力均为内力，不需要画出，只画出所受的外力，曲柄连杆机构整体的受力如图 1-14a 所示。

第4节 平面汇交力系的合成和平衡

各力的作用线都处在同一个平面内的力系称为平面力系。

在平面力系中，如果各力的作用线全都汇交于一点，则称为平面汇交力系。

研究平面汇交力系的合成与平衡的问题，既可以解决简单的工程问题，也是学习复杂力系的基础。

一、平面汇交力系的合成

1. 三角形法则

作用在物体上同一点上的两个力，根据平行四边形法则，可以合成为作用在同一点上的一个合力，其产生的效果不变。点 A 的两个力 $\boldsymbol{F}_1$、$\boldsymbol{F}_2$，以它的方向和大小为两个邻边作平行四边形，所得到的对角线即是合力 $\boldsymbol{F}$，如图 1-15a 所示。其矢量表达式为

$$\boldsymbol{F} = \boldsymbol{F}_1 + \boldsymbol{F}_2$$

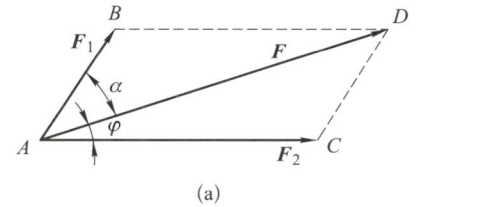 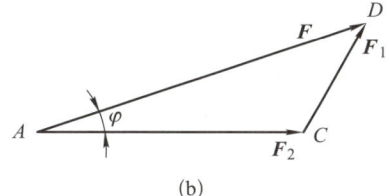

图 1-15 力的合成

为了简便，作图时直接将 $\boldsymbol{F}_1$ 平移连到 $\boldsymbol{F}_2$ 的末端，通过三角形 ACD 即可求得合力 $\boldsymbol{F}$，如图 1-15b 所示。这种方法称为三角形法则，适用于求解二力汇交的合力。

2. 多边形法则

当多个力汇交于一点求其合力时,运用三角形法则更为方便快捷。如图 1-16 所示,刚体上汇交于 O 点的力 F_1、F_2、F_3、F_4,连续使用三角形法则来求合力 F。先求 F_1 与 F_2 的合力 F_{R1},再将 F_{R1} 与 F_3 合成为 F_{R2},最后求出 F_{R2} 与 F_4 的合力 F。用矢量表达式为

$$F = F_1 + F_2 + F_3 + F_4$$

从图 1-16 中可见,求解合力 F 时,只需将各力 F_1、F_2、F_3、F_4 的首尾相接,形成一条折线,最后连接其封闭边,从共同的始点 O 指向 F_4 的终端所形成的矢量即为合力 F。这种方法称为力的多边形法则。力的多边形封闭边即为力系的合力,且合力的大小和方向与各力相加的次序无关。

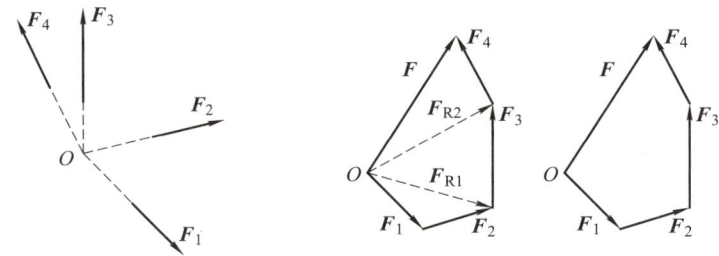

图 1-16   多边形法则

由此可以推论出:平面汇交力系的合力等于力系中各力的矢量和,合力的作用线通过力系的汇交点。用 F 代表合力,F_1、F_2、F_3、$\cdots$、F_n 代表分力,其矢量表达式为

$$F = F_1 + F_2 + F_3 + \cdots + F_n = \sum F_i$$

3. 力在坐标轴上的投影

对于平面汇交力系的力的合成,应用力在坐标轴上投影的方法,更为准确简便,是用解析法求解力系平衡的基础。

F 为作用于物体上点 A 的力,取直角坐标系 Oxy,如图 1-17 所示。从力 F 的两端 A 和 B 分别向 x 轴和 y 轴作垂足,得到线段 ab 和线段 a_1b_1,称为力 F 在 x 轴和 y 轴上的投影,分别用 F_x、F_y 表示。投影的正负号规定为:投影的起点到终点的方向与坐标轴的方向一致为正,相反为负。

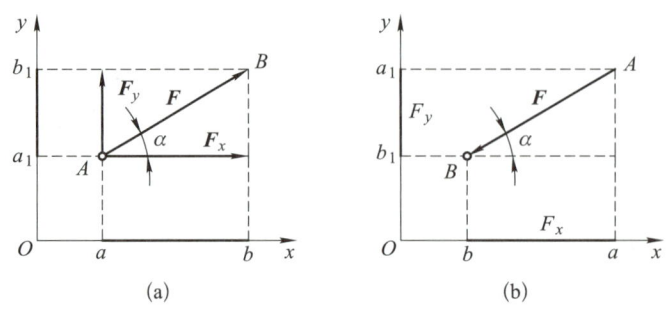

(a)   (b)

图 1-17   力在坐标轴上的投影

如果力 $\boldsymbol{F}$ 的大小和它与 x 轴的夹角(锐角)α 已知,力在轴上的投影 F_x 和 F_y 可以按下式计算:

$$F_x = \pm F\cos\alpha$$

$$F_y = \pm F\sin\alpha$$

将力 $\boldsymbol{F}$ 沿 x、y 坐标轴分解,得两正交分力 $\boldsymbol{F}_x$、$\boldsymbol{F}_y$(图 1-17a)。力 $\boldsymbol{F}$ 的投影 F_x、F_y 的绝对值等于分力的大小。力在坐标轴上的投影是代数值,而分力是矢量,具有确定的大小、方向和作用点。

4. 合力投影定理

假定物体上受到平面汇交力系 $\boldsymbol{F}_1$、$\boldsymbol{F}_2$、$\boldsymbol{F}_3$ 的作用,如图 1-18 所示,应用平行四边形法则求出 $\boldsymbol{F}_1$、$\boldsymbol{F}_2$ 的合力 $\boldsymbol{F}$,$\boldsymbol{F}$、$\boldsymbol{F}_3$ 的合力 $\boldsymbol{F}_R$。$\boldsymbol{F}_R$ 为 $\boldsymbol{F}_1$、$\boldsymbol{F}_2$、$\boldsymbol{F}_3$ 的合力。将合力 $\boldsymbol{F}_R$ 与各力 $\boldsymbol{F}_1$、$\boldsymbol{F}_2$、$\boldsymbol{F}_3$ 向 x 轴投射,得各力的 x 轴投影:

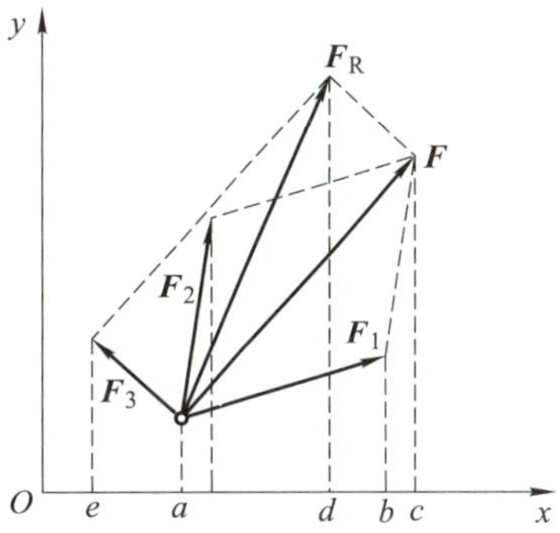

$$F_{Rx} = ad$$
$$F_{1x} = ab$$
$$F_{2x} = bc$$
$$F_{3x} = -cd$$

图 1-18　合力投影

由图得出　　　　$ad = ab + bc - cd$

所以　　　　$F_{Rx} = F_{1x} + F_{2x} + F_{3x}$

同理可得　　　　$F_{Ry} = F_{1y} + F_{2y} + F_{3y}$

因此,可推广到 n 个力组成的平面汇交力系的计算通式:

$$F_{Rx} = F_{1x} + F_{2x} + F_{3x} + \cdots + F_{nx} = \sum F_x$$

$$F_{Ry} = F_{1y} + F_{2y} + F_{3y} + \cdots + F_{ny} = \sum F_y$$

得到合力投影定理:合力在任意坐标轴上的投影,等于各分力在同坐标轴上投影的代数和。合力的大小为

$$F_R = \sqrt{F_{Rx}^2 + F_{Ry}^2} = \sqrt{\left(\sum F_x\right)^2 + \left(\sum F_y\right)^2}$$

合力的方向为

$$\alpha = \arctan\left|\frac{\sum F_y}{\sum F_x}\right|$$

α 是合力 $\boldsymbol{F}_R$ 与 x 轴所夹的锐角,合力的指向要根据 F_{Ry} 与 F_{Rx} 的正负值来判断。

二、平面汇交力系的平衡

当汇交力系的合力等于零时,即

$$\boldsymbol{F}_{R} = 0$$

只有当 $\sum F_x$ 与 $\sum F_y$ 都等于零时,合力 $\boldsymbol{F}_R$ 才能等于零。因此得出平面汇交力系平衡的解析条件是:力系中所有各力在两个坐标轴上的投影的代数和都分别等于零。平面汇交力系的平衡方程为

$$\begin{cases} \sum F_x = 0 \\ \sum F_y = 0 \end{cases}$$

例 1-3 简易起重机如图 1-19a 所示,绳索绕过滑轮吊起重物,重物 $G = 10 \text{ kN}$,不计各杆件和滑轮的大小及质量,不计摩擦,用平面汇交力系平衡方法求杆 AB 和 BC 所受力的大小。

解:(1)取支承点 B 为研究对象,画出如图 1-19b 所示的受力图。图中杆件 AB 和 BC 仅在两端受力,都是二力杆,对点 B 的约束反力分别为 $\boldsymbol{F}_1$ 与 $\boldsymbol{F}_2$;滑轮两边绳索拉力相等,即 $\boldsymbol{F}_T = \boldsymbol{G}$。

(2)选取坐标系 Bxy,列出平衡方程式:

$$\sum F_x = 0 \quad F_2\cos30° - F_1 - F_T\sin30° = 0$$

$$\sum F_y = 0 \quad F_2\sin30° - F_T\cos30° - G = 0$$

求得

$$F_2 = 37.3 \text{ kN}$$

$$F_1 = 27.3 \text{ kN}$$

F_1 和 F_2 的值都是正值,说明图中假设的方向与实际一致;反之,若 F_1 和 F_2 的值都是负值,则说明图中假设的方向与实际相反。

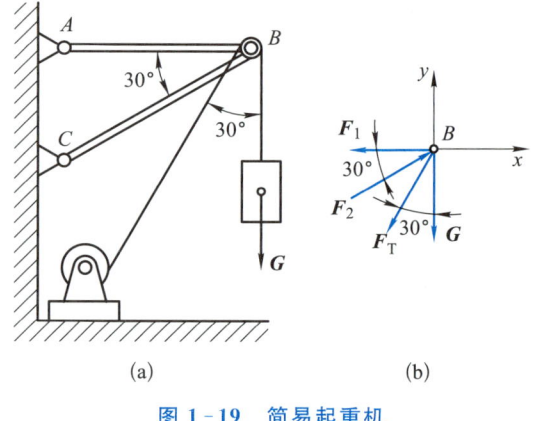

(a)   (b)

图 1-19 简易起重机

例 1-4 增力机构如图 1-20a 所示,点 A、B、C 均是铰链连接,在铰链点 B 上作用向下的外力 $F = 200 \text{ N}$,通过 AB、BC 杆件使滑块 C 向右压紧工件。当压紧工件时,$\alpha = 10°$,不计各杆件自重及摩擦,求杆件 AB、BC 所受的力和工件上受到的压力。

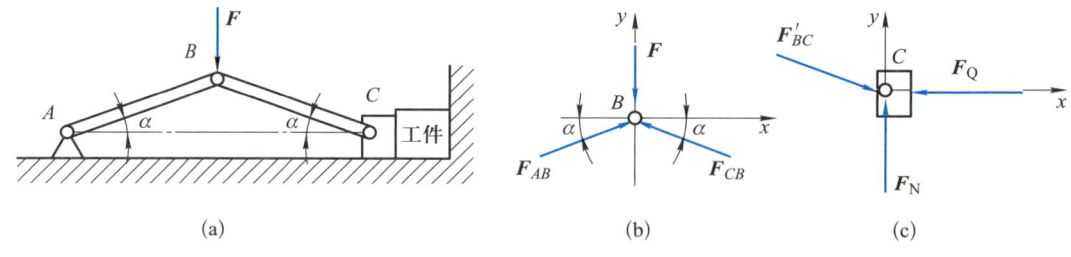

(a)   (b)   (c)

图 1-20 增力机构

解:取点 B 和滑块 C 作为研究对象,才能求解。

(1)先取点 B 为研究对象,画出点 B 的受力状态图,点 B 所受的外力有 $\boldsymbol{F}$、$\boldsymbol{F}_{AB}$、$\boldsymbol{F}_{CB}$,AB、

BC 杆件都是二力杆，力的作用线沿着杆的轴线，如图 1-20b 所示。

（2）取坐标系 Bxy，列出平衡方程：

$$\sum F_x = 0 \qquad F_{AB}\cos\alpha - F_{CB}\cos\alpha = 0$$

$$\sum F_y = 0 \qquad F_{AB}\sin\alpha + F_{CB}\sin\alpha - F = 0$$

$$F_{AB} = F_{CB}$$

代入得

$$2F_{AB}\sin\alpha = F$$

$$F_{AB} = F/(2\sin\alpha) = 200 \text{ N}/(2 \times 0.174) \approx 574.7 \text{ N}$$

$$F_{CB} = F_{AB} = 574.7 \text{ N}$$

AB、BC 杆件受到的压力都是 574.7 N。

（3）取滑块 C 为研究对象，画出滑块 C 的受力状态图，如图 1-20c 所示。滑块 C 受三个力的作用处于平衡，这三个力是杆 BC 对滑块 C 的推力 $\boldsymbol{F}'_{BC}$、工件的约束反力 $\boldsymbol{F}_Q$、支承面的约束反力 $\boldsymbol{F}_N$。

选坐标系 Cxy，并列出平衡方程：

$$\sum F_x = 0 \qquad F'_{BC}\cos 10° - F_Q = 0$$

$$F_Q = F'_{BC}\cos 10° = 574.7 \times 0.985 \text{ N} \approx 566 \text{ N}$$

按作用力与反作用力相等可知，工件受到的压力约为外力的 3 倍。夹角越小，工件受到的压力越大。

 **练　习**

1. 画出图 1-21 中各杆件的受力图。

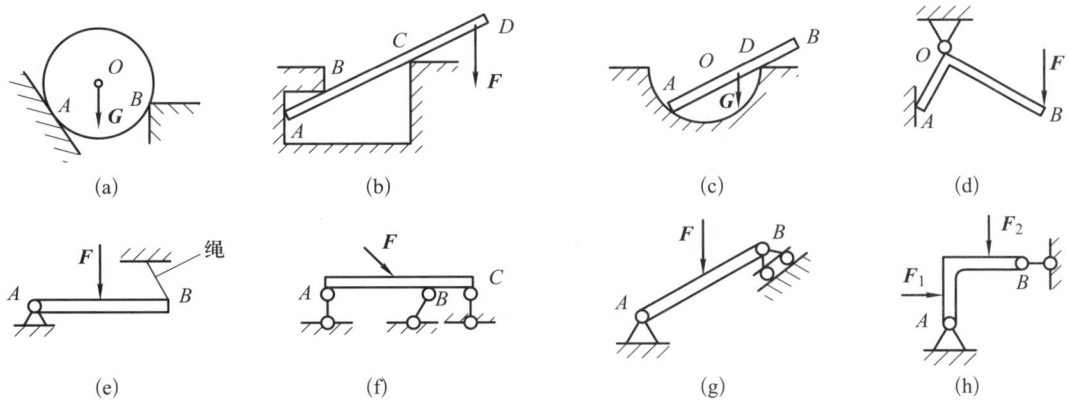

(a)　　　(b)　　　(c)　　　(d)

(e)　　　(f)　　　(g)　　　(h)

图 1-21　题 1 图

2. 画出图 1-22 中各杆件的受力图。

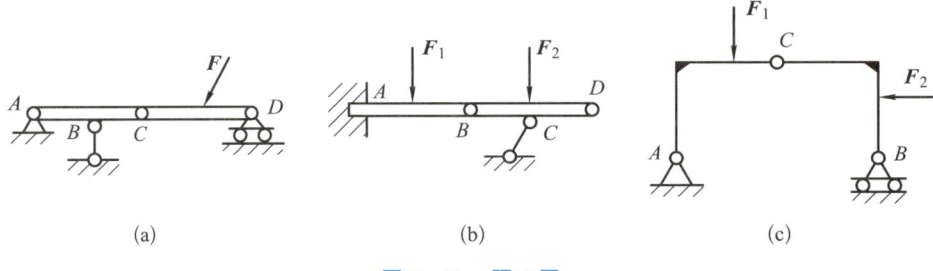

(a)　　　　　　　　　　(b)　　　　　　　　　　(c)

图 1-22　题 2 图

3. 如图 1-23 所示，已知 $F_1=10\,kN$，$F_2=20\,kN$，$F_3=30\,kN$，$F_4=40\,kN$。试用作图法求出汇交力系的合力。

4. 如图 1-24 所示，简易起重机用钢丝绳吊起 $G=10\,kN$ 的重物，不计构件的自重、摩擦力及滑轮尺寸，A、B、C 三处均为铰链连接。求杆 AB、AC 所受的力。

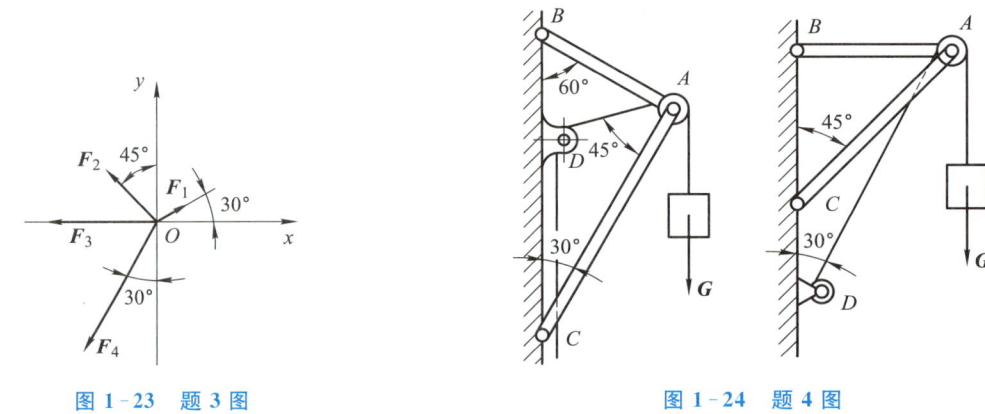

图 1-23　题 3 图　　　　　　　　　图 1-24　题 4 图

5. 如图 1-25 所示的液压机械，作用于活塞 A 上的力为 $F=1\,kN$，$\alpha=10°$，各杆自重及各处摩擦力不计。试求工件所受的压力 F_1，并讨论增力比 F_1/F。

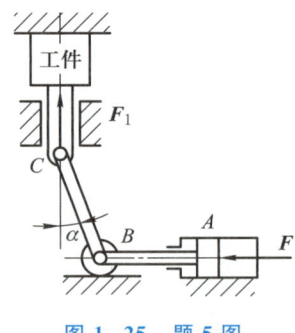

图 1-25　题 5 图

第二章

力矩与平面力偶系

生活中,人们做事情,不仅仅要求完成就可以,还要求方便、省力,这就涉及力矩、力偶的应用,如用扳手扭转螺母、驾驶员操纵方向盘等。本章就讲解这些理论,要求学生能够正确应用。

第1节　力矩、力偶与力偶矩

一、力矩

力除了能使物体移动外,还能使物体绕某一点转动。用扳手拧动螺母,如图 2-1 所示,在力 F 的作用下,扳手和螺母绕点 O 做顺时针转动。转动的效果不仅与力 F 的大小有关,还与力 F 的作用线到转动中心点 O 的垂直距离有关。把力的大小与力臂的乘积称为力矩,用 $M_O(F)$ 表示,即

$$M_O(F) = \pm Fd$$

式中,点 O 称为力矩中心,简称矩心。矩心 O 到 F 的作用线的垂直距离 d 称为力臂,力矩的单位为 N·m。正负符号表示力矩的转向,一般规定:力使物体做逆时针转动的力矩为正,反之为负。

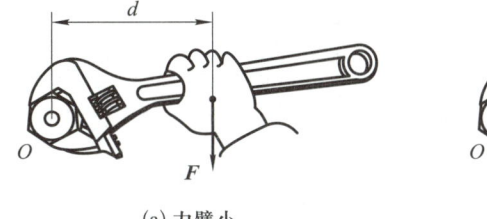

(a) 力臂小

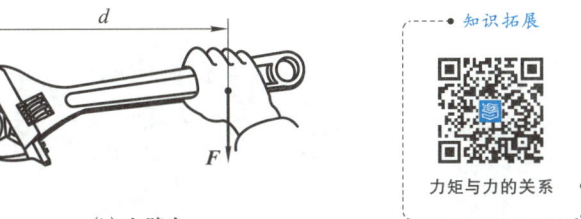

(b) 力臂大

图 2-1　用扳手拧动螺母

> 知识拓展
>
> **力矩与力的关系**

二、合力矩定理

平面汇交力系的合力对平面内任意一点的力矩,等于力系中各分力对同一点的力矩的代数和,这就是合力矩定理。即

$$M_O(F) = M_O(F_1) + M_O(F_2) + \cdots + M_O(F_n)$$
$$= M_O(F_i)$$

例 2-1 直齿圆柱齿轮齿面啮合时受到的法向压力 $F_n = 2\,\text{kN}$，齿面啮合角为 $20°$，圆柱齿轮的分度圆直径 $d = 100\,\text{mm}$，如图 2-2 所示。计算法向压力对齿轮轴心产生的转动力矩。

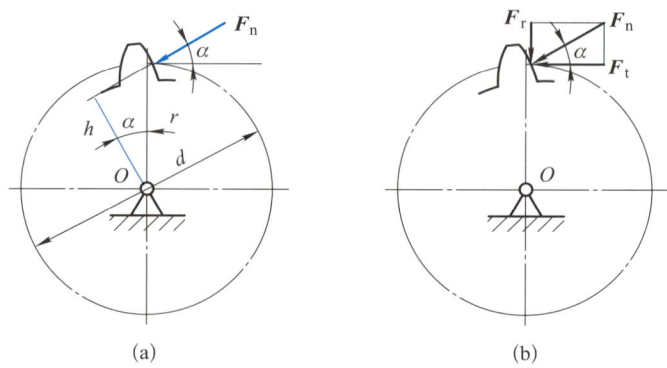

(a)   (b)

图 2-2 直齿圆柱齿轮的受力

解：（1）计算法向压力对齿轮轴心产生的转动力矩，如图 2-2a 所示。

$$M_O(F_n) = F_n h = F_n d \cos\alpha / 2 = 2\,000 \times 0.1 \times \cos 20° \,\text{N}\cdot\text{m}/2 \approx 94\,\text{N}\cdot\text{m}$$

（2）把法向压力分解成切向力 F_t 和径向力 F_r，再求合力矩，如图 2-2b 所示。

$$M_O(F_n) = M_O(F_t) + M_O(F_r) = F_t r + F_r \times 0 = F_n \cos 20° \times 0.1\,\text{N}\cdot\text{m}/2 = 94\,\text{N}\cdot\text{m}$$

两种方法的计算结果相同。

三、力偶

1. 力偶的概念

在生产实践中，双手转动转向盘、拧动水龙头、用丝锥攻螺纹，都是<u>对物体施加一对大小相等、方向相反、作用线平行但不在同一条直线上的两个力，使物体产生纯转动，称这对力为力偶</u>，如图 2-3 所示。力偶用符号（F、F'）表示。力偶中两个力之间的垂直距离 d 称为力偶臂。

知识拓展

力矩与力偶的关系

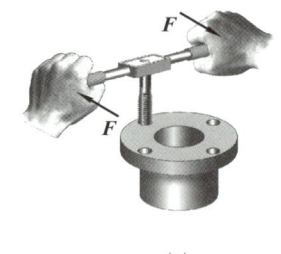

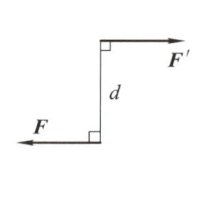

(a)   (b)   (c)

图 2-3 力偶

2. 力偶的特性

（1）力偶是大小相等、方向相反、作用线平行的两个力；力偶在任何坐标轴的投影的代数和等于零。

（2）力偶不能与一个力平衡，必须用力偶来平衡。

（3）大小、作用面、转向三要素相同的力偶是等效力偶。

（4）力偶与力矩的共同点是能改变物体的转动状态，不同点是力矩使物体的转动效果与矩心有关，而力偶对作用面内任何一点的矩为一常数。

3. 力偶矩

力偶对物体产生的转动效果取决于这两个力的大小和两个力之间的垂直距离的乘积，称为力偶矩，用 $m(\boldsymbol{F}、\boldsymbol{F}')$ 表示，即

$$m(\boldsymbol{F}、\boldsymbol{F}') = \pm Fd$$

式中　F——力的大小，N；

　　　d——力偶臂，m。

与力矩相似，力偶矩也有方向。一般规定：使物体做逆时针转动的力偶矩为正，反之为负。

第2节　平面力偶系的合成与平衡

一、平面力偶系的合成

作用在物体同一平面内的两个或两个以上的力偶，称为平面力偶系。平面力偶系合成的结果为一合力偶，合力偶矩等于各分力偶矩的代数和，即

$$m = m_1 + m_2 + \cdots + m_n = \sum m_i$$

二、平面力偶系的平衡条件

当合力偶矩等于零时，力偶系中各力偶对物体的转动效应相互抵消，物体处于平衡状态；反之，当合力偶矩不等于零时，物体处于转动而不平衡的状态。所以，平面力偶系平衡的充要条件是：力偶系中各力偶矩的代数和等于零，即

$$m = \sum m_i = 0$$

此式称为平面力偶系的平衡方程。

例 2-2　梁的支承载荷如图 2-4a 所示，已知 $F = -F' = 10\ \text{kN}, a = 1\ \text{m}, \alpha = 30°, l = 2.5\ \text{m}$。求 A、B 两支座的约束反力。

解：（1）取梁 AB 作为研究对象，画出受力图，如图 2-4b所示。

（2）梁处在平衡状态。$\boldsymbol{F}$ 与 $-\boldsymbol{F}'$ 组成一对力偶；$\boldsymbol{F}_A$ 为固定铰链的支座反力，方向与 $\boldsymbol{F}_{NB}$ 平行；$\boldsymbol{F}_{NB}$ 为活动铰链的支座反力，方向垂直于接触面。按平衡条件可列出：

$$\sum m_i = 0,\ F_{NB} l \cos\alpha - Fa = 0$$

$$F_A = F_{NB} = \frac{Fa}{l\cos\alpha} = \frac{10\ 000 \times 1}{2.5 \times \cos 30°}\text{kN} \approx 4.62\ \text{kN}$$

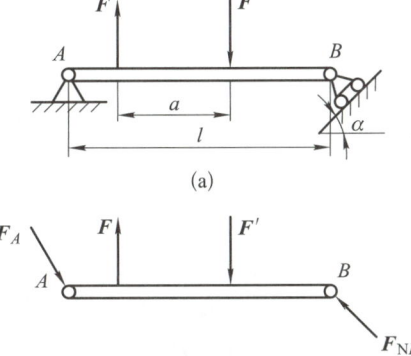

(a)

(b)

图 2-4　梁的支承载荷

F_A 为正值,说明假定的方向与实际一致。

例 2-3　四杆机构 $ABCD$ 处于平衡位置,如图 2-5a 所示。已知:$AB=0.6\text{ m}$,$CD=0.4\text{ m}$,作用在 CD 杆上的力偶矩 $m_1=100\text{ N·m}$。求力偶矩 m_2 的大小及杆 BC 所受的力。各杆件的自重不计。

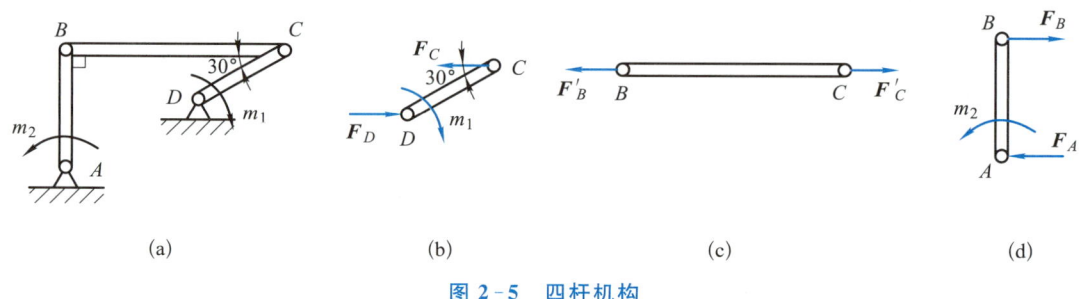

(a)　　　　　　　(b)　　　　　　　(c)　　　　　　　(d)

图 2-5　四杆机构

解:(1) 取 CD 杆为研究对象。CD 杆的受力图如图 2-5b 所示。

列出平面力偶系的平衡方程:

$$\sum m_i=0 \qquad F_C CD\sin 30°-m_1=0$$

$$F_C=\frac{100}{0.4\times\sin 30°}\text{N}=500\text{ N}$$

(2) 取 BC 杆为研究对象。BC 杆的受力图如图 2-5c 所示。

$$F'_B=F'_C=F_C=500\text{ N}$$

杆 BC 受拉力作用,大小等于 500 N。

(3) 取 AB 杆为研究对象,求 m_2 的大小。AB 杆的受力图如图 2-5d 所示。

$$\sum m_i=0 \qquad m_2-F_B AB=0$$

由于　　　　　　　　　　　　$F_B=F'_B=500\text{ N}$

解得　　　　　　　$m_2=F_B AB=500\times 0.6\text{ N·m}=300\text{ N·m}$

第 3 节　力 的 平 移

由力的可传递性可知,力可以沿其作用线任意移动而不会改变它对刚体的作用效果。但是如果力沿平行于原作用线一定距离的方向移动,则它对物体的作用效果是不同的。

如图 2-6a 所示,力作用于定滑轮左侧轮缘的点 A,定滑轮可做逆时针转动。如果将作用力从点 A 平移到轮心 O,则作用力不能使定滑轮转动,可见效果完全不同。假定在轮心 O 上加上一对平衡力 F'、F'',且使两力与力 F 平行并相等,不影响原力对定滑轮的作用。三个力对定滑轮的作用与原来一个力的单独作用等效,如图 2-6b 所示。力 F 与 F'' 可组成一个力偶(F、F''),相当于把作用于点 A 的力平移到轮心 O,同时附加一个力偶。

由此得出力的平移定理：作用在物体上的力 F，可以平移到物体上的任意一点 O，但必须附加一力偶，其力偶矩等于原力 F 对新点 O 的矩，如图 2-7 所示。

　　例如，钳工用铰杠夹丝锥攻螺纹，双手握紧铰杠的 A、B 两端均匀用力，形成力偶，如图 2-8a 所示。如果用一手在点 A 加力，如图 2-8b 所示，也可以使铰杠带动丝锥转动，但丝锥会受到一个横向力的作用，可能使丝锥折断，所以攻螺纹时双手均匀用力才能平稳。

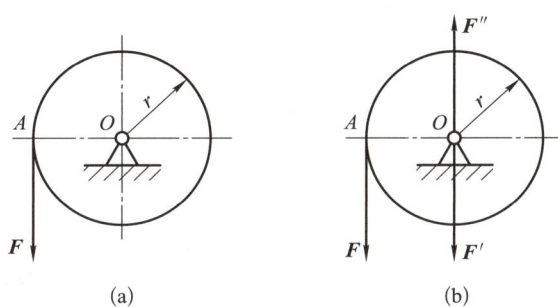

(a)　　　　　　　(b)

图 2-6　力的平移（一）

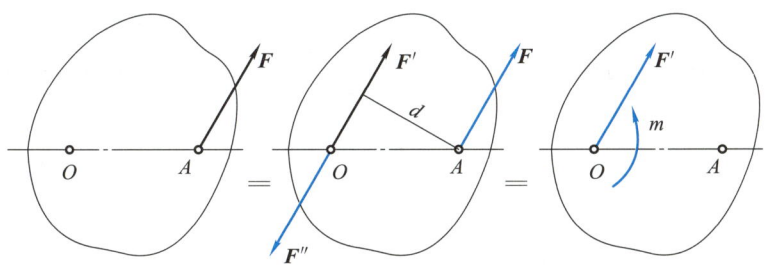

图 2-7　力的平移（二）

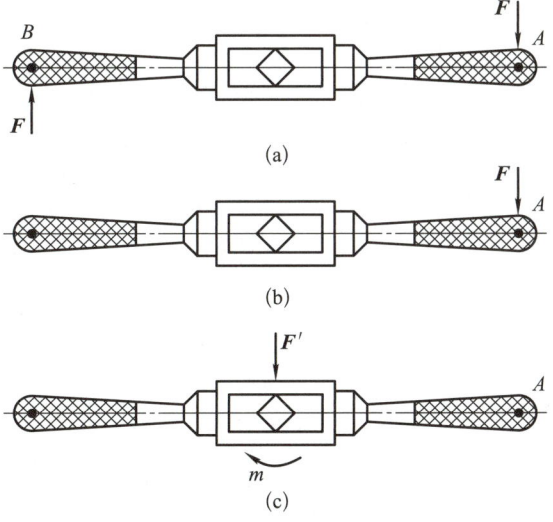

(a)

(b)

(c)

图 2-8　铰杠攻螺纹

1. 如图 2-9 所示,求出图中力 $\boldsymbol{F}$ 对 O 点的矩。

2. 四杆机构 O_1BAO_2 在图 2-10 所示位置平衡,已知 $O_1B=1.0$ m, $O_2A=0.8$ m,作用于摇杆 O_1B 上的力偶矩 $M_1=10$ kN·m,不计杆重,求力偶矩 M_2 的大小及连杆 AB 的受力。

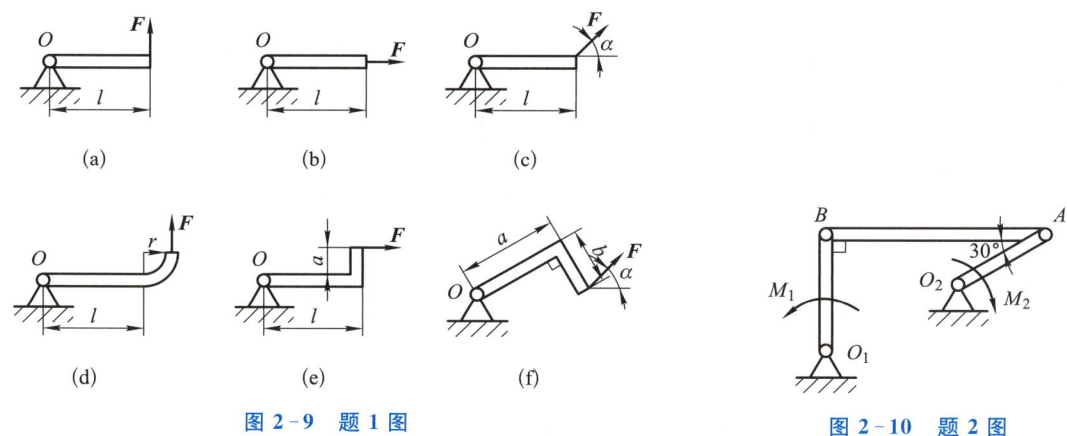

图 2-9　题 1 图　　　　　　　　图 2-10　题 2 图

第三章

平面任意力系

机器上的零部件不是孤立地存在于空间的,而是与周围的其他部件以各种方式相连接,相应地就会受到多种力的影响,为了保证机器工作的稳定以及安全性,在设计过程中就要求其在空间必须是平衡的,这就是本章的学习内容以及要求:能够简化平面以及空间力系,掌握其平衡条件。

第1节 平面任意力系的简化

平面任意力系中各个力的作用线既不完全汇交于一点,也不全部平行,这在工程中是很常见的,为了计算方便,需要对力系进行简化。

如图 3-1a 所示,物体上作用平面任意力系 F_1、F_2、$\cdots$、F_n。在平面上任选一点 O 作为简化中心,按照力的平移定理,将力系中的各力向点 O 平移,得到交点 O 的平面汇交力系 F_1'、F_2'、$\cdots$、F_n' 和相应的附加力偶,其力偶矩为 m_1、m_2、$\cdots$、m_n,如图 3-1b 所示。

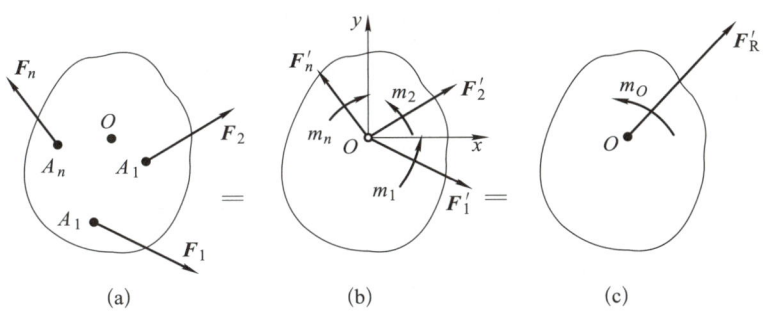

(a)　　　　　　　(b)　　　　　　　(c)

图 3-1　平面任意力系的简化

将平面汇交力系 F_1'、F_2'、$\cdots$、F_n' 合成为一个力 F_R',如图 3-1c 所示,它的大小与方向等于原力系中各力的矢量和,即

$$F_R' = F_1' + F_2' + \cdots + F_n' = \sum_{i=1}^{n} F_i$$

F_R' 称为平面任意力系的主矢,主矢的作用线通过点 O。主矢的大小与方向可由下式求得:

$$F_R' = \sqrt{\left(\sum F_x \right)^2 + \left(\sum F_y \right)^2}$$

$$\tan \alpha = \left| \frac{\sum F_y}{\sum F_x} \right|$$

附加力偶系 m_1、m_2、$\cdots$、m_n 可以合成一个力偶矩 m_O，m_O 称为平面任意力系对点 O 的主矩。主矩等于原力系中各力对点 O 力矩的代数和，即

$$m_O = m_1 + m_2 + \cdots + m_n = \sum_{i=1}^{n} m_O(\boldsymbol{F}_i)$$

选择不同的简化中心，各附加力偶的力臂长度不同，所以主矩的大小与简化中心的位置有关。主矩必须标注简化中心。

由此得出的结论是：平面任意力系向任意一点简化，可得到一个力和一个力偶矩，这个力等于该力系的主矢，作用于简化中心 O；这个力偶矩等于该力系对于点 O 的主矩。

显然，平面任意力系单独作用的主矢或主矩都不能代替原力系对物体的作用，只有主矢和主矩的共同作用才能与原平面任意力系的作用等效。

第2节　平面任意力系的平衡条件

▸视频

平衡在汽车
上的应用

汽车的车轮由于制造上的原因，使整体各部分的质量分布不可能非常均匀。当汽车车轮高速旋转起来后，就会形成动不平衡状态，造成车辆在行驶中车轮抖动、方向盘震动的现象。为了避免这种现象或消除已经发生的这种现象，就要使车轮在动态情况下通过增加配重的方法，校正车轮各边缘部分的平衡。这个校正的过程就是人们常说的动平衡。

轮胎平衡分为动态平衡和静态平衡两种。动态不平衡会使车轮摇摆，令轮胎产生波浪形磨损；静态不平衡会产生颠簸和跳动现象，往往使轮胎产生偏摆现象。因此，定期检测平衡不但能延长轮胎寿命，还能提高汽车行驶时的稳定性，避免在高速行驶时因轮胎摆动、跳动，失去控制而造成的交通事故。由此可见，平衡在生活中是多么重要。

平面任意力系向任意一点简化后，如果主矢和主矩都等于零，则物体必定处于平衡状态。所以，平面任意力系平衡的必要与充分的条件是：力系的主矢和力系对任意一点的主矩均等于零。即

$$\begin{cases} F_R' = \sqrt{\left(\sum F_x\right)^2 + \left(\sum F_y\right)^2} = 0 \\ m_O = m_1 + m_2 + \cdots + m_n = \sum_{i=1}^{n} m_O(\boldsymbol{F}_i) = 0 \end{cases}$$

由此得出平面任意力系的平衡方程为

$$\begin{cases} \sum F_x = 0 \\ \sum F_y = 0 \\ \sum m_O(\boldsymbol{F}_i) = 0 \end{cases}$$

三个平衡方程是完全独立的，应用它来求解平面任意力系的平衡问题时，最多只能求解三个未知量。

例 3-1　人字梯由 AB、AC 两杆在点 A 铰接，又在 D、E 两点用水平绳连接。梯子放在光滑的水平面上，其一边有人攀登而上，人的重力为 $\boldsymbol{G}$，尺寸如图 3-2a 所示。如不计人字梯自重，

求绳的张力 $\boldsymbol{F}_\mathrm{T}$ 及铰链 A 的约束力 $\boldsymbol{F}_{Ax}$、$\boldsymbol{F}_{Ay}$。

解：凡是由几个物体以适当的约束互相联系所组成的系统称为物体系。研究物体系的平衡时，一般先考虑整个物体系的平衡，再讨论组成该物体系的每一个物体的平衡，就可以求解。

（1）选研究对象。该题的研究对象有人字梯整体、AB 杆、AC 杆三种，先从人字梯整体求出地面的约束反力。人字梯受力图如图 3-2b 所示。

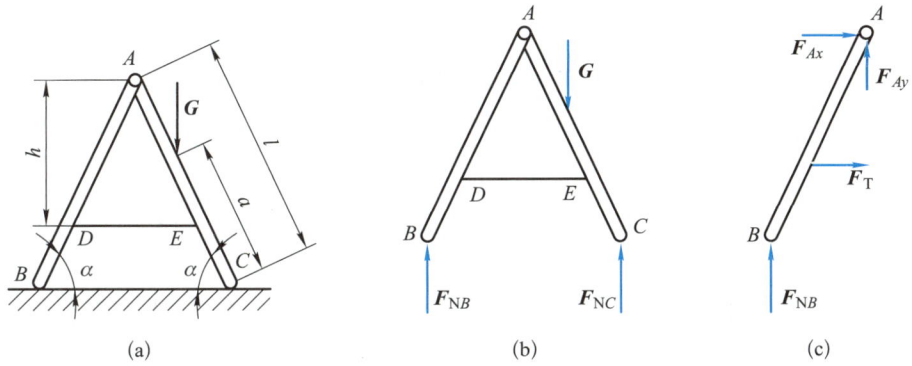

| (a) | (b) | (c) |

图 3-2 人字梯受力图

（2）列平衡方程求解。

由
$$\sum m_C(\boldsymbol{F}_i)=0,\quad Ga\cos\alpha - F_\mathrm{NB}\times 2l\cos\alpha=0$$

解得
$$F_\mathrm{NB}=\frac{Ga}{2l}$$

（3）以 AB 杆为研究对象画受力图，如图 3-2c 所示。

由
$$\sum F_x=0,\quad F_{Ax}+F_\mathrm{T}=0$$
$$\sum F_y=0,\quad F_{Ay}+F_\mathrm{NB}=0$$
$$\sum m_A(\boldsymbol{F}_i)=0,\quad F_\mathrm{T}h-F_\mathrm{NB}l\cos\alpha=0$$

解得
$$F_{Ax}=-\frac{Ga\cos\alpha}{2h}$$
$$F_{Ay}=-\frac{Ga}{2l}$$
$$F_\mathrm{T}=\frac{Ga\cos\alpha}{2h}$$

例 3-2 图 3-3a 所示的水平梁 ABC 上承受力偶 $m=qa^2$，单位长度上的均布载荷为 q（均布载荷的处理：大小为 qa，作用点在单位长度中间），每一段梁的长度为 a。求梁两端的支反力。

解：取梁为研究对象，画出受力图，选取坐标系 Axy，如图 3-3b 所示。

$$\sum m_B(\boldsymbol{F})=0,\quad M-qa^2/2-F_A2a=0$$

得
$$F_A=\frac{1}{2}\left(qa-\frac{qa}{2}\right)=qa\,/\,4$$

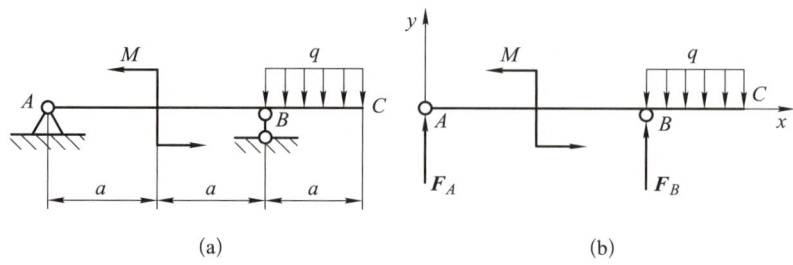

图 3-3　水平梁受力图

由
$$\sum F_y = 0, \quad F_A + F_B - qa = 0$$

得
$$F_B = \frac{3qa}{4}$$

例 3-3　三铰拱如图 3-4a 所示,由两部分组成,每部分重力 $G = 20$ kN,受载荷 $F = 10$ kN。三铰拱的结构尺寸为 $l = 5$ m, $h = 2$ m, $a = 0.5$ m, $b = 2$ m。求点 A、B 的支座反力。

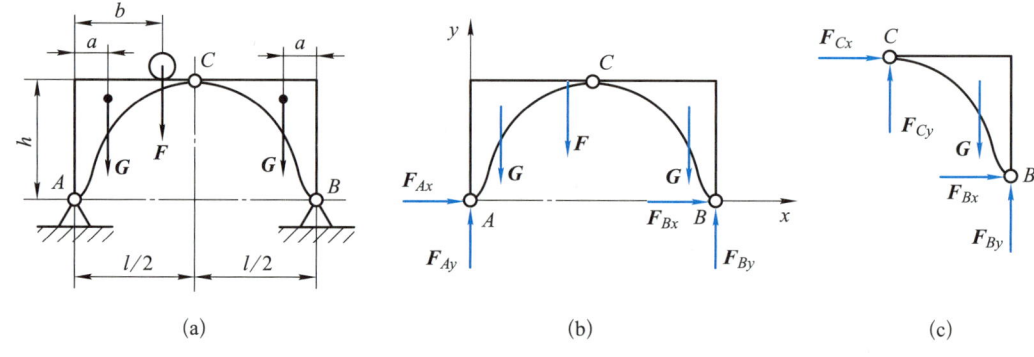

图 3-4　三铰拱受力图

解：（1）以整个物体系为研究对象,画出受力图,选坐标系 Axy,如图 3-4b 所示。由平衡方程

$$\sum m_A(\boldsymbol{F}) = 0, \quad F_{By}l - Ga - Fb - G(l - a) = 0$$

得
$$F_{By} = (Fb + Gl)/l = (10 \times 2 + 20 \times 5)\ \text{kN}/5 = 24\ \text{kN}$$

$$\sum F_y = 0 \quad F_{Ay} + F_{By} - F - 2G = 0$$

得
$$F_{Ay} = F + 2G - F_{By} = (10 + 2 \times 20 - 24)\ \text{kN} = 26\ \text{kN}$$

$$\sum F_x = 0 \quad F_{Ax} + F_{Bx} = 0$$

（2）取右半拱为研究对象,画出受力图,选坐标系,如图 3-4c 所示。
由平衡方程

$$\sum m_C(\boldsymbol{F}) = 0 \quad F_{Bx}h + F_{By}l/2 - G(l/2 - a) = 0$$

得 $$F_{Bx} = (2G - 2.5F_{By})/2 = (2 \times 20 - 2.5 \times 24)\ \text{kN}/2 = -10\ \text{kN}$$

$$F_{Ax} = -F_{Bx} = 10\ \text{kN}$$

F_{Bx} 为负值,说明其方向与图示方向相反。

例 3-4 塔式起重机如图 3-5a 所示,已知机身的重力 $G_1 = 220$ kN,作用线通过塔架的中心,最大起吊质量 $G_2 = 50$ kN,起重臂长度为 12 m,轨道 A、B 的间距为 4 m,平衡锤重力 G_3 到机身中心线的距离为 6 m。求:

(1)能保证起重机不会翻倒时平衡锤的重力 G_3。

(2)当平衡锤的重力 $G_3 = 30$ kN,起重机满载时,轨道 A、B 的约束反力。

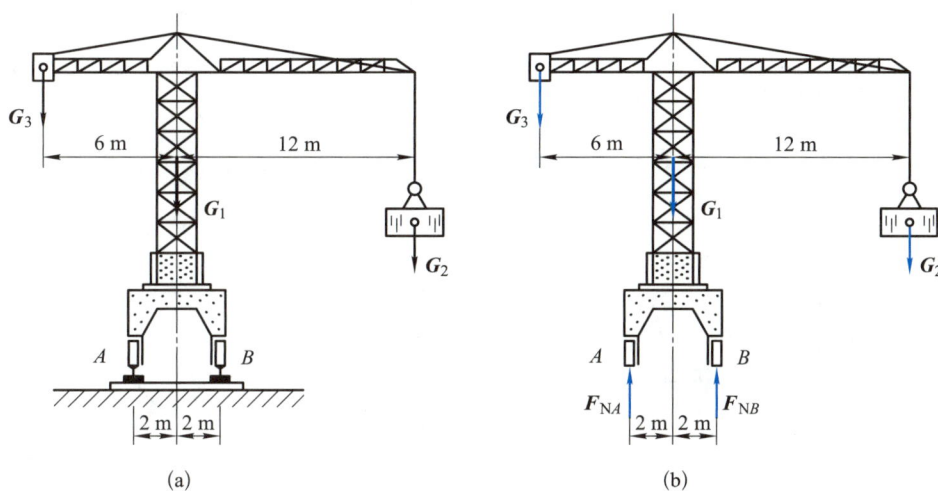

图 3-5 塔式起重机受力图

解:

取起重机为研究对象,起吊重物时,作用在上面的力有 G_1、G_2、G_3 及轨道的约束反力 F_{NA}、F_{NB},F_{NA}、F_{NB} 的方向垂直向上,各力组成一平面平行力系。起重机的受力如图 3-5b 所示。

(1)求平衡锤的重力 G_3。

满载时 $G_2 = 50$ kN,起重机平衡的临界情况(即将翻倒)表现为 $F_{NA} = 0$,由平衡方程求出的 G_3 是所允许的最小值。

由 $$\sum m_B(\boldsymbol{F}) = 0,\quad G_1 \times 2 + G_{3\min} \times 8 - G_2 \times 10 = 0$$

解得 $$G_{3\min} = G_2 \times 10/8 - G_1 \times 2/8 = 7.5\ \text{kN}$$

空载时 $G_2 = 0$,起重机平衡的临界情况表现为 $F_{NB} = 0$,由平衡方程求出的 G_3 是所允许的最大值。

由 $$\sum m_A(\boldsymbol{F}) = 0,\quad G_{3\max} \times 4 - G_1 \times 2 = 0$$

解得 $$G_{3\max} = G_1 \times 2/4 = 110\ \text{kN}$$

要保证起重机不会翻倒的平衡锤重力 G_3 的大小应在两者之间,即

$$7.5 \text{ kN} \leqslant G_3 \leqslant 110 \text{ kN}$$

(2) 当平衡锤的重力 $G_3 = 30$ kN，起重机满载时，求轨道 A、B 的约束反力 F_{NA}、F_{NB}。此时，起重机受力（图 3-5b）处于平衡状态。

由 $$\sum m_B(\boldsymbol{F}) = 0, \quad G_1 \times 2 + G_3 \times 8 - F_{NA} \times 4 - G_2 \times 10 = 0$$

解得 $$F_{NA} = 45 \text{ kN}$$

由 $$\sum m_A(\boldsymbol{F}) = 0, \quad G_3 \times 4 - G_1 \times 2 + F_{NB} \times 4 - G_2 \times 14 = 0$$

解得 $$F_{NB} = 225 \text{ kN}$$

 **练 习**

1. 构件的支承及载荷如图 3-6 所示，已知 $F = 10$ kN。求支座 A、B 处的约束反力。

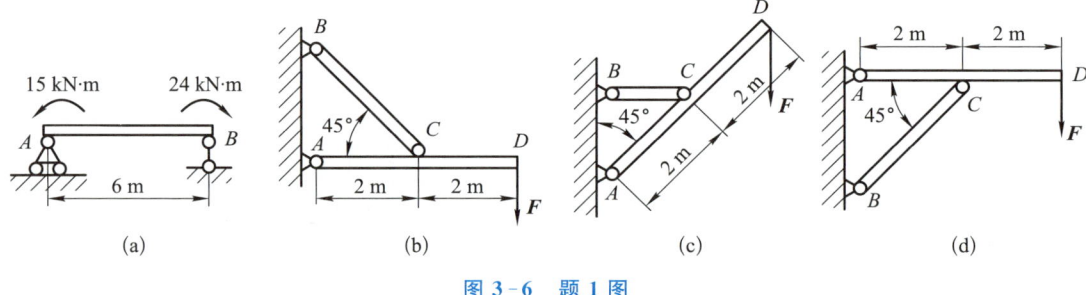

(a)　　　　(b)　　　　(c)　　　　(d)

图 3-6　题 1 图

2. 如图 3-7 所示，悬臂吊车的横梁 AB 长度 $l = 3$ m，重力 $G_1 = 10$ kN。拉杆 CD 延长线与 AB 梁相交于 B 点，其倾角 $\alpha = 30°$，重力不计。电葫芦连同重物的重力 $G_2 = 10$ kN。求当电葫芦在 $x = 2$ m 的位置时，拉杆的拉力 $\boldsymbol{F}$ 和铰链 A 的约束反力。

3. 如图 3-8 所示的构架，B、E、D 处都是铰链连接，A 处为固定端支座，在 C 处挂一重物，重力 $G = 10$ kN，各杆自重不计，求 A、B 处的约束反力及杆 DE 所受的力。

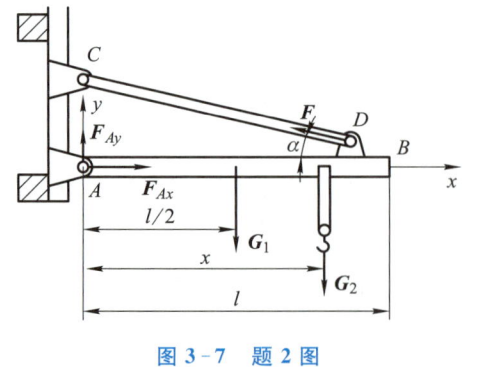

图 3-7　题 2 图

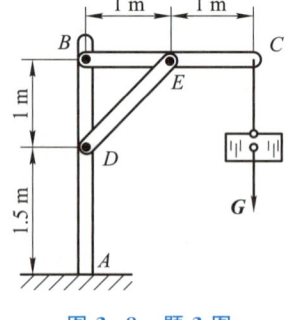

图 3-8　题 3 图

第四章

摩　擦

对物体进行受力分析时,都把物体的接触表面看作绝对光滑的,忽略了物体之间的摩擦。其实,摩擦是普遍存在的,两物体的接触面之间一般都有摩擦。在工程上,有些摩擦起到决定性的作用,例如汽车的制动器依靠制动钳或摩擦片的摩擦力来制动。

按照摩擦的运动形式,摩擦分为滑动摩擦和滚动摩擦两种。

第1节　滑动摩擦

当两个相互接触的物体有相对滑动或相对滑动趋势时,接触表面之间会彼此阻碍滑动,这种现象称为滑动摩擦。阻碍物体相对滑动的阻力称为滑动摩擦力,简称摩擦力。摩擦力的方向与滑动或滑动趋势的方向相反,如图 4-1 所示。

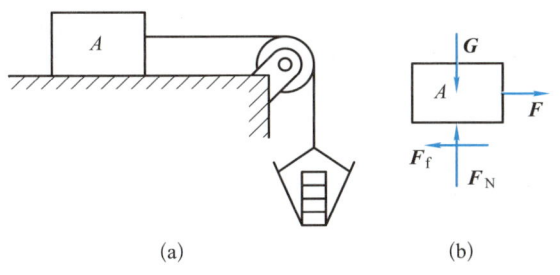

(a)　　　　　　(b)

图 4-1　滑动摩擦

图 4-1a 中重力为 G 的物体 A 放在水平面上,绳索的一端与物体 A 相连,另一端经过定滑轮与装砝码的盘子相连,不考虑绳索的重力和滑轮阻力。当砝码的重力逐渐增大时,作用于物体 A 的摩擦力也随之增加。当砝码的重力增大到一定值时,物体 A 要开始滑动但还未滑动的状态称为临界状态。临界状态的静摩擦力达到最大值,称为最大静摩擦力,用 F_{fmax} 表示。其受力状态如图 4-1b 所示。

1. 静摩擦力

最大静摩擦力的方向与物体的相对滑动趋势方向相反,大小与接触面间的法向反力 F_N 的大小成正比,即

$$F_{fmax} = f_s F_N$$

式中　f_s——静摩擦系数,静摩擦系数的值与两接触面的材料及表面状况有关。

2．动摩擦力

当拉力 F 略大于最大静摩擦力 F_{fmax} 时，物体 A 就要开始滑动，此时沿接触面产生的摩擦力 F_f' 称为动摩擦力。动摩擦力的方向与物体的相对滑动方向相反，大小与法向反力 F_N 的大小成正比，即

$$F_f' = fF_N$$

式中　f——动摩擦系数，动摩擦系数的值与两接触面的材料、表面状况及相对滑动速度有关。

动摩擦系数随相对滑动速度的增大而减小，其值一般略小于静摩擦系数，即 $f < f_s$，见表 4-1。

表 4-1　常见材料滑动摩擦系数

材 料 名 称	摩擦系数			
	静摩擦系数 f_s		动摩擦系数 f	
	无 润 滑 剂	有 润 滑 剂	无 润 滑 剂	有 润 滑 剂
钢-钢	0.15	0.1～0.12	0.1	0.05～0.1
钢-铸铁	0.2～0.3		0.16～0.18	0.05～0.15
钢-青铜	0.15～0.18	0.1～0.15		0.07
钢-轴承合金			0.2	0.04
铸铁-橡胶			0.8	0.5

要想增大汽车制动时的摩擦力，使汽车在最短的时间内停下来，可通过增大材料的滑动摩擦系数来实现。如在汽车轮胎上制造花纹，合理的花纹既可以增大摩擦系数，又可以加速轮胎的散热，或增大地面的粗糙度，即地面粗糙，不要过度光滑。

3．摩擦角与自锁

（1）摩擦角

当考虑摩擦的影响时，支承面对物体的约束反力由法向反力 F_N 和摩擦力 F_f 组成，这两个力的合力 F_R 称为全反力。全反力 F_R 与接触表面法向间的夹角为 φ，夹角 φ 随着摩擦力 F_f 的增大而增大。当静摩擦力增大到最大值 F_{fmax} 时，夹角 φ 也达到最大值 φ_{max}，称为摩擦角，如图 4-2 所示。由图 4-2b 的几何关系可得

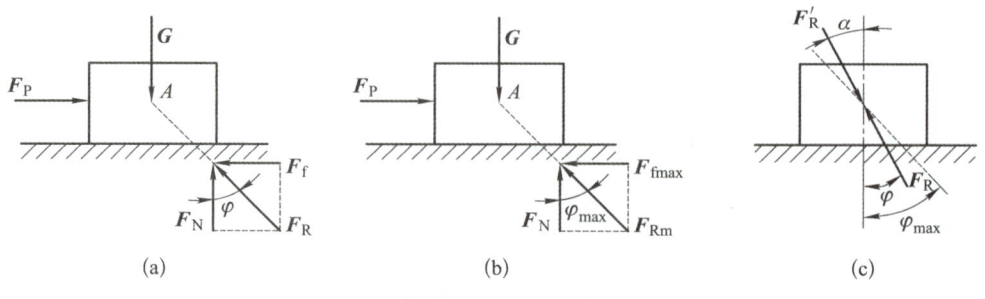

(a)　　　　　　　　　　(b)　　　　　　　　　　(c)

图 4-2　摩擦角

$$\tan\varphi_{max}=F_{fmax}/F_N=f_sF_N/F_N=f_s$$

即摩擦角的正切等于静摩擦系数。可见,摩擦角也和静摩擦系数一样,是表示材料摩擦性质的物理量。

(2) 自锁

当物体处于平衡时,静摩擦力不一定达到最大值,在零与最大值 F_{fmax} 之间变化,全反力 F_R 与法向间的夹角 φ 也在零与摩擦角 φ_{max} 之间变化。由于静摩擦力 F_f 不可能超出最大值 F_{fmax},所以,全反力的作用线与支承面法线间的夹角也不可能超出摩擦角以外,即

$$0\leqslant\varphi\leqslant\varphi_{max}$$

可见,只要作用于物体上的全部主动力的合力 F_R' 的作用线在摩擦角 φ_{max} 以内,即 $\alpha=\varphi\leqslant\varphi_{max}$,如图 4-2c 所示,则无论这个力有多大,物体必定保持静止。这种现象称为自锁。

反之,只要 $\varphi_{max}\leqslant\alpha$,物体必定不能保持静止不动,从而产生相对滑动。

在汽车上"自锁"的应用也很多,比如架起汽车时用到的"螺旋千斤顶"就是一个典型的例子,它是由人力通过螺旋副传动,螺杆或螺母套筒作为顶举件。普通螺旋千斤顶靠螺纹自锁作用支持重物,构造简单,推动手柄,使丝杆的螺纹沿着底座螺纹槽慢慢旋进而顶起重物。并在顶起重物后,重物和丝杆能保持状态,停在任何位置不自动下降。即达到自锁状态。

第2节 滚动摩擦

在生产生活中,为了减轻劳动强度,常常用滚动来代替滑动。例如车轮上安装滚动轴承比用滑动轴承省力;搬运重物时,在重物底下垫上钢管,靠钢管的滚动带动重物要比不用钢管省力得多;穿上旱冰鞋在地面上滚动要比步行快得多。其原因都是滚动摩擦阻力比滑动摩擦阻力小。

如图 4-3 所示,地面上重力为 G 的圆柱滚子,受到水平拉力 F 的作用滚动,滚子半径为 r,滚子与地面的接触处会产生一个摩擦力 F_f 阻止圆柱滚子向前滑动,拉力 F 与摩擦力 F_f 组成使圆柱滚子滚动的力偶。由于圆柱滚子与地面都不是刚体,受力后会产生变形,当圆柱滚子滚动时,法向反力 F_N 的作用线会向前移动一段距离 e。G 与 F_N 组成一个滚动摩擦力偶来阻止圆柱滚子向前滚动,滚动摩擦力偶矩 $m_{max}=e_{max}F_N=KF_N$,K 称为滚动摩擦系数,相当于滚动阻力偶的最大力偶臂 e_{max},单位为 mm。常见材料的滚动摩擦系数见表 4-2。

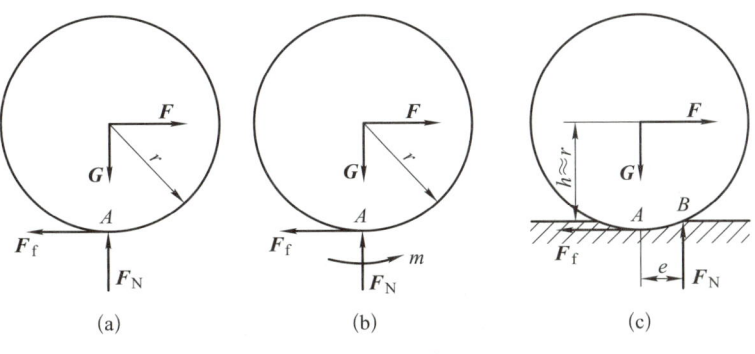

(a)　　　　　　　(b)　　　　　　　(c)

图 4-3 滚动摩擦

表 4 - 2　常见材料滚动摩擦系数

材料名称	K/mm	材料名称	K/mm
软钢-软钢	0.5	圆柱车轮	0.5～0.7
钢轮-钢轨	0.5	橡胶轮胎-沥青路面	2.5
淬火车轮-钢轨	0.1	橡胶轮胎-土路面	10～15

材料的硬度大,受载后接触面的变形小,滚动摩擦系数 K 也会小,所以车轮气足时省力省油。

车轮滚动为什么比滑动省力? 如图 4 - 3 所示,拉动轮子滚动所需要的最小拉力为 $\boldsymbol{F}_\text{G}$,轮子滚动时有:

$$F_\text{G}\, r = KG, \quad 即 \quad F_\text{G} = KG/r$$

滑动所需要的最小拉力为 $\boldsymbol{F}_\text{H}$,轮子滑动时有:

$$F_\text{H} = f_s F_\text{N} = f_s G, \quad 即 \quad F_\text{H} = f_s G$$

比较得到 K/r 远远小于 f_s,所以 $\boldsymbol{F}_\text{G}$ 远远小于 $\boldsymbol{F}_\text{H}$,即轮子滚动要比滑动省力。当汽车轮胎气压不足时,e 值变大,所以滚动摩擦的阻力矩也增大,$m_{max} = e_{max} F_\text{N}$,需要增大牵引力。因此,必须注意汽车轮胎的压力,保持轮胎处于最佳的状态,才能做到节能、快速。

练　习

1. 如图 4 - 4a 所示,已知 $G = 15\ \text{kN}$,不计自重的车轮直径 $d = 600\ \text{mm}$。

求为使前轮越过 $h = 80\ \text{mm}$ 的障碍物(此时前轮是一个二力体,见图 4 - 4b),发动机给予后轮的力偶矩及此时后轮不打滑的静摩擦系数(后轮受力图见图 4 - 4c)。

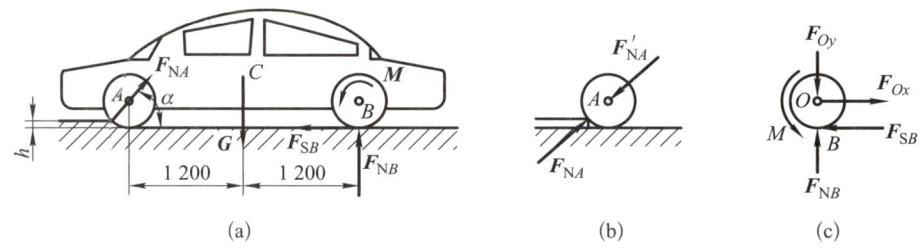

图 4 - 4　题 1 图

2. 如图 4 - 5 所示,已知梯长 l,$\theta = 60°$,梯重 $G = 200\ \text{N}$;人重 $G = 650\ \text{N}$;A、B 处的摩擦系数均为 $f_s = 0.25$。

求人所能达到的最高点 C 到 A 点的距离 s。

3. 如图 4 - 6 所示,$G = 25\ \text{kN}$,料斗与滑道间的静、动滑动摩擦系数 $f_s = 0.31$,$f = 0.3$。

求:(1) 若绳子拉力分别为 $F_{T1} = 22\ \text{kN}$ 与 $F_{T2} = 25\ \text{kN}$,料斗处于静止状态,料斗与滑道间的摩擦力;

(2) 料斗匀速上升和下降时绳子的拉力。

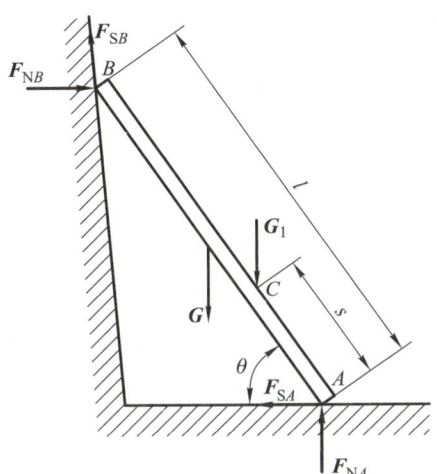

图 4-5 题 2 图

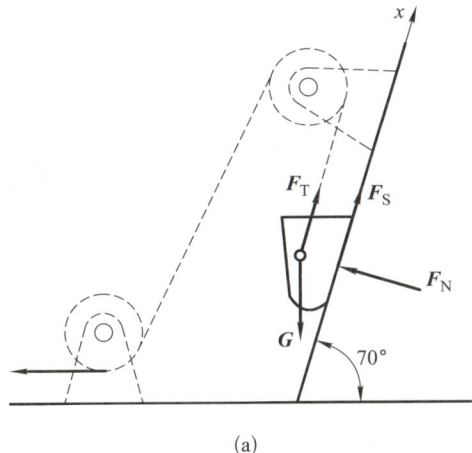

(a)

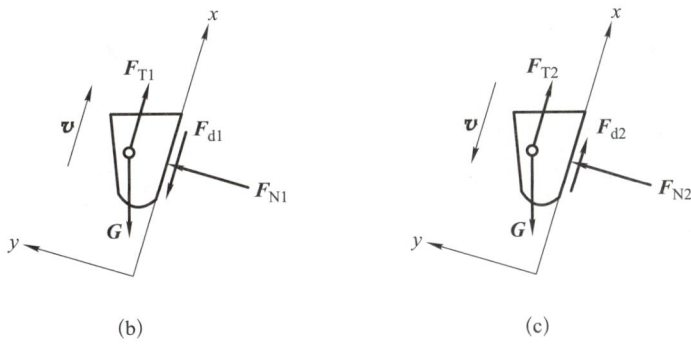

(b)   (c)

图 4-6 题 3 图

第五章

刚体定轴转动

刚体运动时,如果刚体上有一条直线保持不动,整个刚体绕这条直线做旋转运动,这种运动称为定轴转动。这条固定不动的直线称为刚体的转轴,简称轴。例如,汽车上的带轮、齿轮、曲轴飞轮都属于定轴转动。

第1节　角速度、线速度与转动惯量

一、角速度与线速度

1. 角速度

如图 5-1a 所示的汽车发动机飞轮上的一动点 A 绕中心点 O 做圆周运动,经过 t（s）后,动点 A 转到点 A',绕过的中心角为 φ,其旋转的快慢程度用单位时间内转过的角度来表示,即

$$\omega = \varphi/t$$

式中　ω——角速度,rad/s(弧度/秒);

　　　　φ——转角,rad(弧度)。

工程上常用每分钟转动的圈数来表示构件转动的快慢,称为转速,用 n 表示,单位为 r/min(转/分)。构件每转一周转过的弧度为 2π,所以,角速度 ω 和转速 n 之间的关系为

$$\omega = 2\pi n (\text{rad/min}) = 2\pi n/60(\text{rad/s}) = \pi n/30(\text{rad/s})$$

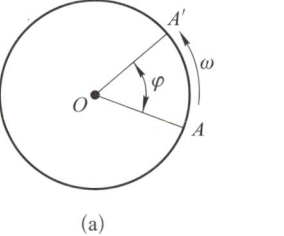
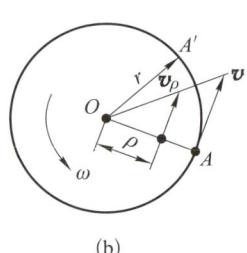

(a)　　　　　　　(b)

图 5-1　飞轮

2. 线速度

转动构件上某一点运动速度的快慢还可以用线速度 v 来表示。构件上到转动中心的距离 ρ 不相等的点的线速度的大小也不相同,如图 5-1b 所示。线速度 v 等于角速度 ω 与该点转动半径 r 的乘积。即

$$v = r\omega = r \times 2\pi n/60 = \pi nr/30$$

式中　v——线速度,m/s;

　　　　r——转动半径,m;

　　　　n——转速,r/min。

二、转动惯量

刚体转动时保持原有的运动状态不变的特性,称为惯性。衡量刚体转动时惯性大小的物理量称为转动惯量。转动惯量 $I_z(\mathrm{kg \cdot m^2})$ 是刚体的质量与它离转轴距离平方的乘积,即

$$I_z = \sum m_i r_i^2$$

式中　m_i——组成转动刚体每一个质点的质量;

　　　r_i——每一个质点到转动中心的距离。

刚体的质量越大,质点到转动中心的距离越大,则转动惯量越大;相同的刚体质量,分布得离转动中心越远,产生的转动惯量也越大。所以,汽车的飞轮通常做成边缘厚、中间薄的形状,把大部分材料分布到远离转轴的地方,达到使用较少的材料获得较大转动惯量的效果,使发动机在载荷波动时仍然能平稳运转。

如果汽车中转动刚体的质量分布不均匀,这些不均匀质量的转动惯量会产生附加的动载荷,引起振动噪声,影响汽车的使用性能。因此,汽车高速转动的构件一般都做动平衡试验,并用动平衡机校验。如汽车的四个轮胎必须保证处于动平衡的状态,才能使汽车行驶平稳。

第 2 节　　变速转动与功率

一、变速转动

机器中的传动件受到主动力矩的驱动,克服阻力矩的作用,做旋转运动。当主动力矩等于阻力矩时,传动件做匀速转动;当主动力矩大于阻力矩时,传动件做加速转动;当主动力矩小于阻力矩时,传动件做减速转动。传动件在做加速或减速转动的过程中,角速度发生了变化,用角加速度来表示角速度变化的快慢程度,即

$$\varepsilon = (\omega - \omega_0) / t$$

式中　ε　——角加速度,$\mathrm{rad/s^2}$;

　　　ω_0——传动件开始时的角速度,$\mathrm{rad/s}$;

　　　ω　——传动件经过 t 时间后的角速度,$\mathrm{rad/s}$;

　　　t　——传动件的转动时间,s 。

在 $(\omega - \omega_0)$ 不变的前提下,传动件的转动时间越短,则角加速度的值越大。说明传动件能在很短的时间内大幅度提高转动的角速度,角速度值越大,则传动件的线速度值也就越大。

二、功率

力在单位时间内所做的功称为功率,用 $P(\mathrm{kW})$ 表示,即

$$P = \mathrm{d}W / \mathrm{d}t = F_t \mathrm{d}s / \mathrm{d}t = F_t v$$

式中　F_t——力在运动方向上的投影;

　　　v　——刚体运动的线速度。

功率等于力在运动方向上的投影与刚体运动线速度的乘积。

对于转动的刚体,功率等于推动刚体转动的某一点的切向力与该点线速度的乘积,即

$$P=F_t v=F_t r\omega=m\omega$$

式中 m ——刚体上受到的转动力矩,N·m;

    ω ——刚体的角速度,rad/s。

转动刚体的功率等于转动力矩与转动角速度的乘积。

三、功率、转速与转矩

功率、转速与转矩之间存在着一定的关系。

由于 $P=m\omega$,而 $\omega=2\pi n/60$,则

$$P=m\omega=m\times 2\pi n/60=\frac{mn}{9.55}$$

所以 $m=9.55\dfrac{P}{n}$ (kN·m)$=9\,550\dfrac{P}{n}$ (N·m)

该计算公式在功率、转速与转矩的关系中经常用到,当已知机器的功率和转轴的转速后,能够很快地求出该转轴的转矩,为选择轴的直径提供计算依据。

例 5-1 已知某轿车的发动机功率 $P=120$ kW,求:

(1) 当曲轴以 $2\,000$ r/min 的转速旋转时,曲轴的扭矩是多少?

(2) 如果传动轴的转速为 800 r/min,则该传动轴的扭矩是多少?

(3) 当轿车爬斜坡时,传动轴的转速降到 500 r/min,该传动轴的扭矩又是多少?

解:(1)曲轴以 $2\,000$ r/min 的转速旋转时,曲轴的扭矩

$$m=9\,550\frac{P}{n}=\frac{9\,550\times 120}{2\,000}\ \text{kN·m}=573\ \text{N·m}$$

(2)传动轴的转速为 800 r/n 时,传动轴的扭矩

$$m=9\,550\frac{P}{n}=\frac{9\,550\times 120}{800}\ \text{kN·m}=1\,432.5\ \text{N·m}$$

(3)传动轴的转速为 500 r/min 时,传动轴的扭矩

$$m=9\,550\frac{P}{n}=\frac{9\,550\times 120}{500}\ \text{kN·m}=2\,292\ \text{N·m}$$

由此得出,在功率不变的情况下,轴的扭矩与转速成反比,轴的转速越高,扭矩越小;反之,轴的转速越低,扭矩越大。低速前进时,转速小,牵引力大,适合于爬坡或走高低不平的道路。

练 习

1. 为什么小型柴油机要配挂一个飞轮?四缸内燃机需要飞轮吗?

2. 为什么汽车的质量越小,其加速到百米的时间越短?

3. 从功率、速度、牵引力之间的关系说明汽车爬坡时挂低速挡的原因。

第六章

材料力学基础

机器是由许多构件和部件组成的。工作时构件要承受外载荷的作用,在外载荷的作用下,构件必然会发生变形,产生内力,可能使构件出现损坏,影响机器的正常工作。为了保证机器设备的正常工作,构件的材料必须满足以下的几方面的性能要求。

视频

汽车碰撞测试

1. 强度

构件在外载荷的作用下抵抗破坏的能力称为强度。足够的强度是保证构件在规定的使用条件下不被破坏的前提,是保证机器正常工作的基本条件。

2. 刚度

构件在外载荷的作用下抵抗弹性变形的能力称为刚度。足够的刚度可保证构件不会产生过度变形,从而保证传动件的传动精度。满足强度要求的构件未必能满足刚度的要求,而满足刚度要求的构件一定能满足强度的要求。所以,刚度的要求比强度的要求严格。

3. 稳定性

细长压杆在外载荷的作用下保持原有直线平衡的能力称为稳定性。足够的稳定性能保证在外载荷增大时,细长压杆不会出现突然的失稳而发生事故。

在工程设计中,不仅要满足强度、刚度和稳定性要求,还必须符合经济性的要求,也就是在满足机器正常使用的条件下,选择最经济的材料、最适合的尺寸与形状、最好的外观,最大限度地降低制造成本,使机器在市场上具有最强大的竞争力。

第1节 材料的基本变形

构件受到外力的作用会产生变形,外力消失后,变形也随之消失,这种变形称为弹性变形。当受到的外力超过构件材料的极限后,即使外力解除,变形也不能随之消失,这种变形称为塑性变形。

在工程中,构件的长度往往远大于构件的其他两个方向的尺寸,此类构件称为杆件。杆件在受到外力的作用下,基本的变形形式有以下四种:

1. 轴向拉伸与压缩

杆件受到沿轴向大小相等、方向相反的两个拉力或压力作用时,会沿轴向伸长或缩短,这种变形称为拉伸或压缩。

2. 剪切与挤压

杆件受到大小相等、方向相反、作用线平行且相距很近的两个力的作用,两个力作用线之间的截面产生相互错动,这种变形称为剪切。

在剪切作用的同时,两杆件接触面发生局部压陷的塑性变形,称为挤压。

3. 扭转

杆件受到垂直于轴线方向的两平面内大小相等、方向相反的两个力偶的作用,产生的变形称为扭转。

4. 弯曲

杆件受到与轴线方向相垂直的外力作用,或作用面与轴线在同一个平面内的力偶作用时,产生的变形称为弯曲。变形后的轴线变成曲线。

杆件产生两种以上的变形称为组合变形。

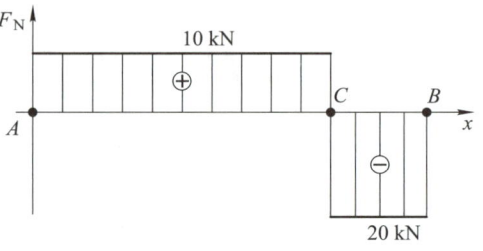

图 6 - 1　杆件的基本变形

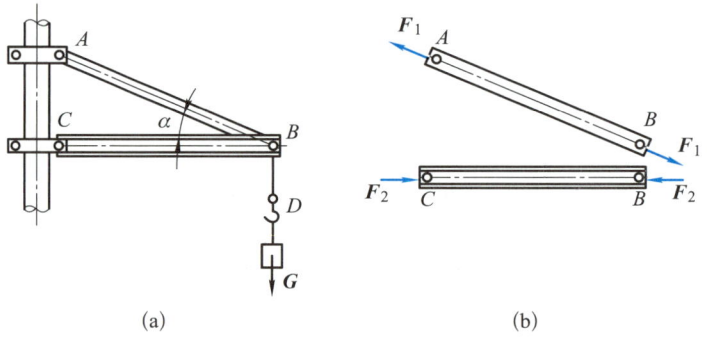

图 6 - 2　简易起重装置

第 2 节　拉伸与压缩

一、拉伸与压缩的概念

在工程实践中,有许多受外力的作用产生拉伸或压缩变形的杆件,如图 6 - 2 所示的简易起重装置,在载荷 G 的作用下,杆 AB 和钢丝绳 BD 受到拉伸,杆 CB 受到压缩。

这些受拉或受压的大多数杆件是等截面的直杆,可以简化成图 6 - 3 所示的简图,其受力的特点是外力沿杆的轴线作用,变形的特点是杆件沿轴线产生拉伸或压缩变形。

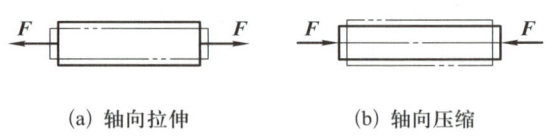

(a) 轴向拉伸　　　　(b) 轴向压缩

图 6 - 3　杆件的受力

二、内力

杆件受到外力的作用而变形,材料内部各质点之间产生的阻止相对位置改变的抵抗力,称为内力。外力越大,杆件的变形越大,产生的内力也越大。在弹性变形阶段,外力与变形成正比,当外力消失后,杆件恢复原状,内力也随之消失。如果外力超过材料的许用极限,即使外力消失了,杆件也不能恢复原状,杆件就会发生破坏。

三、截面法

　　求解内力的基本方法是截面法。如图 6-4 所示的一拉杆 AB，在外力 F 的作用下处于平衡状态。为了求得 $a—a$ 横截面上的内力，假想沿 $a—a$ 横截面处截开，分为左、右两个部分，用 F_N、F_N' 分别表示左、右两个部分上面相互作用的内力，这是一对作用力与反作用力，只需要求得其中一个内力即可。

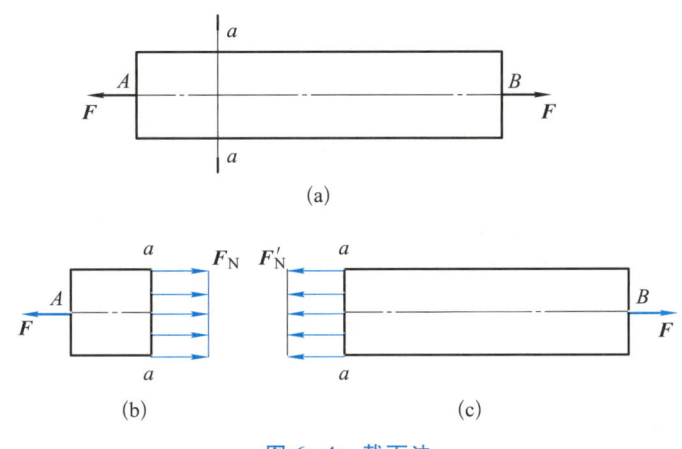

图 6-4　截面法

　　截面法求解内力的步骤如下：

　　（1）截开　　在需要求内力的截面处，假想地将杆件截分为两部分，移去一部分，留下一部分作为研究对象。

　　（2）代替　　将移去部分对留下部分的作用用内力代替，画出留下部分的受力图。

　　（3）平衡　　根据保留部分的平衡条件，列出研究对象的平衡方程，确定内力的大小与方向。

例 6-1　设直杆 AB 同时受到外力 $F_1 = 10$ kN、$F_2 = 30$ kN、$F_3 = 20$ kN 的作用而平衡，如图 6-5a所示，求截面 $1—1$、$2—2$ 上的内力。

　　解：（1）求截面 $1—1$ 上的内力。

　　① 截开：沿 $1—1$ 面截开，取左侧为研究对象，如图 6-5b 所示。

　　② 代替：用截面上的内力 F_{N1} 代替另一部分对研究对象的作用。

　　由于外力作用在轴线上，截面上的内力作用线也应与轴线重合，垂直于横截面并过其形心。所以，把轴向拉伸和压缩时横截面上的内力又称为轴力。

　　③ 平衡：对研究对象列平衡方程：

$$\sum F_x = 0, \quad F_{N1} + (-F_1) = 0$$

得

$$F_{N1} = F_1 = 10 \text{ kN}$$

　　（2）求截面 $2—2$ 上的内力。具体步骤同上，取 $2—2$ 截面的右侧为研究对象，如图 6-5c 所示。

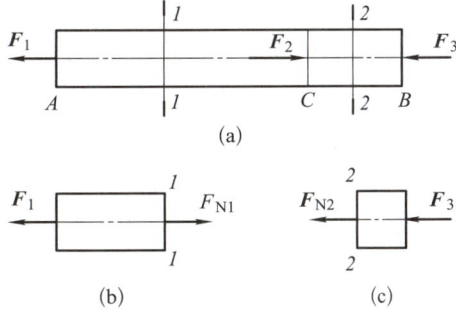

图 6-5　直杆的受力

$$\sum F_x = 0, \quad -F_{N2} + (-F_3) = 0$$

得

$$F_{N2} = -F_3 = -20 \text{ kN}$$

负号表示图中标注的方向与实际方向相反。

如果取 *2—2* 截面的左侧为研究对象,则

$$\sum F_x = 0, \quad (-F_1) + F_2 + F'_{N2} = 0$$

$$F'_{N2} = F_1 - F_2 = 10 \text{ kN} - 30 \text{ kN} = -20 \text{ kN}$$

与取 *2—2* 截面的右侧为研究对象的结果相同,说明无论取哪一侧作为研究对象,其结果都一样。

轴力的正负符号规定如下:当轴段受拉时,即轴力背离横截面时取正号;当轴段受压时,即轴力指向横截面时取负号。外力的正负符号与轴力的正负符号相同。外力的方向背离所研究截面时取正号,反之取负号。

四、轴力图

为了直观地表达轴上各截面的受力状态,用横坐标 x 表示杆的横截面的位置,用纵坐标 F_N 表示杆的横截面位置上的轴力大小,按选定的比例尺绘出表示轴力沿杆件轴线变化规律的线图,称此图为轴力图。图 6-6 所示为例 6-1 的轴力图。

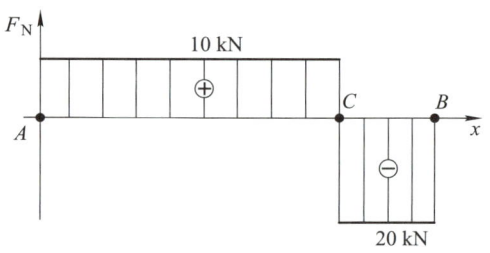

图 6-6 例 6-1 的轴力图

画轴力图时应注意:

(1) 轴力图画在实际杆件的下面,与杆件的比例一致。

(2) 以相邻的两外力作用点来分段,作用点是轴力变化的位置。

(3) 取受外力较少的一侧作为研究对象,可减少计算的麻烦。

(4) 轴力是常量,正轴力画在 x 轴的上方,负轴力画在 x 轴的下方。

(5) 图形内用垂直于 x 轴的竖线表示。

五、应力

用截面法求出杆件的内力,只表示该截面杆件受到的轴力大小,还不能判断杆件受力的强弱和杆件是否会被破坏。杆件的破坏不仅与内力有关,还与杆件的截面积和材料有关。例如杆件的材料相同、直径不同,在相同的轴力作用下,直径小的杆件必然先断;而杆件的直径相同、材料不同,在相同的轴力作用下,材料较弱的杆件必然先断。所以,工程上用单位面积上的内力来衡量杆件的受力程度,单位面积上的内力称为应力,有正应力和切应力两种。应力是判断杆件强度的依据。轴向拉压时,横截面上应力的计算公式为

$$R = F_N / S$$

式中 R ——横截面上的正应力,MPa;

F_N ——横截面上的轴力,N;

S ——横截面的面积,mm^2。

应力的符号确定:拉应力为正,压应力为负。

例 6-2　如图 6-7a 所示的直杆 AC 的 A 端固定在墙面上,B 点受力 $F_1=15$ kN,C 点受力 $F_2=10$ kN,方向如图所示。直杆的截面积分别为 $S_1=160$ mm^2,$S_2=80$ mm^2。横截面上的最大应力是多少?

解:(1)分别计算轴力

$$F_{N1} = F_2 - F_1 = (10-15) \text{ kN} = -5 \text{ kN}$$

$$F_{N2} = F_2 = 10 \text{ kN}$$

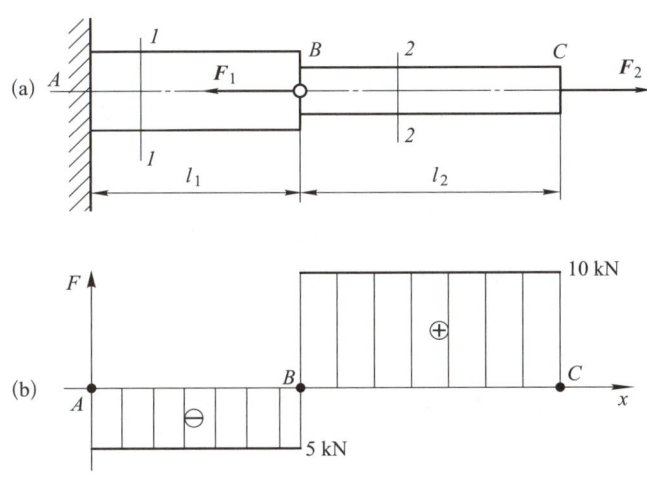

图 6-7　直杆的受力图和轴力图

(2)计算正应力

$$R_1 = F_{N1}/A_1 = -5 \times 1\,000 \text{ N}/160 \text{ mm}^2 = -31.25 \text{ MPa}$$

$$R_2 = F_{N2}/A_2 = 10 \times 1\,000 \text{ N}/80 \text{ mm}^2 = 125 \text{ MPa}$$

最大的应力出现在 *2—2* 的截面上,数值为 125 MPa,其轴力图如图 6-7b 所示。

六、材料在拉伸与压缩时的力学性能

材料的力学性能是指材料在外力的作用下,强度和变形方面所表现出的性能,是解决强度、刚度和稳定性问题的依据。材料的力学性能是通过实验的方法测定的。

1. 低碳钢在拉伸时的力学性能

低碳钢在拉伸或压缩时所表现出来的力学性能比较典型。通常选用 Q235 钢,在常温、静载的条件下,用标准试件通过实验绘出低碳钢的拉伸曲线,如图 6-8 所示。用正应力 R 表示材料的受力程度,用标距 L_e 得出的应变 ε 表示材料的变形程度,得到低碳钢的应力-应变曲线,如图

6-9 所示。应力-应变曲线反映了材料的力学性能。

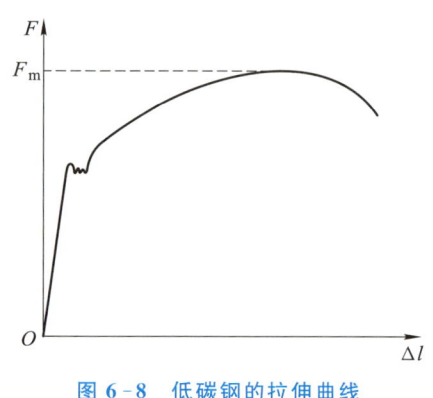

图 6-8　低碳钢的拉伸曲线

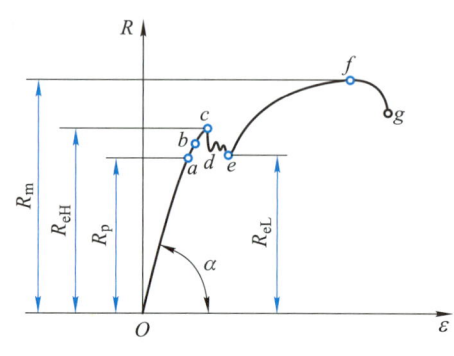

图 6-9　低碳钢的应力-应变曲线

（1）弹性阶段（Oa 段）

Oa 段是一条直线，表明应力与应变成正比。点 a 是斜线的最高点，对应的应力值称为比例极限，用 R_p 表示。

（2）滞弹性阶段（ab 段）

ab 段不是直线，应力与应变不成正比，当外力卸去后，变形消失，是弹性变形，但应变不同程度滞后于应力回到原点。点 b 是弹性阶段的最高点，对应的应力值称为弹性极限，如果应力值超过点 b 对应的应力值，则杆件出现塑性变形。

（3）微塑性应变阶段（bc 段）

bc 段是材料在加力过程中屈服前的微塑性变形部分：就微观结构角度而言，是多晶体材料中处于应力集中的晶粒内部低能量易动位错的运动。塑性变形量很少，是不可回复的。

（4）屈服阶段（cde 段）

cde 段沿水平线上、下波动出现小锯齿形曲线，说明此时应力虽有波动但几乎未增大，而变形却迅速增长，材料好像失去了对变形的抵抗能力，这种现象称为材料的屈服，这个过程称为屈服阶段。c 点是拉伸试验一个重要的性能判据点，对应的应力值（试样发生屈服而力首次下降前的最大应力）称为上屈服强度，用 R_{eH} 表示；屈服阶段的最低应力值称为材料的下屈服强度，用 R_{eL} 表示。Q235 钢的下屈服强度 $R_{eL}=235$ MPa。

（5）强化阶段（ef 段）

下屈服强度之后，曲线 ef 向上凸起，说明若试件继续变形必须加大拉力，材料又恢复了抵抗变形的能力，这种现象称为材料的强化（硬化）。曲线 ef 段所对应的过程称为材料的强化阶段。曲线 ef 的最高点 f 对应的应力值称为抗拉强度，用 R_m 表示。Q235 钢的抗拉强度 $R_m=400$ MPa。抗拉强度是杆件被拉断前所能承受的最大应力。所以，抗拉强度是材料的强度指标。

（6）颈缩阶段（fg 段）

应力达到强度极限后，试件在局部范围内明显变细，出现了"颈缩"现象。承载能力急剧下降，在颈缩处被拉断。

2. 低碳钢在压缩时的力学性能

低碳钢是塑性材料,塑性材料的压缩性能只有在屈服强度内与拉伸时相重合,在下屈服强度后会产生明显的塑性变化,随着压力的增加,越压越扁,得不到材料压缩时的抗压强度。

3. 脆性材料的力学性能

以灰铸铁为代表的脆性材料,拉伸时无明显的直线部分,无屈服现象,也不产生颈缩,变形小,试件突然断裂。灰铸铁的压缩性能也无明显的直线部分,无屈服现象,强度极限超过拉伸极限的4~5倍,所以抗压性能强,如图 6-10 所示。

常见材料的主要力学性能见表 6-1。

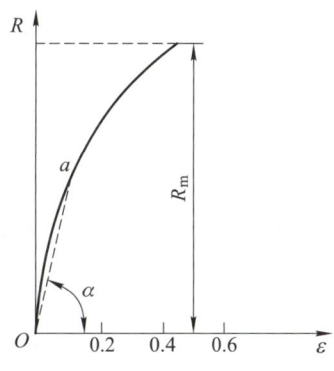

图 6-10　灰铸铁的拉伸曲线

表 6-1　常见材料的主要力学性能

材料名称或牌号	屈服强度 R_{eL}/MPa	抗拉强度 R_m/MPa
Q235	216~235	302~461
35 钢	216~314	432~530
45 钢	265~353	530~598
40Cr	343~785	588~981
球墨铸铁	294~412	392~588
灰铸铁		拉 98~275;压 673;弯 206~461

七、拉伸(压缩)时的强度计算

1. 许用应力

(1) 极限应力

极限应力是杆件正常工作时所允许的最大应力。塑性材料的极限应力是屈服强度 R_{eL},脆性材料的极限应力是抗拉强度 R_m。

(2) 许用应力与安全系数

为了保证杆件能正常工作,必须储备一定的强度。在工程计算中允许材料承受的最大应力称为许用应力,用 $[R]$ 表示。许用应力是由极限应力除以大于 1 的系数 n 得来的,n 称为安全系数。n 值过小,许用应力 $[R]$ 过大,安全性差;n 值过大,许用应力 $[R]$ 过小,浪费材料。安全系数一般采用经验选取。

对于塑性材料:　　　　$[R] = R_{eL}/n_{eL}$。

对于脆性材料:　　　　$[R] = R_m/n_m$。

n_{eL} 为塑性材料的安全系数,一般 $n_{eL} = 1.2~2.2$。

n_m 为脆性材料的安全系数,一般 $n_m = 2~3.5$。

2. 强度计算

为了保证杆件具有足够的强度,必须使杆件的最大工作应力不大于材料的许用应力值,即

$$R_{max} = F_N/S \leq [R]$$

如果 $R_{max} \leqslant [R]$，则强度足够；如果 $R_{max} > [R]$，则强度不够。

利用强度计算公式可以解决工程上的三大类问题：

（1）强度校核。

（2）设计截面：$S \geqslant F_N/[R]$，确定截面的面积。

（3）杆件的最大许可载荷：$F_N \leqslant S[R]$，确定杆件所能承受的最大轴力。

例 6-3　汽车内燃机的曲柄连杆机构如图 6-11a 所示。工作时活塞受气体的压力 $F_P = 80$ kN 作用，曲柄 OA 的长度 $r = 100$ mm，连杆 AB 长度 $l = 250$ mm，截面尺寸 $b = 40$ mm，$h = 60$ mm。材料的许用应力 $[R] = 50$ MPa。当 OA 与 AB 处于垂直位置时，试校核连杆的强度。

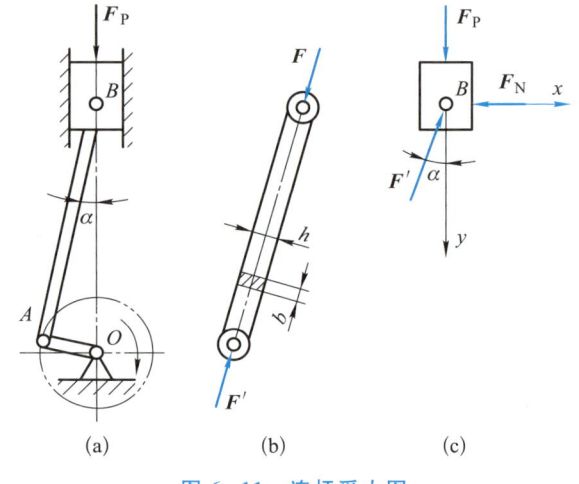

图 6-11　连杆受力图

解：（1）根据活塞的平衡条件，求连杆所受的轴力，如图 6-11c 所示。

$$\sum F_y = 0, \quad F'\cos\alpha - F_P = 0$$

$$F' = F_P/\cos\alpha = F_P \frac{\sqrt{l^2 + r^2}}{l}$$

$$= 80 \times \frac{\sqrt{250^2 + 100^2}}{250} \text{ kN} \approx 86.2 \text{ kN}$$

（2）计算截面的面积，如图 6-11b 所示。

$$S = bh = 40 \times 60 \text{ mm}^2 = 2\,400 \text{ mm}^2$$

（3）校核连杆的强度。

$$R_{max} = F_N/S = F'/S = \frac{86.2 \times 1\,000}{2\,400} \text{ MPa} \approx 35.9 \text{ MPa} < 50 \text{ MPa}$$

由于 $R_{max} < [R]$，所以连杆的强度足够。

第 3 节　剪 切 与 挤 压

一、剪切与挤压的概念

1. 剪切的概念

在工程实际中，杆件在外力的作用下受到剪切的例子很多，例如常见的铆钉连接、键连接，如图 6-12、图 6-13 所示。其受力的特点是：工作时铆钉或键的两侧面上承受横向的外力，合力的大小相等、方向相反、作用线平行且相距很近。其变形的特点是：两作用力之间的杆件截面发生相对错动，错动的截面称为剪切面。

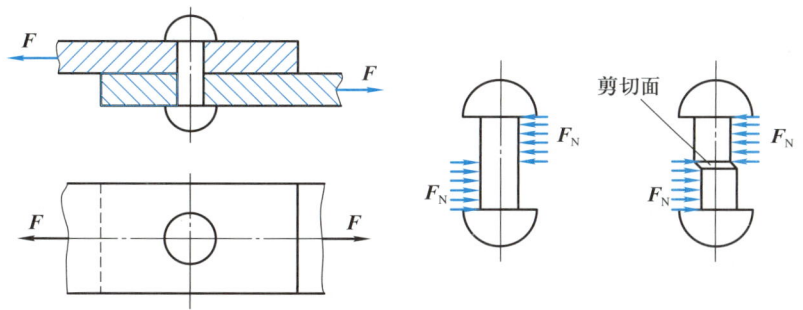

图 6‑12　铆钉连接

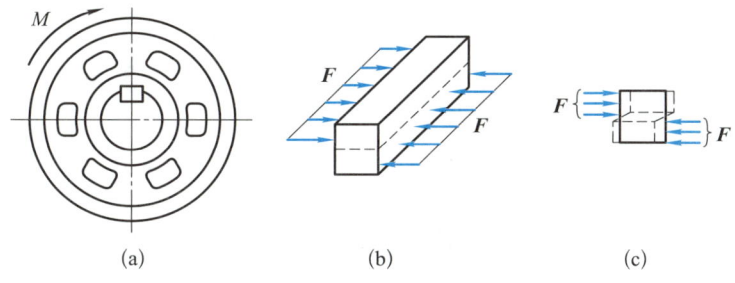

(a) (b) (c)

图 6‑13　键连接

2. 挤压的概念

构件在受到剪切变形的同时，往往还伴随着挤压变形。挤压是使接触表面的局部出现压陷、起皱的塑性变形，如图 6‑14 所示。

二、剪切与挤压的强度计算

1. 剪切的强度计算

（1）切应力

剪切面上受到的内力大小仍然用截面法求得。以图 6‑12 的铆钉连接为例，假想将铆钉从截面 n—n 处截开，取上半部分或下半部分作为研究对象。为了保持平衡，在剪切面内必然有与外力 F 大小相等、方向相反的内力存在，称这个内力的合力为剪力，用 F_Q 表示。单位面积上的剪力称为切应力，用 τ 表示。切应力的计算公式为

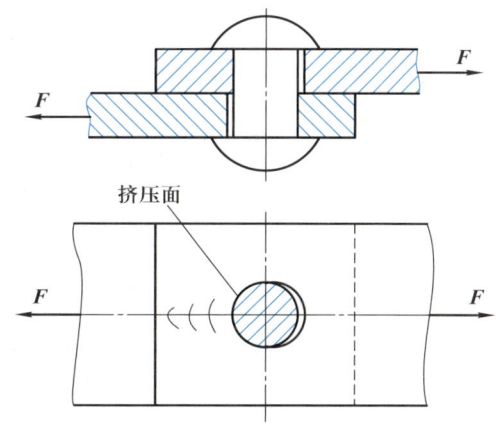

图 6‑14　挤压变形

$$\tau = F_Q / S$$

式中　τ ——剪切面上的切应力，MPa；

F_Q——剪切面上的剪力，N；

S ——剪切面的面积，mm^2。

（2）许用切应力

为了保证杆件在外力的作用下能正常工作,杆件受到的切应力必须小于材料的许用切应力$[\tau]$。即

$$\tau = F_Q/S \leqslant [\tau]$$

式中,$[\tau]$的取值与许用拉应力$[R]$有关。对塑性材料,$[\tau]=(0.6\sim0.8)[R]$;对脆性材料,取$[\tau]=(0.8\sim1.0)[R]$。

根据剪切的强度计算公式,可以计算以下三类工程问题:

① 校核剪切强度是否足够。

② 求出剪切面的最小面积。

③ 确定剪切的最大许可载荷。

如果是应用于剪断杆件,则切应力必须大于许用切应力,即$\tau > [\tau]$,才能将材料切断。

例6-4 汽车用的牵引挂钩如图6-15a所示,挂钩的厚度$2c=8$ mm,销材料的许用切应力$[\tau]=60$ MPa,牵引力$F=15$ kN,试选择销的最小直径。

解:（1）画销的受力图,如图6-15b所示,每一个面的剪力为$F_Q=F/2$。

（2）按剪切强度条件求销的直径d_1:

$$F_Q/S \leqslant [\tau]$$

$$\pi d_1^2/4 \geqslant F_Q/[\tau]$$

$$d_1 \geqslant \sqrt{\frac{2F}{\pi[\tau]}} = \sqrt{\frac{2\times15\ 000}{3.14\times60}}\ \text{mm} \approx 13\ \text{mm}$$

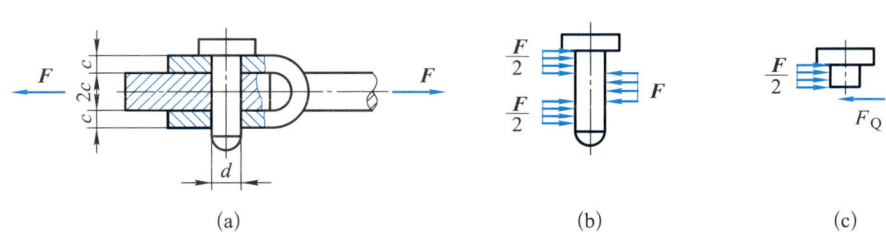

(a)　　　　　　　　　　　　(b)　　　　　　　　(c)

图6-15　牵引挂钩

2. 挤压的强度计算

（1）挤压应力

作用于挤压面上的挤压力引起的应力称为挤压应力。挤压力垂直于挤压面,挤压变形产生的应力是正应力。挤压应力用R_{jy}表示。其计算公式为

$$R_{jy} = F_{jy}/S_{jy}$$

式中　R_{jy}——挤压面上的挤压应力,MPa;

　　　F_{jy}——挤压面上的挤压力,kN;

　　　S_{jy}——挤压面的面积,mm²。圆柱挤压面的面积等于半圆柱的正面投影面积,即$S_{jy}=dt$,t为圆柱挤压面的高度(图6-16)。

（2）许用挤压应力

为了能使杆件正常工作，满足杆件挤压强度的条件是

$$R_{jy} = F_{jy} / S_{jy} \leqslant [R_{jy}]$$

挤压的许用应力$[R_{jy}]$的取值与许用拉应力有关。对塑性材料，$[R_{jy}] = (1.5 \sim 2.5)[R]$；对脆性材料，$[R_{jy}] = (0.9 \sim 1.5)[R]$。

如果两挤压面的材料不同，只要对许用挤压应力$[R_{jy}]$较小的材料进行挤压强度校核即可。挤压强度条件也同样可以解决上述三类工程问题。

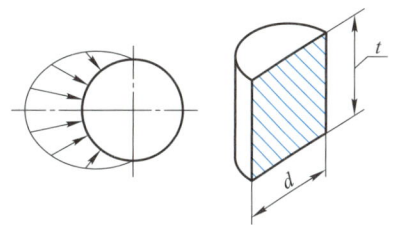

图 6-16 圆柱挤压面

例 6-5 如例 6-4 的已知条件，许用挤压应力$[R_{jy}] = 200$ MPa，计算满足挤压强度的销的直径。

解：按挤压强度条件求销的直径 d_2。挤压力 $F_{jy} = F$。

$$R_{jy} = F_{jy} / S_{jy} \leqslant [R_{jy}]$$

$$\frac{F}{d_2 \times 2c} \leqslant [R_{jy}]$$

$$d_2 \geqslant \frac{F}{[R_{jy}] \times 2c} = \frac{15\,000}{2 \times 4 \times 200} \text{ mm} \approx 9.38 \text{ mm}$$

为了同时满足剪切和挤压强度要求，销的直径应取两者中的较大值，即 $d = 13$ mm。一般情况下，只要剪切强度足够，挤压强度就能满足要求。

第4节 圆轴的扭转

一、圆轴扭转的概念

在汽车传动中，有许多承受扭转的杆件（例如图 6-17 所示的汽车转向盘的转向轴和图 6-18 所示的汽车底盘的传动轴 AB），在工作时杆件承受绕轴线转动的力偶作用，发生扭转变形。

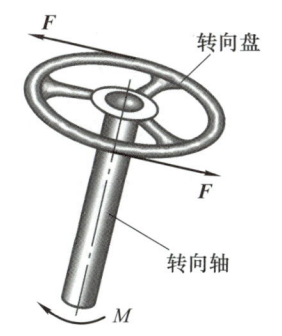

图 6-17 汽车转向盘的转向轴

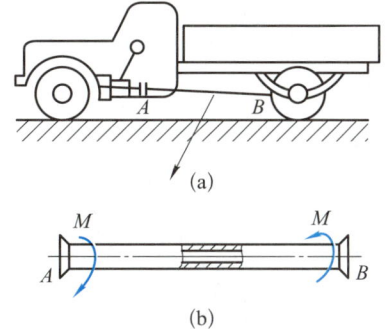

图 6-18 汽车底盘的传动轴

杆件受扭转时的受力特点是：杆件的两端作用大小相等、方向相反，且作用面与轴线垂直的力偶。变形的特点是：杆件的任意两个横截面都绕轴线做相对转动，称这种变形形式为扭转。

把发生扭转的杆件称为轴。为了方便研究扭转变形,仅单独考虑扭转引起的变形,不考虑其他变形的影响。

二、圆轴扭转的外力偶矩、扭矩计算

1. 外力偶矩

外力偶矩的大小根据下式计算:

$$M = 9\,550 \frac{P}{n}$$

式中　M ——外力偶矩,N·m;

　　　P ——轴传递的功率,kW;

　　　n ——轴的转速,r/min。

2. 扭矩

圆轴扭转时,任一横截面上的内力偶矩称为扭矩,用 T 表示。求解横截面上内力偶矩的方法仍然用截面法。图 6-19 所示的圆轴两端受到外力偶矩 M 的作用,假想用截面 $m-m$ 截开,取左段作为研究对象。由于平衡作用,在截面 $m-m$ 上必定也有一个平衡力偶 T,它是右段对左段的作用。所以有以下平衡方程:

$$\sum M_i = 0, \quad T - M = 0$$

得

$$T = M$$

如果取右段作为研究对象,所得到的扭矩与取左段的结果大小相等、方向相反。符合作用力与反作用力公理。

扭矩的正负号利用右手法则来判断:以右手弯曲的四指表示扭矩的方向,大拇指指向离开截面时的扭矩为正,反之为负,如图 6-20 所示。

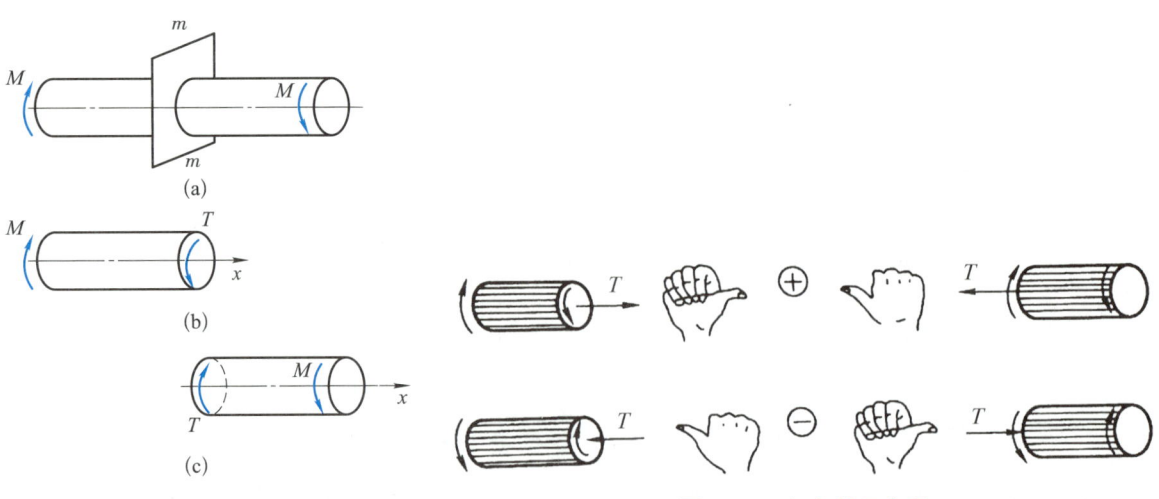

图 6-19　用截面法求圆轴内力偶矩　　　　　　图 6-20　扭矩的正负号

例6-6 已知某传动轴如图6-21所示,中间的主动轮 A 上输入的功率 $P_A = 15\ kW$,两端的从动轮 B 和 C 输出的功率分别为 $P_B = 11\ kW$,$P_C = 4\ kW$,轴的转速 $n = 1\ 200\ r/min$。试计算各横截面上的扭矩。

解:(1)计算各外力偶矩

$$M_A = 9\ 550\ P_A/n = \frac{9\ 550 \times 15}{1\ 200}\ N \cdot m \approx 119.38\ N \cdot m$$

$$M_B = 9\ 550\ P_B/n = \frac{9\ 550 \times 11}{1\ 200}\ N \cdot m \approx 87.54\ N \cdot m$$

$$M_C = 9\ 550\ P_C/n = \frac{9\ 550 \times 4}{1\ 200}\ N \cdot m \approx 31.84\ N \cdot m$$

(2)计算各截面上的扭矩

由 $$T_1 + (-M_B) = 0$$

得 $$T_1 = M_B = 87.54\ N \cdot m$$

由 $$T_2 + M_A + (-M_B) = 0$$

得 $$T_2 = -119.38\ N \cdot m + 87.54\ N \cdot m = -31.84\ N \cdot m$$

值得注意的是,只有在 BC 段之间有扭矩,而点 B 的左侧和点 C 的右侧的扭矩为0,这表明没有扭矩。

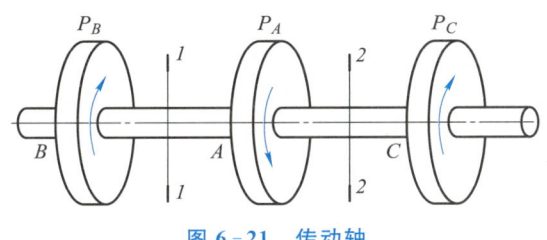

图6-21 传动轴

3. 扭矩图

为了形象地表示各截面扭矩的大小和正负,用图形表示扭矩随截面位置的变化,这种图形称为扭矩图。

扭矩图的画法与轴力图相似,平行于轴线的横坐标 x 表示各截面的位置,垂直于轴线的纵坐标 T 表示相应截面上的扭矩,正扭矩画在 x 轴的上方,负扭矩画在 x 轴的下方。例6-6的扭矩图如图6-22所示。

画扭矩图时各点的位置要与给定的位置对齐。

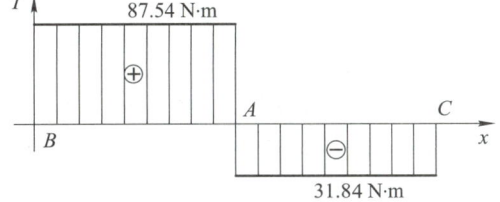

图6-22 扭矩图

三、圆轴扭转的应力和强度计算

1. 圆轴扭转的应力

圆轴扭转的应力大小与扭转时的变形量有关。图6-23a所示为圆轴扭转前的状态,取一段等截面的圆轴,在圆轴的表面画出一组平行于轴线的纵向线和代表横截面边缘的圆周线,这样在圆轴表面形成许多矩形。在垂直于轴线的平面内施加力偶矩 M,使轴产生变形,得到圆轴表面的变形情况,如图 6-23b 所示。

图 6-23b 中圆轴的变形特点如下:

① 各圆周线绕轴线发生了相对转动,但圆周线的形状、大小和相互间的距离都没有变化。

② 所有的纵向线都倾斜了同样一个微小的角度 γ,称为剪应变。原来的矩形都变成平行四边形,但纵向线仍然为近似的直线。

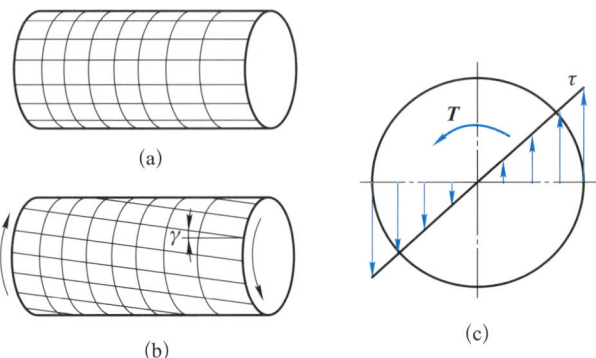

图 6-23　圆轴扭转变形

由此得出以下结论:

① 各圆柱的横截面像刚性圆盘一样绕轴线发生相对转动,相邻两横截面间的距离不变,横截面上只有切应力而无正应力,切应力与半径重合。

② 切应力的大小与该点到圆心的距离成正比,圆心处的切应力 τ 为零,如图 6-23c 所示。

圆轴扭转时的最大切应力:

$$\tau_{\max}=\frac{T}{W_n}$$

式中　$\tau_{\max}$——横截面上的最大切应力,MPa;

　　　　T　——横截面上的扭矩,N·m;

　　　　W_n——抗扭截面系数,mm^3。

抗扭截面系数分为实心轴和空心轴两种:

对于实心轴,$W_n=0.2D^3$;

对于空心轴,$W_n=0.2D^3\left[1-\left(\dfrac{d}{D}\right)^4\right]$。

式中,D 表示空心轴外圆的直径,d 表示空心轴内孔的直径。

2. 圆轴扭转的强度计算

为了保证圆轴扭转时有足够的强度,使圆轴能正常地工作,必须使扭转产生的最大切应力不超过材料的许用切应力$[\tau]$,即

$$\tau_{\max}=T/W_n\leqslant[\tau]$$

许用切应力$[\tau]$的值可查阅设计手册,其近似计算为:

对于塑性材料,$[\tau]=(0.5\sim0.6)[R]$;对于脆性材料,$[\tau]=(0.8\sim1.0)[R]$;其中,$[R]$为材料的许用拉应力。

例 6-7　在例 6-6 中,如果轴的直径为 30 mm,材料的许用切应力$[\tau]=30$ MPa,试校核该轴的强度是否足够。

解: $\tau_{\max}=T/W_n=T/(0.2D^3)=\dfrac{87.54\times1\,000}{0.2\times30^3}$ MPa≈16.2 MPa

$$\tau_{max} < [\tau] = 30\ \text{MPa}$$

所以圆轴的强度足够。

例 6-8　用套筒联轴器连接两轴,如图 6-24 所示,联轴器、销与轴的材料都是 45 钢,许用切应力 $[\tau] = 30\ \text{MPa}$,轴的直径 $d = 30\ \text{mm}$,套筒的外径 $D = 42\ \text{mm}$。试计算该联轴器所能传递的最大扭矩,并计算连接销的最小直径。

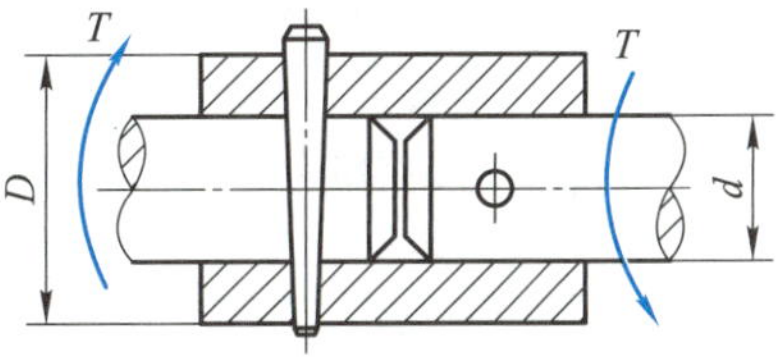

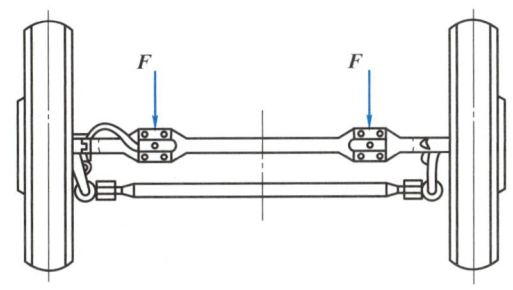

图 6-24　套筒联轴器

解:（1）求轴所能传递的最大扭矩

$$\tau_{max} = T/W_n \leqslant [\tau]$$

$$T \leqslant W_n[\tau] = 0.2d^3[\tau] = 0.2 \times 30^3 \times 30\ \text{N}\cdot\text{mm} = 162\ 000\ \text{N}\cdot\text{mm}$$

（2）求套筒所能传递的最大扭矩

$$T \leqslant 0.2D^3\left[1 - \left(\frac{d}{D}\right)^4\right][\tau] = 0.2 \times 42^3 \times [1 - (30/42)^4] \times 30\ \text{N}\cdot\text{mm} \approx 328\ 814\ \text{N}\cdot\text{mm}$$

由于轴所能传递的最大扭矩小于套筒所能传递的最大扭矩,所以,该联轴器按轴所能传递的最大扭矩计算,为 $T = 162\ 000\ \text{N}\cdot\text{mm}$。

（3）计算连接销的最小直径 d_1

$$\tau = F_Q/S \leqslant [\tau], \quad F_Q = T/d$$

$$4F_Q/(\pi d_1^2) \leqslant [\tau]$$

$$4T/(d\pi d_1^2) \leqslant [\tau]$$

$$4 \times 162\ 000\ \text{N}\cdot\text{mm}/(30\pi d^2) \leqslant 30\ \text{MPa}$$

$$d_1 \geqslant 15.1\ \text{mm}$$

连接销的最小直径为 16 mm。

第 5 节　　直 梁 的 弯 曲

一、梁的平面弯曲

1. 平面弯曲的概念

在工程实际中,把发生弯曲变形为主的构件称为梁,如跨江大桥两桥墩之间的横梁、图 6-25 所示汽车的前梁等。梁在自重和载荷的作用下会产生平面弯曲变形。其弯曲变形的受力特点为:外力垂直于轴线或在轴向的平面内受到力偶的作用。变形的特点为:平面弯曲时,轴线在纵向对称平面内由直线弯曲成曲线。

图 6-25　汽车的前梁

2. 梁的基本类型

根据支座对梁的约束,将梁简化为三种基本形式。

(1) 简支梁

梁的两端均用铰链支座约束,一端为固定铰链支座,另一端为活动铰链支座,如图 6-26a 所示。

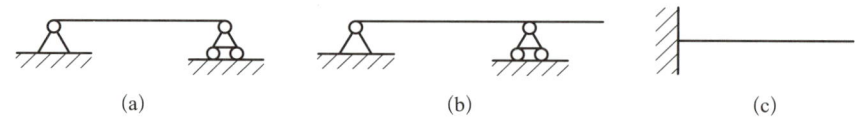

(a)　　　　　　　　(b)　　　　　　　　(c)

图 6-26　梁的三种基本形式

(2) 外伸梁

简支梁的一端(或两端)伸出支座以外,如图 6-26b 所示。

(3) 悬臂梁

梁的一端为固定支座,另一端为自由端,如图 6-26c 所示。

3. 梁上载荷的简化

作用在梁上的载荷可简化为以下三种形式。

(1) 集中力

集中力是将作用于梁上方的长度很短的力简化为作用于一点的力,单位为 N 或 kN。

(2) 集中力偶矩

集中力偶矩是将作用于梁上方的长度很短的力偶矩简化为作用于某一截面的集中力偶矩,单位为 N·m 或 kN·m。

(3) 分布载荷

分布载荷是指沿梁的长度或部分长度连续均匀分布的载荷。单位长度上的力用 q 表示,称载荷集度,单位为 N/m 或 kN/m。

二、梁弯曲变形的内力

1. 用截面法求梁的内力

为了计算梁的强度,必须研究梁上各截面上的内力,分析内力和计算内力的方法仍旧采用截面法。

例 6-9 图 6-27a 所示的简支梁受到一集中力 F 的作用,应用力的平衡方程求出点 A、B 的支座反力为 $F_A = \dfrac{Fb}{l}$、$F_B = \dfrac{Fa}{l}$,试求某一截面上的内力。

解:为了求得某一截面上的内力,假想用一截面 $m—m$ 将梁分为两段,取左段作为研究对象。为了保持平衡,左段除了有支座反力 F_A 的作用,必定有一个与力 F_A 平行且方向向下的内力 F_Q 的作用。在 F_A 和 F_Q 的作用下,梁的左段有沿顺时针转动的趋势,因此在横截面上必然还作用着一个逆时针转向的内力

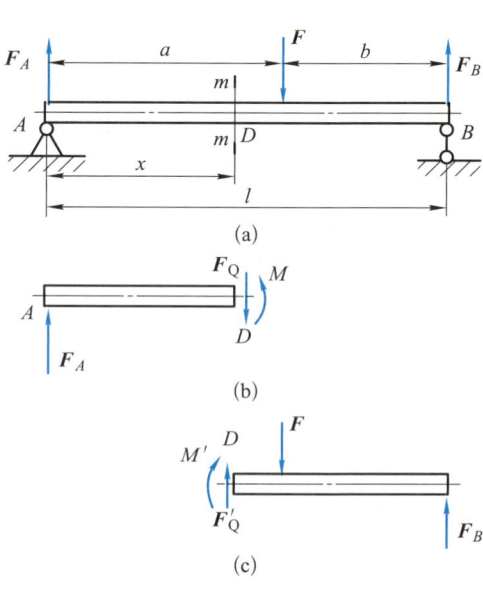

图 6-27　简支梁受力图

偶矩 M 与之平衡,如图 6-27b 所示。这个使梁的横截面产生错动的内力 F_Q 称为剪力,使梁轴线发生弯曲的内力偶矩 M 称为弯矩。设图中各部分尺寸分别是:$a=1.5$ m,$b=1$ m;$F=1$ kN。由平衡方程可得出:

$$\sum F_y=0, \quad F_A-F_Q=0$$

$$F_Q=F_A=\frac{Fb}{l}=\frac{1\,000\times1}{2.5}\text{ N}=400\text{ N}$$

$$\sum M_D(\overline{F})=0, \quad M-F_Ax=0$$

$$M=F_Ax=400\text{ N}\times x$$

当 $x=a=1.5$ m 时,$M=F_Ax=400\times1.5$ N·m$=600$ N·m

如果取右段作为研究对象,计算会比较麻烦,如图 6-27c 所示。

$$\sum F_y=0, \quad F_B-F+F_Q'=0$$

$$F_Q'=F-F_B=1\,000\text{ N}-\frac{1\,000\times1.5}{2.5}\text{ N}=400\text{ N}$$

$$\sum M_D(\overline{F})=0, \quad F_B(l-x)-F(a-x)-M'=0$$

$$M'=F_B(l-x)-F(a-x)=\frac{1\,000\times1.5\times(2.5-x)}{2.5}-1\,000(1.5-x)$$

当 $x=a=1.5$ m 时,$M'=\frac{1\,000\times1.5\times1}{2.5}$ N·m$-1\,000\times0$ N·m$=600$ N·m

取左、右两段研究结果的剪力和弯矩的大小相等、方向或转向相反。

剪力和弯矩的大小、方向或转向的确定原则如下:

(1) 截面上剪力的大小等于此截面以左(或右)所有外力的代数和。截面左侧的外力,向上取正号,向下取负号。截面右侧的外力与此相反。

(2) 截面上弯矩的大小等于此截面以左(或右)所有外力对该截面形心的力矩的代数和。截面左侧的外力对截面形心的力矩顺时针转向为正,反之为负。截面右侧的外力矩与此相反。

2. 剪力图与弯矩图

为了直观地表示各截面上的剪力与弯矩沿梁轴线长度的变化规律,根据剪力方程按照一定的比例绘制出相应的图形,称为剪力图;根据弯矩方程按照一定的比例绘制出相应的图形,称为弯矩图。由图可确定梁的最大剪力和最大弯矩所在的截面,为研究梁的强度问题提供根据。

画剪力图与弯矩图的方法是:

(1) 以平行梁轴线的横坐标 x 表示截面的位置。

(2) 以纵坐标代表截面上的剪力或弯矩值。

(3) 根据平衡条件列出梁的剪力方程与弯矩方程。作图。

例 6-10　按例 6-9 的条件画出梁的剪力图和弯矩图。

解:(1)建立剪力和弯矩方程

由于集中力作用在 C 点,C 点截面上的剪力有突变,所以从 C 点把梁 AB 分成 AC 和 CB 两段来研究。

在 AC 段取距左端 A 处距离 x 的任意截面,则 x 截面上的剪力方程和弯矩方程分别为

$$F_Q(x) = F_A = \frac{Fb}{l} \qquad (0 < x < a)$$

$$M(x) = F_A x = \frac{Fbx}{l} \qquad (0 \leqslant x \leqslant a)$$

在 CB 段取距左端 A 处距离 x_1(图 6-27 中未标出)的任意截面,该处截面左段上受到支座反力 F_A 和 C 处集中力 F 作用,则 x_1 截面上的剪力方程和弯矩方程分别为

$$F_Q(x_1) = F_A - F = -\frac{Fa}{l} \qquad (a < x_1 < l)$$

$$M(x_1) = F_A x_1 - F(x_1 - a) = \frac{Fbx_1}{l} - F(x_1 - a) \qquad (a \leqslant x_1 \leqslant 1)$$

(2)画剪力图与弯矩图

由剪力方程和弯矩方程得出,AC 段和 CB 段的剪力都是常量,剪力图形分别是直线,如图 6-28a 所示。AC 段和 CB 段的弯矩为一次函数,都是斜直线,在 C 点处相交,如图 6-28b 所示。画图时注意 AB 的长度应与原图形对齐。

(3)确定最大的弯矩值

由弯矩图可知,绝对值最大的弯矩在截面 C 处。

$$M(a) = \frac{Fba}{l} = \frac{1\,000 \times 1 \times 1.5}{2.5}\ \text{N} \cdot \text{m} = 600\ \text{N} \cdot \text{m}$$

简单载荷作用下常见梁的剪力图和弯矩图见表 6-2。

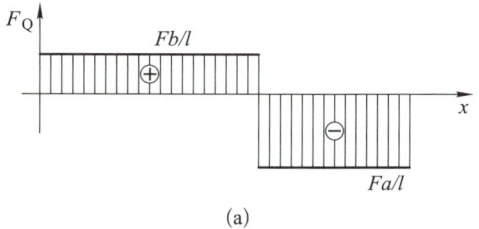

(a)

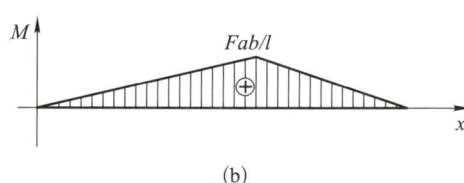

(b)

图 6-28　剪力图与弯矩图

表 6-2　简单载荷作用下常见梁的剪力图和弯矩图

梁的类型	集中载荷	均布载荷	集中力偶
简支梁			

续表

梁的类型	集中载荷	均布载荷	集中力偶
外伸梁	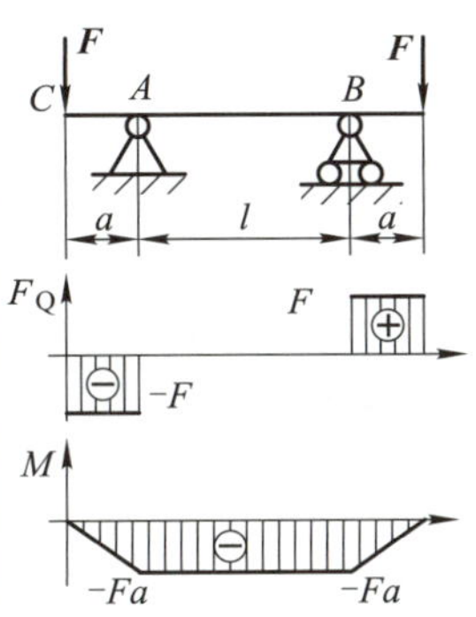F C A B F a l a F_Q F ⊕ ⊖ -F M ⊖ -Fa -Fa	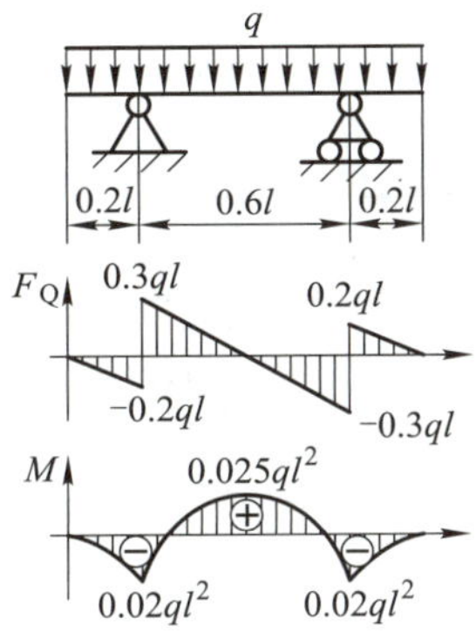q 0.2l 0.6l 0.2l F_Q 0.3ql 0.2ql -0.2ql -0.3ql M 0.025ql² ⊕ ⊖ ⊖ 0.02ql² 0.02ql²	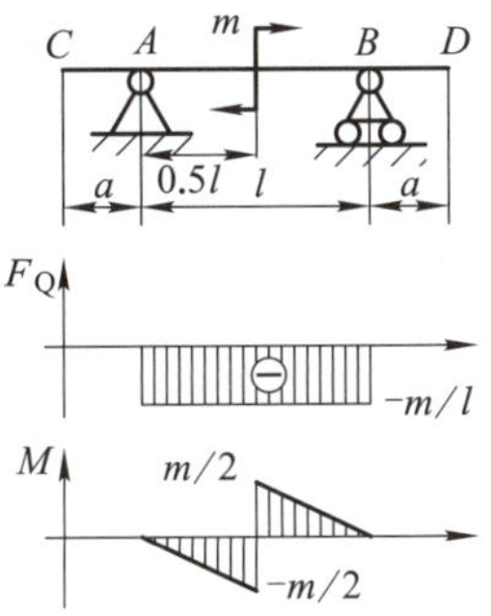C A m B D a 0.5l l a F_Q ⊖ -m/l M m/2 -m/2
悬臂梁	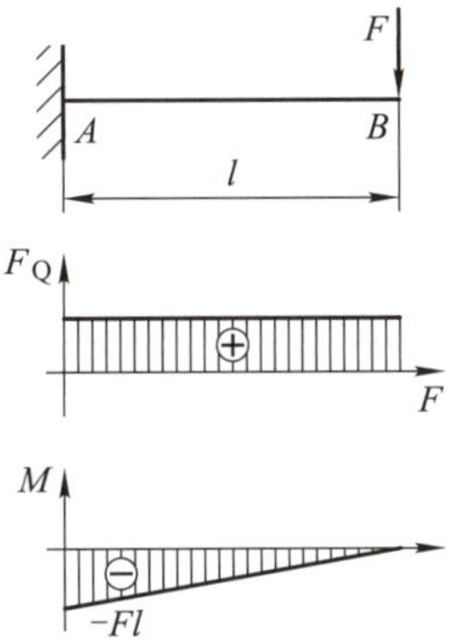F A B l F_Q ⊕ F M ⊖ -Fl	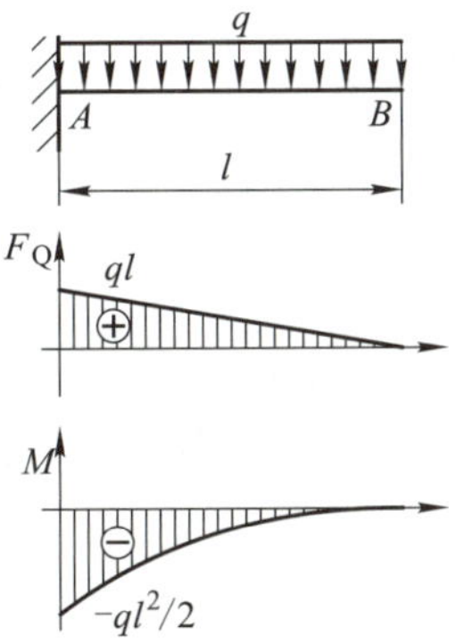q A B l F_Q ql ⊕ M ⊖ -ql²/2	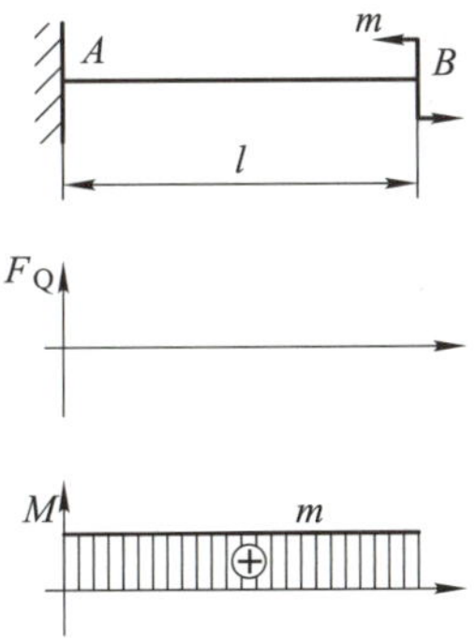A m B l F_Q M m ⊕
$F_Q(x)$ 和 $M(x)$ 规律	集中载荷间，剪力水平线； 弯矩斜直线，集中载荷点，弯矩折成尖	均布载荷间，剪力斜直线； 弯矩抛物线，剪力为零处，弯矩极值点	集中力偶点，剪力不改变； 集中力偶点，弯矩有突变

三、梁弯曲变形的应力

1. 纯弯曲

在一般的平面弯曲，梁发生弯曲变形的同时还会发生剪切变形。当梁的横截面上只受弯矩时，只有弯曲变形而无剪切变形，称梁在这段的弯曲为纯弯曲。纯弯曲的梁横截面上只有弯矩而无剪力。

2. 横截面上的正应力

如图 6-29a 所示，取一矩形截面梁，在梁的表面画出代表横截面边框线的横向直线和代表平行于轴线的纵向直线。当梁发生纯弯曲变形后，横向直线仍然为直线，与纵向直线正交，直角未发生变化,所以切应变为零,切应力也为零。但是横向直线发生了相对转动,纵向直线变成了曲线,除了与轴线相重合的一条纵向直线外,其余的各纵向直线都产生了伸长或缩短的变形。靠近凸边的一边伸长,靠近凹边的一边缩短,如图 6-29b 所示。

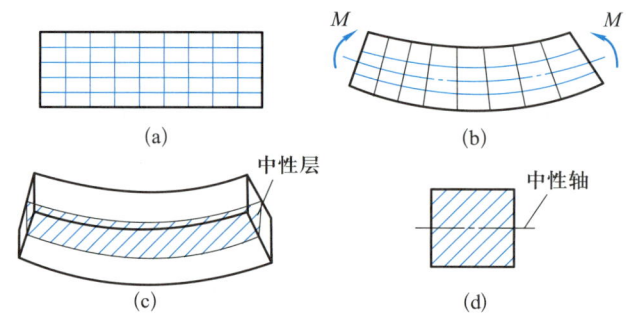

图 6-29　梁的正应力

由于伸长的纵向直线是连续的,缩短的纵向直线也是连续的,所以从伸长区向缩短区过渡中,必然存在既不伸长也不缩短的纤维层,称为中性层。中性层与横截面的交线称为中性轴,如图 6-28c、d 所示。

横截面上弯曲应力的分布特点如图 6-30 所示。

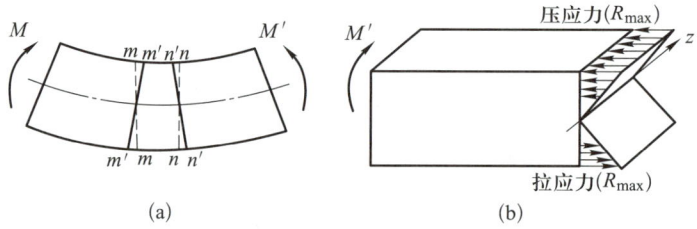

图 6-30　弯曲应力的分布特点

(1)中性轴横截面上部各点的正应力受压,为压应力(负值);中性轴横截面下部各点的正应力受拉,为拉应力(正值)。中性轴上的正应力等于零。

(2)横截面上各点正应力的大小与该点到中性轴的距离成正比,离中性轴最远的上、下边缘的正应力最大,如图 6-30b 所示。

3. 最大正应力的计算公式

直梁弯曲时横截面上最大正应力的计算公式为

$$R_{max} = \frac{M}{W_z}$$

式中　R_{max}——最大正应力,MPa;

　　　M——截面上的弯矩,N·m;

　　　W_z——抗弯截面模数,mm³。

当弯矩不变时,抗弯截面模数 W_z 越小,则 R_{max} 越大。梁的抗弯截面模数 W_z 与横截面形状有关,常用的抗弯截面模数 W_z 见表 6-3。

表 6-3　常用的抗弯截面模数 W_z

截面形状	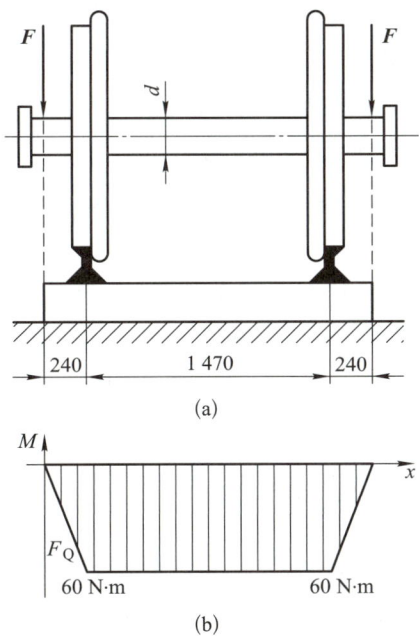		
抗弯截面模数	$W_z = bh^2/6$ $W_y = hb^2/6$	$W_z = W_y = 0.1D^3$	$W_z = W_y = 0.1D^3(1-\alpha^4)$ 式中,$\alpha = d/D$

四、梁的弯曲强度计算

梁截面上的弯矩是随着截面位置而变化的,对于等截面梁,最大正应力发生在最大弯矩所在的截面上,称这一截面为危险截面。在危险截面的上、下边缘处的正应力最大,这些点首先发生破坏,称为危险点。为了保证这些危险点的安全性,梁的弯曲强度条件是:必须使梁的最大弯曲应力小于材料的许用弯曲应力,即

$$R_{max} = \frac{M_{max}}{W_z} \leqslant [R]$$

式中,$[R]$ 为许用弯曲应力。一般许用弯曲应力近似采用拉伸与压缩时的许用应力。

根据弯曲强度计算公式可以解决弯曲强度校核、选择截面尺寸和确定许可载荷等三种强度计算问题。

例 6-11　火车的车轴承受重力 $F = 250$ kN,受载位置和弯矩图如图 6-31 所示,车轴材料的许用应力 $[R] = 100$ MPa。试计算火车车轴的最小直径。

240　　1 470　　240

(a)

(b)

图 6-31　火车车轴的受载位置和弯矩图

解:(1)确定最大弯矩

$$M_{max} = 60 \text{ kN} \cdot \text{m}$$

(2)求车轴的最小直径

$$R_{max} = M_{max} / W_z \leqslant [R]$$

$$M_{max} / 0.1D^3 \leqslant [R]$$

$$D > \sqrt[3]{M_{max}/0.1[R]} = \sqrt[3]{60 \times 1\,000\,000/(0.1 \times 100)} \text{ mm} \approx 181.7 \text{ mm}$$

故取车轴的最小直径为 185 mm。

例 6-12   图 6-32a 所示长方形水平梁的截面尺寸如图 6-32b 所示。点 C 受到 $F = 5$ kN 的载荷,BD 段受到 $q = 2$ kN/m 的均布载荷。材料的许用应力 $[R] = 100$ MPa。试校核该梁的强度。

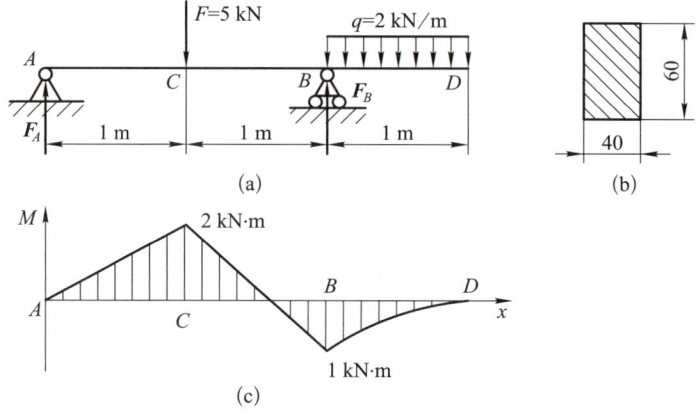

图 6-32   长方形水平梁

解:(1)确定水平梁的最大弯矩

首先画梁受力图,然后根据平衡条件求支座反力: $F_A = 2$ kN $F_B = 5$ kN
求梁的最大弯矩,画出弯矩图,如图 6-32c 所示。

$$M_C = 2 \text{ kN} \cdot \text{m}, \quad M_B = 1 \text{ kN} \cdot \text{m}$$

(2)梁的强度校核

由于 C 点处的弯矩最大,所以校核 C 点处的强度。

$$R_{max} = M_C / W_z = 6M_C / (bh^2) = \frac{6 \times 2 \times 1\,000\,000}{40 \times 60^2} \text{ MPa} \approx 83.3 \text{ MPa}$$

$R_{max} = 83.3$ MPa $< [R] = 100$ MPa,所以强度足够。

提高梁的抗弯强度的措施有以下三种方法:

1. 降低梁的最大弯矩值

(1)为了降低梁的最大弯矩值,应使梁上的集中力靠近梁的支座。如图 6-33a 所示,梁上的最大弯矩值 $M_{max} = Fab/l$,当 $a = b$ 时,$M_{max} = Fl/4$;当 $a = l/4$ 时,$M_{max} = 3Fl/16$;当 $a = l/6$ 时,$M_{max} = 5Fl/36$。说明作用点离中点越远,最大弯矩值越小。

（2）分散集中力。如图 6-33b 所示，当集中力 F 作用在梁的中点，梁上的最大弯矩值 $M_{max} = Fl/4$；如果将集中力 F 分散为两个 $F/2$，且分别作用在 $l/4$ 的位置，则梁上的最大弯矩值变成 $M_{max} = Fl/8$，显然，梁的弯矩得到了很大的改善。

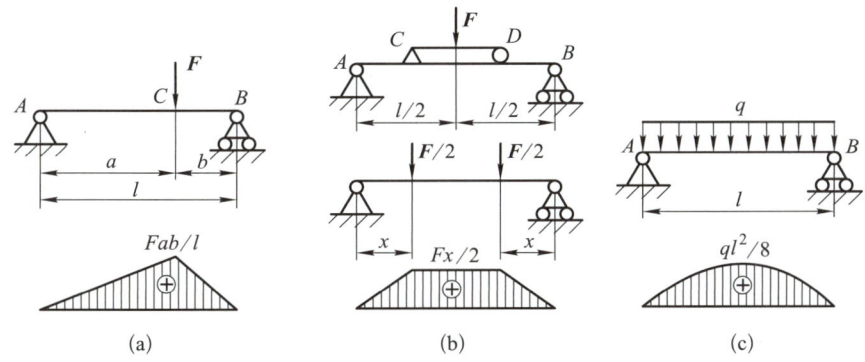

图 6-33　改变集中力的位置

（3）将集中力分散到梁的整个长度上。如图 6-33c 所示，均布载荷最大弯矩值 $M_{max} = Fl/8$，比集中载荷的最大弯矩 $M_{max} = Fl/4$ 小一半。

（4）缩短支承点的跨度。如图 6-34 所示，在载荷不变的前提下，原支承点的跨度为 l，最大弯矩 $M_{max} = 0.125ql^2$；当支承点的跨度缩短成 $0.6l$ 时，最大弯矩降到 $M_{max} = 0.025ql^2$，为原来的 $1/5$。

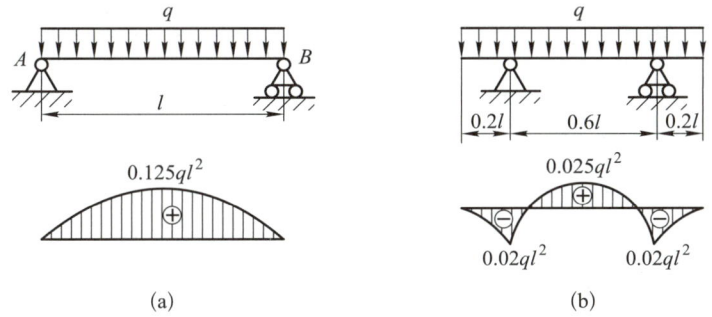

图 6-34　缩短支承点的跨度

2. 选择合理的梁的横截面

梁的横截面不同，其抗弯曲能力不同，抗弯截面模数也不同。如在相同的截面积条件下，工字钢的抗弯曲能力要为比圆钢好得多。表 6-4 为常见几种截面的抗弯截面模数与面积之比。

表 6-4　常见几种截面的抗弯截面模数与面积之比

截面形状 $h = d$	矩形	圆形	槽形	工字形
$\dfrac{W_z}{S}$	$0.167h$	$0.126d$	$(0.27\sim0.31)h$	$(0.27\sim0.31)h$

3. 采用等强度的梁

将梁按弯矩的大小做成阶梯形，既能满足抗弯曲强度的要求，减轻梁的重量，又方便安装。

练 习

1. 如图 6-35 所示,求出各杆指定截面的内力,并作轴力图。

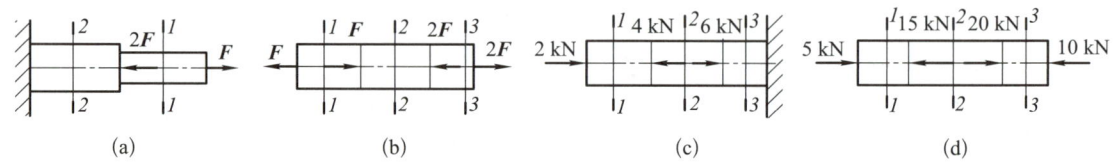

(a)   (b)   (c)   (d)

图 6-35 题 1 图

2. 如图 6-36 所示,直杆在 A、B 处分别受力 $F_1=50$ kN,$F_2=140$ kN,其横截面面积分别为 $S_1=5$ cm^2,$S_2=10$ cm^2。求各截面上的内力和应力。

3. 起重链条的受力如图 6-37 所示,链环由直径 $d=18$ mm 的圆钢弯制而成,其许用应力 $[R]=60$ MPa,求链条的许可载荷 F。

4. 如图 6-38 所示的结构,AB 为刚体,CD 杆的许用应力 $[R]=140$ MPa,在 B 点受力 $F=40$ kN。求 CD 杆的截面面积。

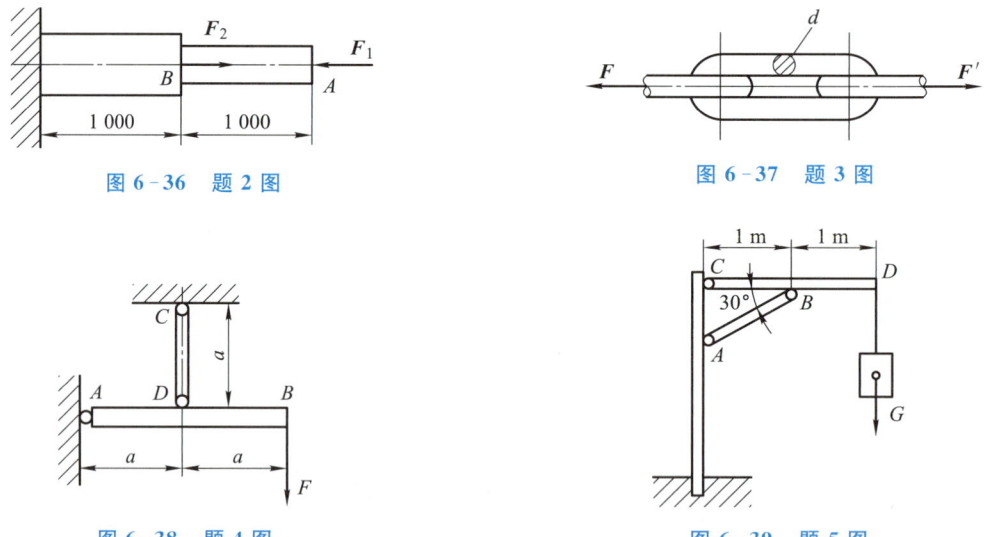

图 6-36 题 2 图   图 6-37 题 3 图

图 6-38 题 4 图   图 6-39 题 5 图

5. 图 6-39 所示的构架上悬挂的物体 $G=60$ kN,木制支柱 AB 的横截面为正方形,边长为 0.2 m,材料的许用应力 $[R]=10$ MPa,木制支柱的强度是否够用?

6. 图 6-40 所示为铆钉连接,作用于钢板上的拉力 $F'=F=20$ kN,钢板的厚度 $t=20$ mm,铆钉直径 $d=12$ mm,铆钉的许用剪切应力 $[\tau]=80$ MPa。试校核铆钉的强度。

7. 图 6-41 所示为冲床冲孔,已知冲头的直径 $d=18$ mm,被冲钢板的厚度 $t=10$ mm,钢板的许用切应力 $[\tau]=300$ MPa,试求所需的冲压力 F。

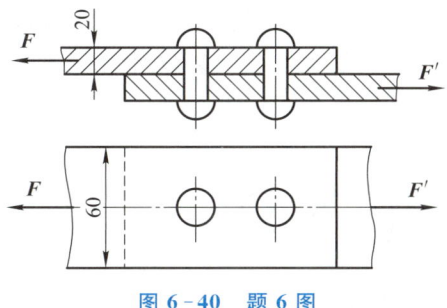

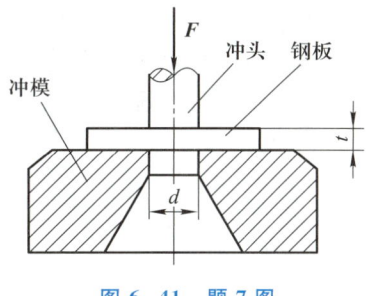

图 6-40 题 6 图   图 6-41 题 7 图

8. 图 6-42 所示的钢制圆轴上作用四个外力偶 $M_1=1$ kN·m，$M_2=0.6$ kN·m，$M_3=0.2$ kN·m，$M_4=0.2$ kN·m。

(1) 作出该轴的扭矩图。

(2) 如果 M_1 与 M_2 互换位置，扭矩图有何变化？

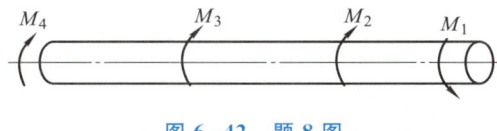

图 6-42 题 8 图

9. 图 6-43 所示的圆轴受到力偶矩 $M=300$ N·m 的作用，材料的许用切应力 $[\tau]=60$ MPa，试校核该轴的强度。

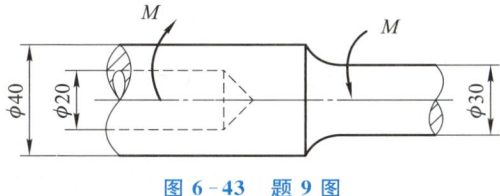

图 6-43 题 9 图

10. 如图 6-44 所示的传动轴，转速 $n=500$ r/min，主动轮输入功率 $P_1=40$ kW，从动轮分别输出功率 $P_2=25$ kW，$P_3=15$ kW。已知材料的许用切应力 $[\tau]=60$ MPa。按强度条件求出：

(1) AB 段的直径 d_1 和 BC 段的直径 d_2。

(2) 如果两段用一样的直径，确定直径 d。

(3) 从经济角度出发，A、B、C 三轮应如何排列更为合理。

11. 图 6-45 所示为外伸梁，已知 $M=4$ kN·m，$F=2$ kN，$q=4$ kN/m，$a=1$ m，试作出梁的弯矩图，并求出最大弯矩。

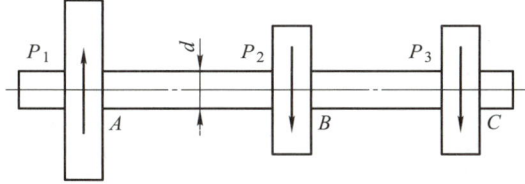

图 6-44 题 10 图

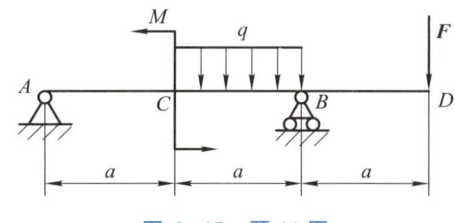

图 6-45 题 11 图

12. 图 6-46 所示为加热炉炉前的操作机械装置,其操作臂由两根无缝钢管组成,外伸端的总载荷 $F=2.2\,\mathrm{kN}$,平均分配在两根钢管上,钢管的内外径之比为 $\alpha=0.6$,材料的许用应力 $[R]=40\,\mathrm{MPa}$。试计算钢管的直径。

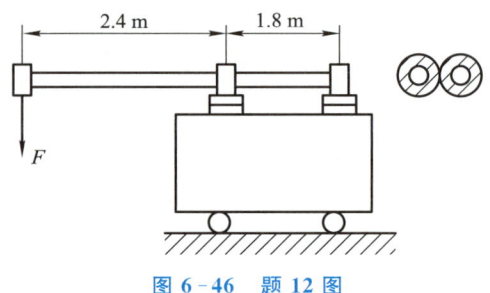

图 6-46　题 12 图

13. 图 6-47 所示为单梁吊车,主梁选用 40b 的工字钢制成,其抗弯截面模数 $W_z=1\,140\,\mathrm{cm}^3$,吊车的跨度 $l=8\,\mathrm{m}$,梁的材料为 Q235 钢,材料的许用应力 $[R]=150\,\mathrm{MPa}$。试按弯曲强度计算该单梁吊车许可的起重载荷。

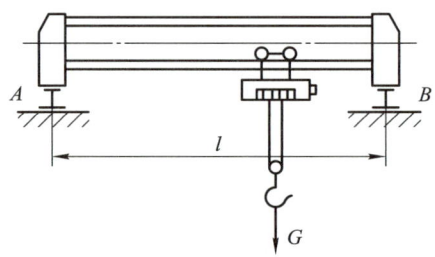

图 6-47　题 13 图

14. 一矩形截面梁受力如图 6-48 所示,已知 $M_1=30\,\mathrm{kN\cdot m}$,$M_2=10\,\mathrm{kN\cdot m}$,$a=1\,\mathrm{m}$,$b=60\,\mathrm{mm}$,$h=120\,\mathrm{mm}$,材料的许用应力 $[R]=160\,\mathrm{MPa}$。试按下列两种情况校核此梁的强度:

(1) 横截面的 120 mm 边竖直放置;

(2) 横截面的 120 mm 边水平放置。

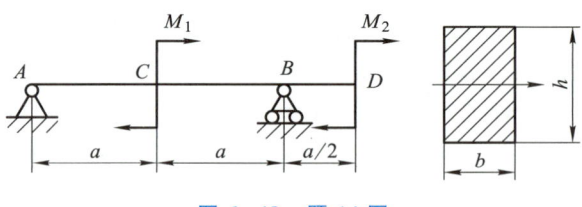

图 6-48　题 14 图

第二篇 汽车材料

　　汽车零部件的设计与制造涉及汽车材料的许多问题,如选择汽车材料的品种、制订加工工艺、确定热处理的方法和成品的检验等,这些问题都与产品的性能、质量、寿命和经济效益息息相关。汽车上每一个零件材料的质量,都会影响到汽车整体的质量,关系到乘车人的生命安全。所以,正确选择汽车零件的材料,采用合理的热处理工艺,提高产品的质量,保证汽车的安全,是学习汽车材料的主要目的。

　　汽车零件大部分由金属材料制造,随着科技的日益发展,许多零件材料改用非金属材料来代替。本篇介绍汽车零件材料的基础知识和应用场合。

●拓展阅读

推动经济社会发展
绿色、低碳化,实现
高质量发展

汽车的常用材料

每一辆汽车都是由成千上万种不同材质的零件组合而成的,如图 7-1 所示。为了满足汽车的安全性能和零件的各种技术要求,应当掌握常用材料的基本特性,合理地选择和使用各种汽车材料。

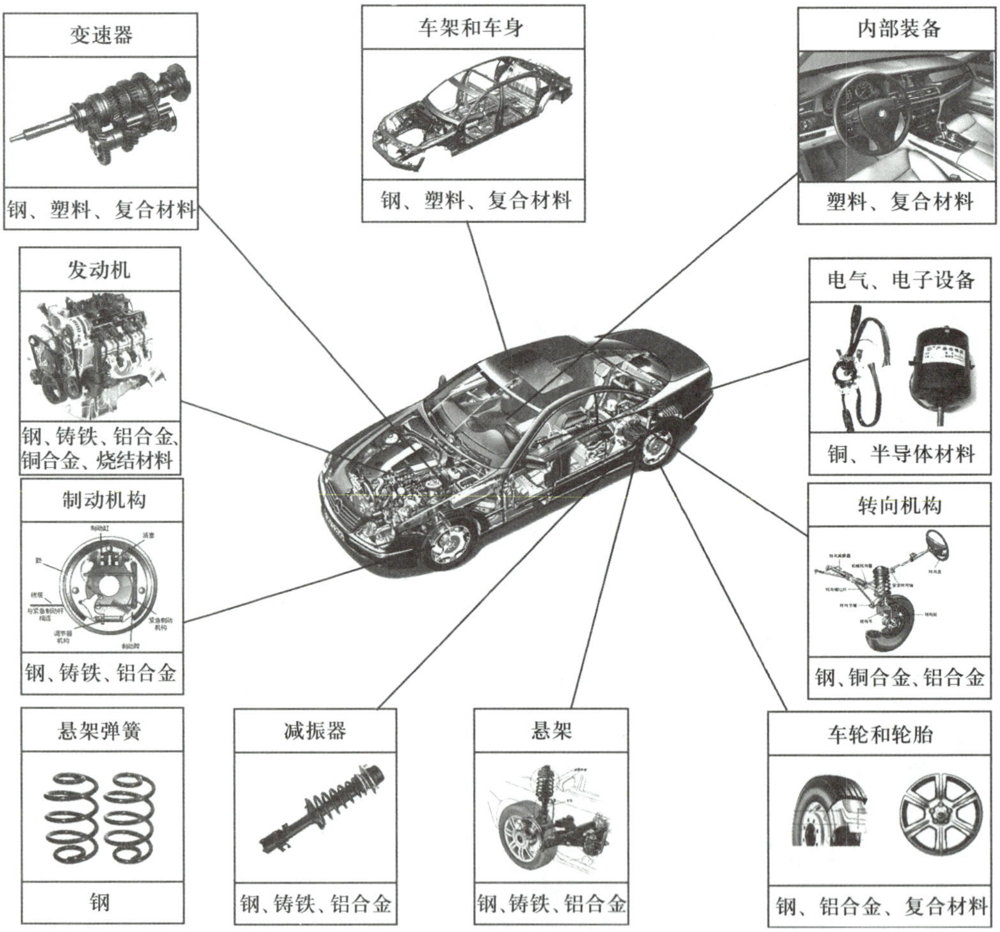

变速器	车架和车身	内部装备
钢、塑料、复合材料	钢、塑料、复合材料	塑料、复合材料

发动机		电气、电子设备
钢、铸铁、铝合金、铜合金、烧结材料		铜、半导体材料

制动机构		转向机构
钢、铸铁、铝合金		钢、铜合金、铝合金

悬架弹簧	减振器	悬架	车轮和轮胎
钢	钢、铸铁、铝合金	钢、铸铁、铝合金	钢、铝合金、复合材料

图 7-1 汽车的常用材料

汽车的材料分为两大类,一类是金属材料,包括黑色金属和有色金属;另一类是非金属材料,包括无机非金属材料、有机非金属材料和新型复合材料,如图 7-2 所示。

大部分汽车的零件是由金属材料制成的,可以说汽车的性能很大程度上取决于金属材料的性能。

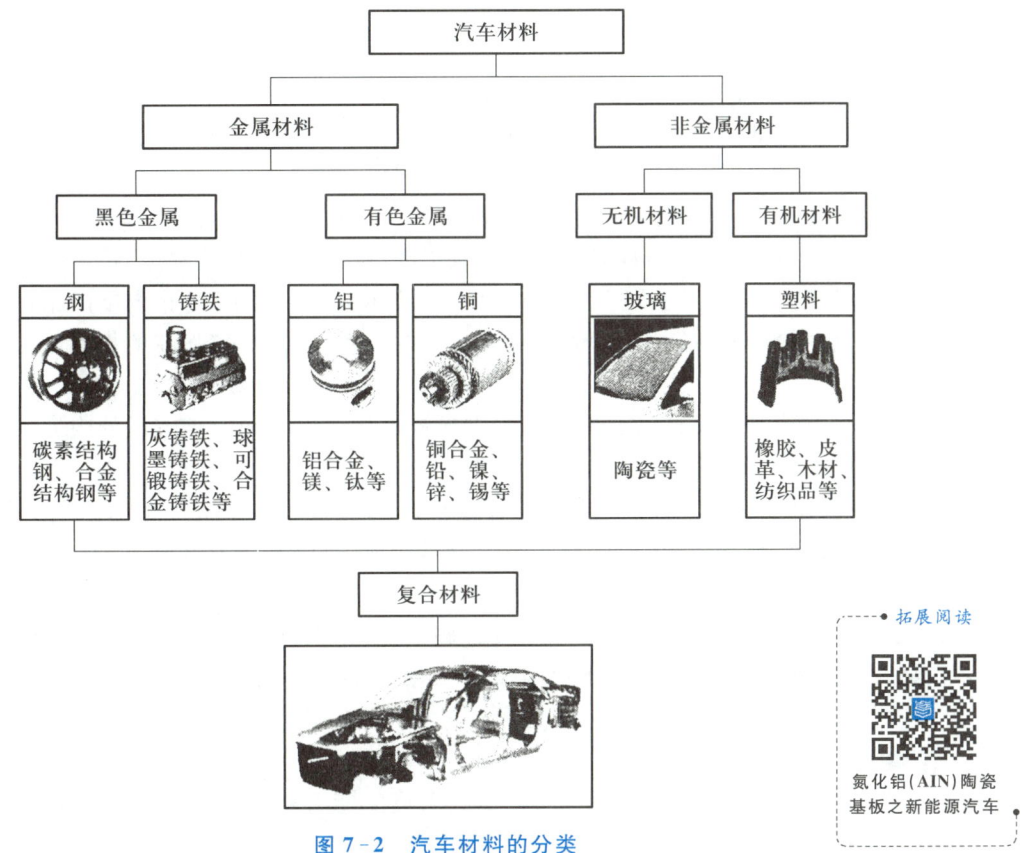

图 7-2 汽车材料的分类

● 拓展阅读

氮化铝(AlN)陶瓷基板之新能源汽车

第 1 节　金属材料的性能

金属材料的性能包括工艺性能和使用性能。

金属材料的工艺性能指在制造零件的过程中,采用某种加工方法制造成品的难易程度,包括铸造性能、锻造性能、焊接性能、热处理性能和切削加工性能。

金属材料的使用性能指在使用条件下所表现出来的性能,包括物理性能、化学性能和力学性能。金属的物理性能是金属固有的属性,包括密度、熔点等;金属的化学性能是在化学介质作用下表现出来的性能,包括耐蚀性、化学稳定性等;金属的力学性能是在力的作用下表现出来的性能,包括强度、塑性、硬度、韧性和疲劳强度等。

由于金属材料的机械零件大多以力学性能为设计依据,所以掌握金属材料的力学性能是至关重要的。

在生活节奏日益加快的今天,车速也越来越快,车辆拥有量快速增多,人们对于安全性的要求也更高,车辆出厂之前必须要做各种测试以检测其安全性能。安全性符合要求才能保证行驶中的安全性,才能够出厂。

一、金属材料的力学性能

1. 强度

金属抵抗塑性变形和断裂的能力称为强度,强度的大小通常用应力来表示,即金属材料单位面积上的内力大小。例如,汽车的曲轴、连杆等零件在使用时要承受到很大的载荷,当承受的载荷低于某一数值时,汽车能正常工作,说明这些零件具有足够的强度;当承受的载荷超过零件材料的许用极限值时,零件可能出现塑性变形或断裂,说明零件的强度出现了问题,汽车就不能正常工作了。

按金属材料受到的载荷不同,强度分为抗拉强度、抗压强度、抗剪强度、抗扭强度和抗弯强度等五种。载荷的类型不同,材料的强度指标也不同。在实际应用中,抗拉强度的指标应用最为广泛,这是因为其他指标都与抗拉强度的指标有一定的关系,知道抗拉强度的指标就可以知道其他的强度指标。

强度指标的数值是在拉伸试验机上用标准试样做试验得来的。这方面的内容详见本书的第6章第2节。常用的强度指标如下:

(1) 上屈服强度 R_{eH} ——金属材料在拉伸试验时,试样发生屈服而力首次下降前的最高应力。

(2) 下屈服强度 R_{eL} ——在屈服期间,不计初始瞬时效应时的最低应力。

(3) 抗拉强度 R_m ——表示金属材料抵抗塑性变形不致断裂的最大应力。

以上三个强度指标具有重要的实际意义。例如,汽车上许多零件都不允许产生过量的塑性变形,气缸盖的螺栓就是以下屈服强度为设计依据的。屈服强度是设计汽车零件的主要依据之一。

2. 硬度

金属局部体积内表面抵抗塑性变形、压痕或划痕的能力称为硬度。硬度是材料的一个重要的力学性能。

测定金属硬度的设备简单,可用硬度试验机测定。硬度值不仅能直接表示金属表面的硬度,还可以间接地反映金属化学成分和热处理工艺上的差异,所以硬度试验在产品的设计、制造及维修过程中应用十分广泛。

常用的硬度有布氏硬度和洛氏硬度,它们都采用压入试验法测定。

(1) 布氏硬度

布氏硬度的符号为 HBW。布氏硬度试验时,按 GB/T 231.1—2018 的规定,选用直径为 D 的硬质合金球,以规定的试验力 F 压入被测试材料的表面,保持一定的时间后卸除载荷,应在两个相互垂直的方向测量压痕直径,如图 7-3 所示。用两个读数的平均值计算布氏硬度,或按 GB/T 231.4—2009 查得布氏硬度值。布氏硬度试验范围上限为 650HBW。

(2) 洛氏硬度

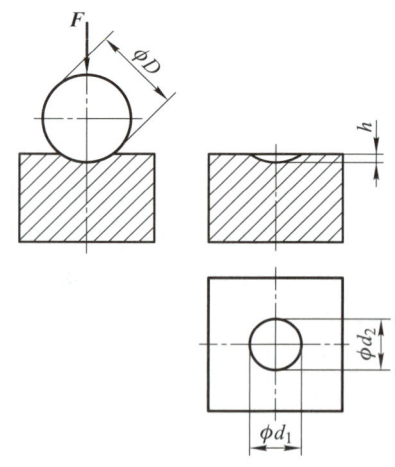

图 7-3 布氏硬度试验

洛氏硬度试验时,按 GB/T 230.1—2018 的规定,选用 120°的圆锥形金刚石或硬质合金球作为压头,按图 7-4 分两个步骤压入试样表面,经规定保持时间后,卸除主试验力,测量在初试验力下的残余压痕深度 h。根据 h 值用公式：洛氏硬度 $= N - \dfrac{h}{S}$ 计算洛氏硬度(式中全量程常数 N 和标尺常数 S 可查 GB/T 230.1—2018 中表 1 和表 2)。

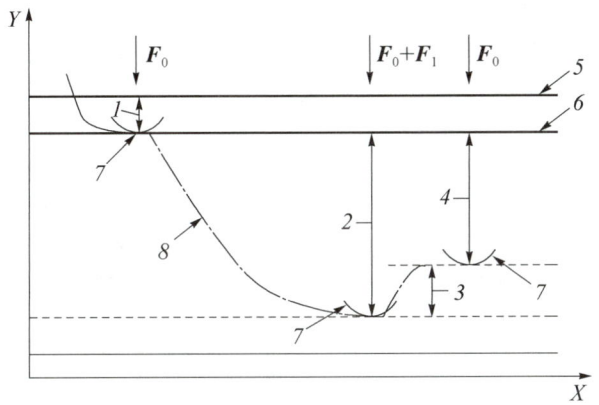

X—时间；Y—压头位置；1—在初试验力 F_0 下的压入深度；2—由主试验力 F_1 引起的压入深度；3—卸除主试验力 F_1 后的弹性回复深度；4—残余压痕深度 h；5—试样表面；6—测量基准面；7—压头位置；8—压头深度相对时间的曲线。

图 7-4　洛氏硬度试验

根据所用压头和标尺不同,洛氏硬度的符号有 HRA、HRB、HRC、HRD、HRE、HRF、HRG、HRH、HRK 等,其中 HRC 最为常用,如 60HRC。

此外,表示材料的硬度还有维氏硬度,其硬度符号用 HV 表示。由于应用较少,不做详细介绍。

3. 塑性

金属材料在载荷的作用下,断裂前产生塑性变形的能力称为塑性。金属材料具有一定的塑性,有利于加工时的塑性变形,是进行冲压成形加工的基础。例如汽车外壳、车厢板、油箱等许多钣金材料都是应用塑性变形的特点制造而成的。

常用拉伸试样断裂前的最大相对变形量来表示塑性好坏的指标,该指标分为断后伸长率和断面收缩率两种。

(1) 断后伸长率

金属拉断后标距长度的伸长量与原始标距长度的百分比称为断后伸长率,用 A 来表示。

(2) 断面收缩率

金属拉断后横截面的缩减量与原始横截面积的百分比称为断后收缩率,用 Z 来表示。

材料的断后伸长率和断面收缩率的值越大,表明产生塑性变形的可能性越大。一般碳的质量分数较小、硬度较低的金属,其塑性变形的能力较好。

4. 韧性

汽车零件在运行中,往往会受到外力的突然冲击,如路面的高低变化,起动、加速、制动等速度的突然改变,都会对内燃机的曲轴、弹簧、大梁等零件带来冲击。所以,在静载荷条件下满足力学性能要求的材料,还必须考虑到冲击载荷带来的影响。受冲击载荷的零件要有较高的强度和一定的硬度,还要有足够的冲击韧性,才能防止零件在冲击载荷的作用下出现破坏。

机械零件承受冲击载荷的作用,很少是因为一次大能量的冲击而遭到破坏,绝大多数是在小能量的多次冲击作用下而破坏的。例如汽车内燃机的活塞、曲轴、齿轮、弹簧的破坏是由于多次冲击损伤的积累,导致裂纹的产生与扩展的结果。

实践证明,金属零件受到次数很少的大能量冲击作用时,其抗冲击能力主要取决于材料的冲击韧性;在受到多次小能量的冲击作用时,其抗冲击能力主要取决于材料的强度和塑性。因此,对金属材料的韧性试验分为两种,即一次摆锤冲击试验和小能量多次冲击试验。这两种试验都是在摆锤式冲击试验机上完成的,如图7-5所示。

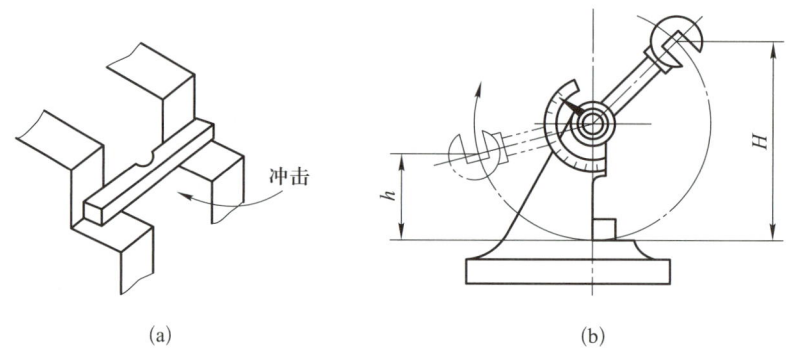

(a)   (b)

图7-5　摆锤式冲击试验机

5. 疲劳强度

汽车的许多零件在工作时要承受交变应力的作用,其大小和方向都呈周期性变化,虽然交变应力值远低于材料的抗拉强度,甚至低于下屈服强度。零件在承受交变应力时也会发生断裂,这种现象称为金属的疲劳断裂。

疲劳断裂与零件受到的交变应力大小、应力循环次数和应力特性有关,还和材料的表面或内部的缺陷有关,如表面刀痕、应力集中、内部裂纹等。根据金属材料试验得到的疲劳曲线可知,应力的循环次数 N 与交变应力 σ_{-1} 的大小成反比。交变应力 σ_{-1} 值越低,循环次数 N 越多,金属材料的使用寿命越长;交变应力 σ_{-1} 值越大,循环次数 N 越少,金属材料的使用寿命越短;如果交变应力 R 值降到一定值时,循环次数 N 可变成无限值,则零件可以永远使用下去而不出现破坏。

材料承受无数次交变循环应力而不破坏的最大应力值,称为疲劳强度。一般金属材料根据不同的工作条件都有一定的使用寿命,例如飞机的使用寿命为3万小时,即设计飞机零件的强度都是满足3万小时的飞行而不发生事故,当超过3万小时后,零件超过疲劳极限,若飞机仍继续飞行,很可能出现意外。汽车的定期保养,更换必要的零件也是一样的道理。

二、金属材料的物理性能和化学性能

1. 金属材料的物理性能

金属材料的物理性能包括密度、熔点、导热性、热膨胀性、磁性和电阻率。不同的零件对物理性能的要求也不相同。如汽车的散热水箱要求选用导热性能好的黄铜或铝材,能较快地散去水箱中水的热量,降低发动机的温度。

2. 金属材料的化学性能

金属材料的化学性能是指抵抗各种化学物质氧化或侵蚀的能力。如汽车的内燃机气缸内的零件要承受高温、高压和有害气体的侵蚀,汽车内、外金属构件要防止氧化生锈。

三、金属材料的工艺性能

金属材料在被加工制造的过程中是否容易成形和热处理的性能称为工艺性能。金属的工艺性能包括可锻性、可铸性、可焊性、切削加工性、延展性和淬透性。例如汽车齿轮、拨叉等零件需要锻造;汽车的内燃机箱体、变速箱箱体等零件需要铸造;汽车的外壳、前后盖等零件需要焊接;汽车的各种齿轮都要淬火处理;汽车的许多零件都要经过切削加工。金属的工艺性能,关系到零件加工的质量、成本和寿命,也影响到汽车的安全使用和品牌的声誉。

在设计和制造汽车零件时,要综合考虑材料的选择和加工方法,考虑材料的工艺性能。

第2节　汽车常用的黑色金属

金属分为黑色金属和有色金属两大类。以铁和碳两种元素为基础及多种元素组成的复合合金称为黑色金属,钢和铸铁是机械工业中应用最广泛的黑色金属。黑色金属以外的金属称为有色金属,铜和铝及其合金是最常用的有色金属。

一、钢的基本知识

钢和铸铁主要由铁和碳两种元素组成,统称为铁碳合金。碳的质量分数(碳含量)低于2.11%的铁碳合金称为碳素结构钢,碳的质量分数大于2.11%的铁碳合金称为铸造生铁。

为了提高钢的力学性能,在冶炼时加入一种或多种合金元素(如 Cr、Mn、Ni、Si、Al、Mo、W、Co 等),这种钢称为合金结构钢。

(一)碳素结构钢

1. 按钢的质量分类

在实际使用的碳素结构钢中,由于冶炼中含有少量的其他元素,如硅、锰、硫和磷等,这些杂质对碳素结构钢的性能都产生一定的影响。按碳素结构钢中杂质元素的含量分类,将碳素结构钢分为普通碳素结构钢、优质碳素结构钢和高级优质碳素结构钢三种。硅和锰可提高钢的强度和硬度,是有益的元素;硫造成钢的热脆性,磷造成钢的冷脆性,是有害的元素。

汽车中重要的零件都选用合金结构钢或优质碳素结构钢来制造,在保证质量的前提下,可以节省材料,减小汽车的质量,降低油耗。

2. 按钢的用途分类

按钢的用途可分为结构钢、工具钢两种。

结构钢主要用于制造机械零件和工程构件,如轴、齿轮、螺钉、螺纹钢、型钢等。

工具钢主要用于制造刀具、量具和模具。

3. 按钢中碳的质量分数分类

(1)低碳钢

碳的质量分数低于0.25%的碳素结构钢称为低碳钢。低碳钢的力学性能较差,强度较低。

（2）中碳钢

碳的质量分数在 $0.25\%\sim0.6\%$ 的碳素结构钢称为中碳钢。中碳钢的力学性能较好,强度较高,韧性和切削性能好,热处理容易,应用最广,常应用于汽车的曲柄、连杆、凸轮轴等。

（3）高碳钢

碳的质量分数高于 0.60% 的碳素结构钢称为高碳钢。高碳钢热处理后的耐磨性好,硬度高,应用于制造锉刀、锯条等切削工具及弹簧。

铁碳合金的力学性能随着碳的质量分数的增加,其强度、硬度增高,而塑性、韧性降低。

（二）铸铁

铸铁中碳元素的存在形式有两种,一种是以石墨形式单独存在,这种铸铁的强度和硬度都很低;另一种是以化合物的形式存在,如 Fe_3C,这种铸铁的硬度高,但脆性大,无塑性和韧性。按照铸铁中碳元素的存在形式不同,汽车中常用的铸铁有灰铸铁、可锻铸铁、球墨铸铁和合金铸铁。

1. 灰铸铁

灰铸铁中的石墨以片状形式存在,其断口呈暗灰色。灰铸铁的抗拉强度低,塑性和韧性差,但具有良好的切削性、耐磨性、润滑性、减振性和铸造性。

2. 可锻铸铁

可锻铸铁中的石墨以团絮状的形式存在,其塑性和韧性比灰铸铁好。可锻铸铁俗称马铁。应当注意的是,可锻铸铁并不可以在锻锤上锻打。

3. 球墨铸铁

铁水经过球化处理后,使石墨大部或全部呈球状存在,这种铸铁称为球墨铸铁。球墨铸铁的力学性能比灰铸铁和可锻铸铁高,其强度、塑性、韧性与相应的铸钢差不多,疲劳强度与中碳钢相同,耐磨性优于表面淬火钢,与灰铸铁同样具有良好的切削加工性、耐磨性、减振性和铸造性能。

4. 合金铸铁

在灰铸铁或球墨铸铁的熔化过程中加入一定量的合金元素,所得的铸铁称为合金铸铁。根据加入的合金元素不同,形成不同的合金铸铁。

（1）耐热铸铁

铸铁中加入 Al、Si、Cr 合金元素,使铸铁表面形成保护性的氧化膜,在高温下具有抗氧化的能力,这种合金铸铁称为耐热铸铁。

（2）耐磨铸铁

铸铁中加入 W、Cu、Cr、Ti 合金元素,并提高磷的质量分数,这种合金铸铁称为耐磨铸铁。耐磨铸铁的强度、韧性和耐磨性都较高。

（3）高强度铸铁

球墨铸铁中加入少量的 Cu 和 Mo 合金元素,这种合金铸铁称为高强度铸铁。

（三）铸钢

铸钢是将熔化的钢水直接浇注入预先造型好的砂箱中成形的钢,不用经过轧制就能得到机械零件。当零件的形状较为复杂,或零件的质量较大,而零件的力学性能要求又较高,不能选用铸铁代替,用型钢或锻造又不能实现时,只能采用铸钢。铸钢的力学性能基本上与轧制的钢材相同,重型机械的大型零件由于形状复杂、尺寸大而无法生产,用铸造的方法却很容易实现,所以常采用铸钢来制造冶金设备、运输设备和重型设备。

(四)合金钢

合金钢是为了提高钢材的力学性能或得到某些特殊的性能,冶炼时在碳素结构钢的基础上加入合金元素形成的。常用的合金元素有铬(Cr)、锰(Mn)、镍(Ni)、硅(Si)、铝(Al)、钼(Mo)、钛(Ti)、钒(V)、钴(Co)等。合金钢按用途分为合金结构钢、合金工具钢、特殊性能钢。

与同样的碳的质量分数的碳素钢相比较,合金钢具有更高的硬度、强度、耐磨性和淬透性,整体力学性能都得到较大的提升。但是,合金钢的工艺性能不如普通碳素结构钢,尤其是对应力集中的敏感性较大。选用合金钢作为工件的材料时,一般需要先经过预先热处理的工序,以降低应力集中的现象。

(五)钢的热处理

钢的热处理是将钢加热到一定的温度,并保持一定的时间,然后以不同的方式冷却到室温的工艺方法。经过热处理后,可以改善钢的内部组织,提高钢的力学性能,延长使用寿命,是强化钢材、发挥潜在能力的重要工艺措施。在机械制造业中,有70%左右的钢材都要进行热处理。

按热处理的位置不同,钢的热处理分为普通热处理和表面热处理两种。按加热温度和冷却速度的不同,普通热处理分为退火、正火、淬火和回火四种,统称为"四火"。表面热处理分为表面淬火和化学热处理两种。

1. 退火

将钢件加热到材料内部组织变化的临界温度以上,保温一段时间后,随炉缓慢冷却的热处理工艺称为退火。

退火的目的是改善组织,消除钢中的残余内应力,降低钢的硬度,提高塑性和韧性,以便切削加工和冷冲压,并为后续工序做准备。

根据材料的成分、组织和目的不同,选择退火加热的温度也不同。按退火温度由高到低分为均匀化退火、完全退火、球化退火、等温退火、再结晶退火和去应力退火,如图7-6所示。

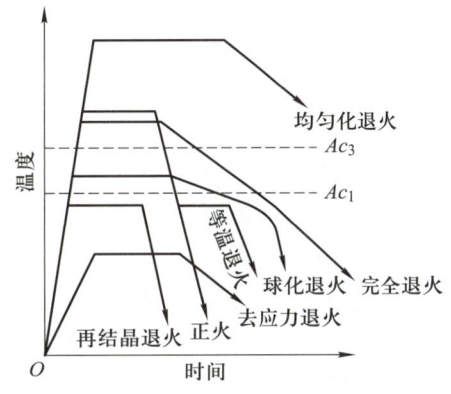

图7-6 正火与退火的温度曲线

2. 正火

将钢件加热到材料内部组织变化的临界温度以上,保温一段时间,出炉后放在空气中冷却的热处理工艺称为正火。

正火的目的与退火基本相同。正火与退火的加热温度相同,但冷却的方式不同,正火是将钢件放在空气中冷却,冷却的速度比退火的冷却速度快,生产率高、成本低如图7-6所示。正火得到的力学性能比退火有所提高。

3. 淬火

将钢件加热到材料内部组织变化的临界温度以上,保温一段时间后,快速冷却的热处理工艺称为淬火。

淬火是为了提高工件的硬度、耐磨性和强度,经过回火处理的淬火零件,还具有较好的韧性和塑性。

各种钢制零件碳的质量分数不同,其淬火加热的温度也不同。

4. 回火

将淬火后的钢件加热到材料内部组织变化的临界温度以下某个温度,保温一段时间后,以一定的方式冷却下来的热处理工艺称为回火。

回火的目的是稳定组织,消除淬火应力,降低材料的脆性,提高韧性,以得到更好的力学性能。

按回火的主要目的不同,回火的温度也有所不同,所以回火分为低温回火、中温回火和高温回火三种。

(1)低温回火

低温回火的温度控制在250℃以下。淬火钢经过低温回火后,能够达到很高的硬度,如58～65 HRC。低温回火降低了材料的内应力及脆性,提高了耐磨性和韧性,常应用于刃具、模具、量具、滚动轴承等。

(2)中温回火

中温回火的温度控制在250～500℃之间。淬火钢经过中温回火后,能够达到较高的硬度,如40～50 HRC。中温回火提高了材料的韧性和弹性极限,常应用于弹性零件,如弹簧、发条等。

(3)高温回火

高温回火的温度控制在500℃以上。淬火钢经过高温回火后,硬度可达到25～35HRC。高温回火的钢具有良好的综合力学性能,在生产中应用很广。通常把淬火钢经过高温回火的热处理工艺称为调质处理。调质处理应用于重要的机械零件的热处理,如轴、连杆、齿轮、曲轴等。

5. 表面淬火

表面淬火是仅对材料表层进行淬火的工艺。表面淬火不改变零件表面化学成分,仅对钢件表面加热到淬火的温度,然后快速冷却,提高了材料表面的硬度和耐磨性,而材料心部仍保持较好的塑性和韧性。

快速加热钢件表面的方法通常有火焰加热表面淬火和感应加热表面淬火两种。

(1)火焰加热表面淬火

火焰加热表面淬火是利用氧-乙炔火焰将工件表面快速加热到淬火的温度后,立即对工件表面喷水,使其快速冷却的工艺方法。火焰加热表面淬火适用于单件或小批生产,如大齿轮的单个轮齿淬火。火焰加热表面淬火的设备简单、经济,但温度不易控制,容易产生过热,淬火质量不稳定。

(2)感应加热表面淬火

感应加热表面淬火是利用感应电流通过工件所产生的涡流效应,使工件表层迅速加热到淬火温度后,立即对工件表面喷水,使其快速冷却的工艺方法。感应加热表面淬火的生产率高,工件变形小,质量稳定;但感应加热需要有专门的加热设备,设备较贵,一般应用于大批量的生产,如成批的齿轮表面淬火。

感应加热表面淬火的加热设备按感应加热的频率高低分为高频、中频和低频三种。频率越高,加热的时间越短,淬硬层越浅。应用较多的是高频感应加热,加热频率在200～300 kHz,淬

硬层在 $0.5\sim2$ mm,满足齿轮的齿面需要表面硬、心部软的要求。

6.化学热处理

化学热处理是将工件放置于一定温度的活性介质中保温,使一种或几种元素渗入材料的表层,以改变工件表面的化学成分、组织和性能的热处理工艺。化学热处理的主要特点是工件的表面层组织和成分都发生了变化。常用的化学热处理有渗碳、渗氮和碳氮共渗三种方法。

(1)钢的渗碳

钢的渗碳是将工件放置于含碳的介质中加热并保温,使活性碳原子渗入钢的表面,增加钢的表面碳的质量分数,然后进行工件的表面淬火,提高了工件的表面硬度和耐磨性,而材料的心部仍保持原有较高的韧性和良好的抗弯强度。钢的渗碳适用于受强烈冲击作用的载重汽车变速箱中的低碳合金钢齿轮材料的化学热处理。

钢的渗碳是一个比较缓慢的过程,一般每小时渗入深度约为 0.2 mm。

(2)钢的渗氮

钢的渗氮方法和目的与渗碳的方法和目的相似,只是选用的介质不同。此外,渗氮后的工件表面不必再经过热处理淬火就会有很高的表层硬度。

与钢的渗碳过程一样,钢的渗氮生产周期也比较长。虽然化学热处理的效果好,但工艺复杂,时间长,成本较高,所以应尽可能选用其他方法代替。

二、钢材的力学性能与应用

(一)普通碳素结构钢

1.碳素结构钢的牌号

碳素结构钢的牌号由四部分组成,如 Q235AF。其中,Q 为钢材屈服强度"屈"字汉语拼音首位字母;235 表示钢材的屈服强度为 235 MPa;A 表示炼钢的品质等级为 A 级;F 表示冶炼的脱氧方法,即沸腾钢。

2.碳素结构钢的力学性能

汽车常用碳素结构钢的力学性能见表 7-1。

表 7-1 汽车常用碳素结构钢的力学性能

牌号	等级	拉伸试验					冲击试验	
		屈服强度 R_{eL}/MPa		抗拉强度 R_{m}/MPa	伸长率 A/%		温度/℃	V 形缺口冲击吸收能量/J
		钢材厚度(直径)/mm			钢材厚度(直径)/mm			
		≤16	>16~40		≤16	>16~40		
		不小于			不小于			不小于
Q235	A	235	225	375~510	26	25	—	
	B						20	27
Q255	A	255	245	410~510	24	23	—	
	B						20	—

3.汽车常用碳素结构钢

（1）Q235A　塑性较高,焊接性能好,价格低,应用于汽车的传动轴间轴承支架、联动杠杆、支杆、加强板。

（2）Q235AF　塑性较高,焊接性能良好,价格低,应用于汽车的法兰连接板、支架、弹簧的夹板。

（3）Q235B　塑性较高,焊接性能良好,价格低,应用于汽车的轮辐、操纵杆、棘爪、齿板。

（4）Q235BF　塑性较高,焊接性能良好,价格低,应用于汽车的夹持架、消声器、后支架、叶片。

（二）优质碳素结构钢

1.优质碳素结构钢的牌号

优质碳素结构钢的牌号用两位阿拉伯数字表示,两位数字代表平均碳含量,以万分之几计;较高锰含量的优质碳素结构钢,在其牌号后面标出锰元素符号Mn。例如45钢,表示钢中的平均碳的质量分数为0.45%;65Mn钢,表示钢中的平均碳的质量分数为0.65%,而锰的质量分数在0.90%~1.20%的范围内。

2.优质碳素结构钢的力学性能

汽车常用优质碳素结构钢的力学性能见表7-2。

表7-2　汽车常用优质碳素结构钢的力学性能

牌号	力学性能						
	R_m/MPa	R_{eL}/MPa	A/%	Z/%	KU_2/J	HBW	
						未热处理	退火钢
	不小于					不大于	
08	325	195	33	60		131	
15	375	225	27	55		143	
20	410	245	25	55		156	
35	530	315	20	45	55	197	
45	600	355	16	40	39	229	197
50	630	375	14	40	31	241	207
65Mn	735	430	9	30		285	229

3.汽车常用优质碳素钢

（1）08钢　塑性好,应用于驾驶室、油箱、离合器。

（2）15钢　塑性好,具有良好的冲压性能和焊接性能,应用于螺栓、螺母、气门帽、通风阀体、气门座。

（3）20钢　塑性好,具有良好的冲压性能和焊接性能,应用于风扇叶片、制动杆。

（4）35 钢 经调质后具有良好的综合力学性能,应用于齿轮、螺栓、螺母、泵轮、销、拉杆。

（5）45 钢 经调质后具有良好的综合力学性能,应用于凸轮轴、曲轴、从动盘、气门推杆、齿环、转向节主销。

（6）50 钢 经调质后具有良好的综合力学性能,应用于离合器从动盘。

（7）65Mn 钢 经过热处理后具有较高的韧性和强度,应用于气门弹簧、拉杆弹簧、复位弹簧、离合器叶片。

（三）铸钢

1. 铸钢的牌号

铸钢的牌号由 ZG 和一组数字组成。例如 ZG270 - 500,ZG 代表"铸钢"的汉语拼音的字头,270 表示屈服强度 $R_{eH} \leqslant 270$ MPa,500 表示抗拉强度 $R_m \leqslant 500$ MPa。

2. 铸钢的力学性能

常用铸钢的力学性能见表 7 - 3。

表 7 - 3 常用铸钢的力学性能

牌号	化学成分/%										力学性能					
						残余元素					屈服强度 R_{eL}/MPa	抗拉强度 R_m/MPa	断后伸长率 A/%	根据合同选择		
	C	Si	Mn	S	P	Ni	Cr	Cu	Mo	V				断面收缩率 Z/%	冲击吸收能量	
															KV/J	KU_2/J
ZG230 - 450	0.30										230	450	22	32	25	35
ZG270 - 500	0.40	0.60	0.90	0.035	0.035	0.40	0.35	0.40	0.20	0.05	270	500	18	25	22	27
ZG340 - 640	0.60										340	640	10	18	10	16

3. 汽车常用铸钢

（1）ZG230 - 450 塑性和韧性较好,具有一定的焊接性能,应用于阀体、机架、减速器箱体、活接头、限制块。

（2）ZG270 - 500 强度和切削加工性能较好,应用于制动轮、曲轴、横梁、法兰、支架、导向座、升降器齿轮、变速叉、起动爪。

（3）ZG340 - 640 强度比较高,应用于齿轮、棘轮等耐磨零件。

（四）合金钢

1. 合金钢的牌号

常用的合金钢按用途分为合金结构钢、合金工具钢和特殊性能钢三种。

（1）合金结构钢的牌号

合金结构钢的牌号由平均碳含量的两位数（以万分之几计）、合金元素符号和数字（平均含量小于1.50%时，牌号中仅标明元素，一般不标明含量；平均含量为1.5%～2.49%、2.50%～3.49%、3.50%～4.49%、4.50%～5.49%…时，在合金元素后相应写成2、3、4、5…）、表示冶金质量的字母（高级优质钢、特级优质钢分别以A、E表示，优质钢不用字母表示）以及表示产品用途、特性或工艺方法的符号组成。例如常用的40Cr钢，40表示平均含碳量为0.4%；Cr表示含有铬元素，Cr元素后没有标注数字，表示平均含铬量小于1.5%，如果标注出具体数值，说明铬元素的质量分数大于1.5%。如有其他元素，依次标注在牌号的后面。

（2）合金工具钢的牌号

合金工具钢牌号通常由两部分组成：第一部分：平均含碳量小于1.00%时，采用一位数字表示碳含量（以千分之几计）。平均含碳量不小于1.00%时，不标明含碳量数字。

第二部分，合金元素含量，以化学元素符号及阿拉伯数字表示（平均含量小于1.50%时，牌号中仅标明元素，一般不标明含量；平均含量为1.5%～2.49%、2.50%～3.49%、3.50%～4.49%、4.50%～5.49%…时，在合金元素后相应写或2、3、4、5…）。低铬（平均含铬量小于1%）合金工具钢，在含铬量（以千分之几计）前加数字"0"。

（3）特殊性能钢的牌号

特殊性能钢的牌号的表示方法与合金结构钢的牌号基本相同，牌号最前面的数字表示平均含碳量的万分之几。例如，12Cr18Ni9表示平均含碳量为0.12%，含铬量为18%，含镍量为9%。

有些专用特殊钢，在钢的牌号前冠以汉语拼音字母字头，便于表示钢的用途。例如GCr15，G为汉语拼音字母"滚"的字头，表示该特殊钢专门应用于制造滚动轴承。

2. 常用合金钢在汽车中的应用

合金钢与相应的碳素钢相比较，其力学性能要优越得多。在相同承载能力和使用寿命的前提下，合金钢构件的截面尺寸可以设计得小一些，重量可以减少20%以上，汽车的油耗也可以减少许多。但是，合金钢的价格相对较高，使汽车的制造成本也提高。

（1）低合金高强度结构钢

合金元素的总质量小于3%的合金钢称为低合金高强度结构钢。低合金高强度结构钢的强度比碳素结构钢高得多，塑性、韧性、焊接性和耐腐蚀性也比碳素结构钢好得多。

汽车常用的低合金高强度结构钢有Q345、Q420、Q460。低合金高强度结构钢主要用于制造汽车的大梁、活塞销、半轴齿轮、气缸盖螺栓。

（2）合金结构钢

① 合金渗碳钢

合金渗碳钢属于低碳合金结构钢，含有Cr、Ni、Mn、V、Ti等合金元素。为了保持心部具有足够的韧性、表面具有足够的强度和硬度，以承受冲击载荷的作用，将低碳合金结构钢做渗碳处理后，再进行淬火，使零件得到表硬心韧的特点。

汽车常用的合金渗碳钢有15CrA、20CrMnTi、20MnVB、15 MnVB。合金渗碳钢主要用于制造汽车的活塞销、挺杆、齿轮、齿套、中间轴、万向节、十字轴、螺栓等。

② 合金调质钢

合金调质钢的碳的质量分数为0.25%～0.50%之间，为了提高合金钢的强度和综合力学性能,对合金钢进行调质处理,以达到很高的强度、良好的塑性和韧性。如果调质后再进行表面淬火,还能提高零件表面的硬度和耐磨性。

汽车常用的合金调质钢有 40Cr、40MnB、45Mn2、50Mn2。合金调质钢主要用于制造受力复杂的重要零件,如螺栓、销、轴、轴套、连杆、花键轴、转向节、进气门、从动盘等。

③ 弹簧钢

弹簧钢的碳的质量分数一般在 0.45%~0.70%,碳的质量分数较高,塑性和韧性较差。加入 Cr、Si、Mn、V、W 等合金元素后,提高了合金弹簧钢的弹性极限、疲劳强度、抗拉强度、塑性和韧性。

汽车常用的合金弹簧钢有 65Mn、60Si2Mn、55SiMnVB。合金弹簧钢主要用于制造吸收能量、缓和振动与冲击的零件,如钢板弹簧、气门弹簧、复位弹簧、压紧弹簧、定位弹簧等。

汽车零件所用的材料品种很多,还有合金工具钢、特殊性能钢等,由于用来制造汽车零件的数量比较少,在此不做介绍,必要时可参考有关的资料。

(五) 铸铁

1. 铸铁的牌号

(1) 灰铸铁的牌号

灰铸铁的牌号用"灰铁"汉语拼音的首位字母"HT"和一组数字表示。例如 HT150,表示灰铸铁的最小抗拉强度为 150 MPa。

(2) 可锻铸铁的牌号

可锻铸铁的牌号用"可铁"汉语拼音的首位字母"KT"和两组数字表示。例如 KTH350-10,"H" 表示"黑"心可锻铸铁,350 表示可锻铸铁的最小抗拉强度为 350 MPa,10 表示可锻铸铁的最低伸长率不小于 10%。

(3) 球墨铸铁的牌号

球墨铸铁的牌号用"球铁"汉语拼音的首位字母"QT"和两组数字表示。例如 QT450-10,450 表示球墨铸铁的最小抗拉强度为 450 MPa,10 表示球墨铸铁的最低伸长率不小于 10%。

2. 常用铸铁在汽车中的应用

(1) 灰铸铁

灰铸铁具有良好的切削性和铸造性,但抗拉强度较低。灰铸铁应用于力学性能要求不高而形状复杂的零件,如变速器的壳体、气缸体与气缸盖、制动鼓、飞轮、带轮等。

(2) 可锻铸铁

相比灰铸铁,可锻铸铁具有较高的强度和韧性,常应用于一些形状复杂、减振及强度要求较高的薄壁小型铸件,如汽车后桥壳、差速器壳、减速器壳、轮毂、轴承盖、吊梁等。

(3) 球墨铸铁

球墨铸铁具有优良的性能,其强度、韧性、塑性与铸钢差不多,价格比钢低,常用来制造性能要求较高的铸件,如汽车前后轮毂、前后轴承座、曲轴、转向器壳、制动蹄、支架、摇臂、弹簧衬套等。

此外,汽车上也选用合金铸铁作为特殊的应用材料,如进、排气门座及排气管密封环选用耐热铸铁制造,气缸套和活塞环选用耐磨合金铸铁制造,柴油机汽车曲轴选用高强度合金铸铁制造。

第3节   汽车常用的有色金属

有色金属具有许多特殊的性能,如较高的导电性和导热性、较低的密度和熔化温度、良好的力学性能和工艺性能,是现代工业不可缺少的重要金属材料,是黑色金属所不能替代的。

汽车上常用的有色金属主要有铝、铜及其合金。

一、铝及铝合金

在有色金属及其合金中,铝及铝合金是应用较广泛的金属材料,用量仅次于钢铁。

视频

汽车的轻量化

纯铝的导电性和导热性好,和氧的亲和力强,在表面容易形成致密的氧化铝薄膜,能有效地防止金属的继续氧化,在大气中具有良好的耐蚀性。但是,纯铝的强度低、切削性差,在汽车零件上应用较少,而铝合金的强度高,质量轻,应用较为广泛。

铝合金是以铝为基础,在冶炼中加入少量的一种或几种合金元素后形成的合金。常用的合金元素有 Si、Cu、Mg、Mn 等。按其成分和工艺特点,铝合金分为变形铝合金和铸造铝合金两种。

1. 变形铝及铝合金

变形铝及铝合金的主要特点是塑性好,可以在冷、热状态下进行压力加工。

(1)牌号结构

变形铝及铝合金可直接引用国际四位数字体系牌号。未命名为国际四位数字体系牌号的变形铝及铝合金,应采用四位字符牌号命名。四位字符体系牌号的第一、三、四位为阿拉伯数字,第二位为大写拉丁字母。牌号的第一位数字表示铝及铝合金的组别,见表 7-4。除改型合金外,铝合金组别按主要合金元素(6××× 系按 Mg_2Si)来确定。主要合金元素指极限含量算术平均值为最大的合金元素。牌号的第二位字母表示原始纯铝或铝合金的改型情况,最后两位数字用以标识同一组中不同的铝合金或表示铝的纯度。

(2)纯铝的牌号命名法

铝含量不低于 99.00% 时为纯铝,其牌号用 1××× 系列表示。牌号的最后两位数字表示最低铝百分含量。当最低铝百分含量精确到 0.01% 时,牌号的最后两位数字就是最低铝百分含量中小数点后面的两位。牌号第二位的字母表示原始纯铝的改型情况。如果第二位字母为 A,则表示为原始纯铝;如果是 B~Y 的其他字母,则表示为原始纯铝的改型,与原始纯铝相比,其元素含量略有改变。

表 7-4   铝及铝合金的组别

组　　别	牌号系列
纯铝(铝含量不小于 99.00%)	1×××
以铜为主要合金元素的铝合金	2×××
以锰为主要合金元素的铝合金	3×××

续表

组　别	牌号系列
以硅为主要合金元素的铝合金	4×××
以镁为主要合金元素的铝合金	5×××
以镁和硅为主要合金元素并以 Mg_2Si 相为强化相的铝合金	6×××
以锌为主要合金元素的铝合金	7×××
以其他合金为主要合金元素的铝合金	8×××
备用合金组	9×××

（3）铝合金的牌号命名法

铝合金的牌号用 2×××～8××× 系列表示。牌号的最后两位数字没有特殊意义，仅用来区分同一组中不同的铝合金。牌号第二位的字母表示原始合金的改型情况。如果牌号第二位的字母是 A，则表示为原始合金；如果是 B～Y 的其他字母，则表示为原始合金的改型合金。

2. 铸造铝合金

铸造铝合金简称铸铝。常用的铸造铝合金有铝-硅系铸造铝合金，其主要特点是具有良好的铸造性能，且密度小、耐蚀性和力学性能都比较好。铸造铝合金广泛应用于铸造形状复杂、强度要求较高的耐腐蚀零件。此外还有铝-铜系、铝-镁系、铝-锌系铸造铝合金。

铸造铝合金的代号用"ZL"及三位数字表示。第一位数字表示铝合金的类别（1—铝-硅系；2—铝-铜系；3—铝-镁系；4—铝-锌系），第二、三位数字表示所含合金的顺序号。例如 ZL103，"1"表示铝-硅系，"03"表示铝-硅系 03 号铸造合金。

汽车常用铸造铝合金材料的牌号、成分和力学性能见表 7-5。

表 7-5　汽车常用铸造铝合金材料的牌号、成分和力学性能

牌号	代号	化学成分/%				力学性能≥		
		Si	Cu	Mg	Mn	R_m/MPa	A/%	硬度/HBW
ZAlSi12	ZL102	10.0～13.0				143	4	50
ZAlSi9Mg	ZL104	8.0～10.5		0.17～0.35	0.2～0.5	150	2	50
ZAlSi12Cu2Mg1	ZL108	11.0～13.0	1.0～2.0	0.4～1.0	0.3～0.9	195	—	85

在汽车上铸造铝合金常用于制造汽车风扇、离合器外壳、前盖、气缸盖的盖板、外罩、机油滤清器底座、活塞、转子罩、转子体等。

二、铜及铜合金

铜及铜合金分为纯铜、黄铜和青铜三种。

1. 纯铜

纯铜呈紫红色，俗称紫铜。纯铜具有良好的导电性、导热性、耐蚀性和很好的塑性。但纯铜的强度不高，硬度较低。在汽车上纯铜主要应用于制作油管、电气接头、气缸垫、进出气管垫等。

2. 黄铜

黄铜是纯铜中加入锌合金而得到的。黄铜的颜色随着锌含量的增加由黄红色逐渐变为淡黄色,其力学性能也随着锌含量的增加而变化。按化学成分不同,黄铜分为普通黄铜和复杂黄铜两种。

（1）普通黄铜

普通黄铜的化学成分仅由铜和锌组成。普通黄铜的牌号用"黄铜"的汉语拼音字头首位"H"和数字表示,例如 H70,表示铜的质量分数为 70%,其余为锌合金。

在汽车上普通黄铜用于制作螺钉、管接头、垫圈、化油器零件、分水管、散热管、冷却管、水箱、进水管、水箱盖、通风管等。汽车上常用的普通黄铜牌号有 H90、H68、H62。

（2）特殊黄铜

特殊黄铜的化学成分除了铜以外,还有多种合金元素。常用的合金元素有锡、硅、锰、铅和铝,以加入的合金元素相应称之为锡黄铜、硅黄铜、锰黄铜、铅黄铜和铝黄铜。

特殊黄铜牌号由"H＋元素符号＋数字"组成,例如 HSn90 - 1,表示黄铜,其中,锡的质量分数为 1%。

在汽车上特殊黄铜用于制作耐磨损的零件,如化油器配针、主量孔、功率量孔、放水阀本体、安全阀座、行星齿轮等。

3. 青铜

除了黄铜和白铜（铜和镍的合金）以外的所有铜合金都称为青铜。青铜具有很好的耐磨性和耐腐蚀性。按加入的合金元素不同,青铜分为锡青铜和无锡青铜两种。

（1）锡青铜

锡青铜是加入的合金元素以锡为主的铜合金。锡青铜具有良好的强度、硬度、耐蚀性和铸造性,适用于铸造较大的零件,常用于铸造滑动轴承。锡青铜在机械制造中应用很广。

锡青铜的牌号用"青"的汉语拼音字母首字"Q"和数字表示,例如 QSn4 - 4 - 2.5,表示锡的质量分数为 4%,含锌约 4%,含铅约 2.5%。

（2）无锡青铜

无锡青铜中不含锡元素,而加入其他元素,如硅、锰、铅、铝、镍、铍等。无锡青铜具有较高的强度、耐磨性和耐蚀性。

无锡青铜的牌号与锡青铜相似。

在汽车上青铜用于制作耐磨损的零件,如各种衬套、阀套、滑动轴承、轴瓦、垫圈、轴承垫等。汽车上常用的青铜牌号有 QSn4 - 4 - 2.5、ZCuSn5Pb5Zn5、QSi3 - 1、ZCuPb30。

三、轴承合金

轴承合金是制造滑动轴承的最好材料,应用较多的轴承合金是锡基轴承合金,它以锡为基础,加入适量的锑、铜等元素熔化而成。锡基轴承合金通常称为锡基巴氏合金。如果分别以铅、铜或铝为基础,加入适量的合金元素,则相应地称为铅基轴承合金、铜基轴承合金或铝基轴承合金。

轴承合金除了具有足够的强度、硬度、耐磨性、塑性和韧性外,还具有良好的磨合性和与轴颈的亲和力,是作为高速运转机械的滑动轴承材料的最佳选择。

1. 锡基轴承合金

锡基轴承合金是以锡为基础,加入适量的锑和铜元素而组成的轴承合金。其特点是摩擦系数小,硬度适中,具有较好的塑性和韧性,常应用于高速、重载的场合。

2. 铅基轴承合金

铅基轴承合金是以铅为基础,加入适量的锑、锡、铜元素而组成的轴承合金。铅基轴承合金通常称为铅基巴氏合金。其特点是硬度、塑性和韧性都低于锡基轴承合金,但价格较低,常应用于中速、中载的场合。

3. 铜基轴承合金

铜基轴承合金是以铜为基础,加入适量的铅、锡、锌、磷和锰元素而组成的轴承合金。其特点是摩擦系数小,润滑作用较好,抗压强度和硬度都很高,常应用于高速、重载、高温的场合。

4. 铝基轴承合金

铝基轴承合金具有较好的耐磨性、减摩性和耐蚀性,常用于制造汽车内燃机曲轴的滑动轴承。

常用的轴承合金牌号有 ZSnSb12Pb10Cu4、ZPbSb16Sn16Cu2、ZCuSn5Pb5 Zn5、ZAlSn6Cu1Ni1。其中,"ZSn"表示铸造锡基轴承合金,其后面的英文字母和数字表示合金元素及含量。

第4节　电池材料锂

在世界经济的发展以及对环保要求越来越高的趋势下,新能源车在大规模发展,自然地对于动力电池的要求也是越来越高,因而有色金属锂由于满足高能量密度、长的使用寿命、能承受高电压等要求,近几年得到了广泛应用。

一、锂

物理性质:

银白色金属。质较软,可用刀切割。是最轻的金属,密度比所有的油和液态烃都小,故应存放于固体石蜡或者白凡士林中(在液体石蜡中锂也会浮起)。

锂的密度非常小,仅有 0.534 g/cm^3,为非气态单质中最小的一个。

因为锂原子半径小,故其比起其他的碱金属,压缩性最小,硬度最大,熔点最高。

温度高于 $-117\ ℃$ 时,金属锂是典型的体心立方结构,但当温度降至 $-201\ ℃$ 时,开始转变为面心立方结构,温度越低,转变程度越大,但是转变不完全。在 $20\ ℃$ 时,锂的晶格常数为 $3.50\ Å$,电导约为银的五分之一。 ＊锂容易与铁以外的任意一种金属熔合。

化学性质:

锂(Lithium)由于其最外层电子数是 1,所以它的是金属活动性较强的金属(金属性最强的金属是铯)。

二、锂电池

锂电池通常有两种外型:圆柱型和方型。

电池内部采用螺旋绕制结构,用一种非常精细而渗透性很强的聚乙烯薄

拓展阅读

锂电池发展历史及优缺点

膜隔离材料在正、负极间间隔而成。

拓展阅读

锂电池工作原理

正极包括由钴酸锂（或镍钴锰酸锂、锰酸锂、磷酸亚铁锂等）及铝箔组成的电流收集极。负极由石墨化碳材料和铜箔组成的电流收集极组成。电池内充有有机电解质溶液。另外还装有安全阀和PTC元件（部分圆柱式使用），以便电池在不正常状态及输出短路时保护电池不受损坏。

钴酸锂电池（$LiCoO_2$）具有高能量密度和较高的工作电压，广泛用于便携式电子设备。

锰酸锂电池（$LiMn_2O_4$）具有相对较低的成本和良好的热稳定性，适用于电动汽车和储能系统。

磷酸铁锂电池（$LiFePO_4$）具有较长的循环寿命、较好的温度特性和高安全性，用于电动工具和电池储能系统。

由于锂电池有高能量密度、工作电压高、自放电低、充电效率高、储存和循环寿命长、无记忆效应、工作温度范围广、环境污染低等优点，所以目前得到广泛应用。

拓展阅读

新型锂电池生产基地

拓展阅读

宁德时代新能源

练 习

1.什么是工程材料的使用性能和工艺性能？它们各包括哪些内容？为什么汽车的工程材料要求具有合理的使用性能和工艺性能？

拓展阅读

高合汽车的"科技安全"实力，不是为了酷炫而酷炫

2.什么是材料的强度、硬度、塑性、冲击韧性及疲劳强度？它们各用何种符号表示？

3.按照钢中碳的质量分数的多少将钢分为哪三类？碳的质量分数分别为多少？

4.常用的灰铸铁有何特点？可锻铸铁的含义是可以锻造的铸铁吗？

5.铸铁和铸钢有何异同点？

6.什么是热处理工艺？热处理的主要目的是什么？热处理有哪几类？

7."四火"指哪四种热处理？什么是钢的退火与正火？其目的是什么？退火与正火的工艺有何不同？

8.什么是钢的淬火与回火？其目的是什么？淬火与回火的工艺有何不同？

9.锻造的汽车齿轮为什么要先进行退火再切削加工？而切削加工成形后再进行淬火与回火才能使用？

10.回火分为几种不同的形式？各有何用途？

11.表面淬火的目的是什么？最常用的齿轮表面淬火的方法是哪一种？其有何特点？

12. 表面渗碳适合于哪一种钢材？其目的是什么？渗碳需要用哪些设备？

13. 分别指出下列钢的牌号的含义：Q235、20、45、65Mn、9SiCr、W18Cr4V、35MnMo、HT200、ZG230 - 450、20CrMnTi。

14. 什么是钢的调质？调质经常应用于哪一种钢材？调质钢有何优点？

15. 汽车上常用的有色金属有哪两种？为什么要用有色金属来代替钢材？

16. 铸造铝合金有何特点？汽车上哪些地方会用到铸造铝合金？

17. 普通黄铜与铸造黄铜各有何特点？分别应用于汽车上哪些地方？黄铜 H70 的含义是什么？

18. 何谓轴承合金？有何特点？应用于汽车的哪些地方？

第八章

● 拓展阅读

科技兴国（比亚迪）●

汽车运行材料

在社会的发展中,石油的诞生大大促进机械方面的发展,比如有了石油才诞生了内燃机,使汽车的体积、重量大大降低,提高了灵活性以及机动性,减少了摩擦,提高了工作效率。随着电子技术的发展汽车运行材料在汽车上的应用越来越重要了。

正确使用和选用汽车运行材料不仅能够降低使用成本还能够提高汽车的使用寿命。

第 1 节　燃　料

汽车燃料指自身携带的能转换成热能的化学物质。目前,传统汽车应用的燃料主要有汽油、轻柴油;随着新能源汽车的发展,出现了天然气、醇类以及氢气等替代燃料。

一、汽油

我国汽车用的汽油为无铅汽油,应用较多的有 90、93、95、97 和 98 等几种牌号。汽油的牌号是根据汽油抗爆性的指标——辛烷值来表示的。辛烷值是代表点燃式发动机燃料抗爆性的一个指标,辛烷值越高,说明汽油的抗爆性能越好,对发动机的工作影响越小,排放的尾气对空气的污染越小。

1. 车用汽油的主要性能要求

（1）较好的挥发性和抗爆性。

（2）良好的物理和化学稳定性。

（3）不含杂质、水分,燃烧后无沉淀、污染少。

2. 汽油的性能指标

（1）挥发性

汽油由液体状态转化成气体状态的性能称为汽油的挥发性。汽油具有良好的挥发性,是发动机在各种条件下,特别是在低温条件下容易起动、加速及转换速度的先决条件。汽油挥发性由馏程和饱和蒸汽压两个指标来评定。

（2）抗爆性

汽油的抗爆性是指汽油在发动机的气缸内燃烧时防止产生爆燃的能力。爆燃是汽油机一种不正常的燃烧,爆燃使发动机的温度过高,机件过快磨损,噪声增大,功率降低,油耗上升。

（3）安定性

汽油的安定性是指汽油在正常的储存和使用条件下,保持其性质不发生永久变化的能力。安定性差的汽油在储存时容易发生氧化反应,颜色变黄,酸值增加,辛烷值降低;使用时易堵塞发动机喷嘴,增加积炭,导致点火不良,发动机的功率下降。评定汽油安定性的指标主要有实际胶质和诱导期两项。

（4）防腐性

防腐性是指汽油阻止与其相接触的金属被腐蚀的能力。汽油中引起腐蚀的物质是硫、硫化物、有机酸和水溶性酸碱。

3. 汽油的选择与使用

应当按照汽车说明书所推荐的牌号选择汽油。在没有说明书的情况下,以在正常运行时不发生爆燃为原则,一般应选择辛烷值较高的汽油。

汽油的使用应当注意以下几点:

（1）不同牌号的汽油不能混放,汽油中不能掺入其他油,不能使用变质汽油。

（2）汽车在高原地区应选用较低牌号的汽油,或调前点火提前角。

（3）改用高牌号的汽油时,应适当调前点火提前角。

二、车用柴油

车用柴油按凝点分为 5 号、0 号、－10 号、－20 号、－35 号和－50 号六个牌号,如－20 号轻柴油,表示其凝点不高于－20℃。

视频

节能减排技术

1. 车用轻柴油的主要性能要求

（1）良好的平稳燃烧性和低温流动性。

（2）适宜的蒸发性和黏度,容易喷散。

（3）对机件无腐蚀,不含杂质和水分。

2. 车用柴油的性能指标

（1）发火性

发火性指其自燃能力。如果车用柴油的发火性差,会使柴油机的工作粗暴。当柴油喷入燃烧室后到燃烧明显的着火延迟期过长,着火前形成的混合气体数量过多,压力上升过急,气缸内会产生强烈的震击现象,称之为柴油机的工作粗暴。工作粗暴使功率下降,油耗增大。

发火好的车用柴油应当在较低的温度下自燃着火,着火延迟期短,燃烧后压力上升平稳,柴油机工作柔和。

（2）低温流动性

低温流动性指柴油能可靠稳定地供给气缸,使发动机正常工作的性能。低温流动性用车用柴油的浊点、凝点和冷滤点三个指标来表示。

（3）挥发性

轻柴油的挥发性好,柴油机的起动性能就好,油耗少,积炭少,排烟污染少。车用柴油的挥发性用馏程、闪点两个指标来表示。

（4）黏度

车用柴油的黏度表示油料的稀稠程度。黏度随温度的变化而变化,温度越高,油料变得越稀。车用柴油的黏度影响柴油机的供油量、喷油的质量和油系零件的润滑。

3. 车用柴油的选择与使用

车用柴油的选择应当根据季节的温度来决定,一般车用柴油的凝点越低,生产的工艺越复杂,价格越高。一般选择轻柴油的凝点比最低气温低 3～6℃ 即可。

车用柴油的使用应注意以下几点:

(1) 车用柴油不能与汽油混合使用,但气温适合的不同牌号的柴油可以掺兑使用。

(2) 低温起动时,应对机油、进气管等部分进行预热。

(3) 车用柴油中不能混入杂质。

三、天然气

天然气是代替汽油和车用柴油的好燃料,具有价格低、污染小、热值高等优点。在国内某些城市的出租汽车和公交汽车上已经得到广泛应用,使用天然气可以大大减少城市的空气污染。

天然气的辛烷值高,燃烧积炭少,对发动机零件的腐蚀小。但天然气的密度小,不便于储存和运输,通常天然气燃料以液态的形式储存和运输。

第 2 节　润 滑 材 料

任何机械的运动必须保证良好的润滑,汽车的运行也不例外。按照运行的部位不同,所需要的润滑材料和牌号也不同。

一、润滑油

汽车发动机的润滑所用的是内燃机油,内燃机油供给曲轴、曲柄、连杆、滑块、活塞环、气缸壁等所有摩擦表面的润滑。由于发动机工作在高温、高压、重载荷的条件下,对润滑油的质量要求很高。

1. 发动机润滑油的性能指标

(1) 适宜的黏度和黏温性

黏度过大,低温起动难,油的泵送性能差,容易出现半液体摩擦或干摩擦;黏度过小,油膜容易破坏,得不到正常的润滑,加剧磨损,机油窜入燃烧室,造成烧机油,降低功率。

润滑油的黏度随温度变化而变化的特点称为黏温性。润滑油的黏度随温度的变化程度越小,黏温性越好。

(2) 腐蚀性和安定性

腐蚀性是指发动机润滑油在使用的过程中对金属机件的氧化腐蚀作用。在润滑油中加入抗腐蚀和抗氧化的添加剂,可以提高润滑油的耐蚀性。

安定性是指润滑油在储存和使用的过程中,保持性质不发生永久变化的能力。安定性的主要指标有氧化安定性和热氧化安定性两项。

此外,还有其他一些指标,如清净分散性、水溶性酸或碱、凝点、酸值等。

2. 发动机润滑油的选用

发动机润滑油应根据汽车说明书的要求来选用,或者按照发动机的特点和汽车使用地区的温度来选择适宜的使用等级和黏度等级。

(1) 汽油机与柴油机的润滑油不同。

(2) 近年生产的汽车比早年生产的汽车选用的级别高。

（3）柴油机的润滑油可按柴油机强化程度选用。

（4）结合发动机的性能和技术状况、地区的温度选择适当黏度等级的机油牌号。

3. 发动机润滑油的使用要求

（1）在保证活塞环密封良好，机件磨损正常的条件下，应首先选用低黏度的润滑油。避免高档低用，造成不必要的浪费。

（2）牌号和种类不同的润滑油绝不能混合使用。

（3）按照汽车说明书的要求定期更换润滑油，定期保养是汽车正常使用的根本保证。

二、齿轮油

齿轮油指汽车齿轮传动机构用的润滑油，由于齿轮传动位置的工作压力、温度条件不同，对齿轮油的要求也不同，所选择的等级也不同。

1. 齿轮油的主要性能要求

（1）良好的油性和极压耐磨性。

（2）适宜的黏度和良好的黏温性能。

（3）良好的热氧化安定性，对机件无腐蚀。

2. 齿轮油的分类

齿轮油的分类方法很多，大致分为三种：按使用场合和承载能力来分、按齿轮油的黏度来分、按汽车所承受载荷的大小来分。汽车变速器齿轮和驱动桥齿轮的工作压力最大、温度最高，所选择润滑油的黏度也最高。

3. 齿轮油的选择及使用

（1）齿轮油的选择

按照汽车说明书的要求来选择与车型相适合的齿轮油的品种和牌号。如果汽车长期在满载、超载或行驶条件很差的工作环境运行，应当选择比正常条件下高一个级别的齿轮油；如果汽车长期在高温地区使用，则齿轮油的黏度应当选择比正常条件下大一些；反之，如果汽车长期在低温地区使用，则齿轮油的黏度应当选择比正常条件下小一些。

（2）齿轮油的使用要求

① 齿轮油不可以低档高用，可以高档低用，但不经济。

② 齿轮油的加油量要适当。若加油量过多，则加大齿轮浸入润滑油的深度，增加齿轮运转时的阻力，增大搅油损失，且影响油的品质；若加油量过少，则齿轮浸入润滑油的深度过浅，造成带入齿轮的油液过少，使齿面润滑不良，油温过高。

③ 及时补充齿轮油，保证足够的油量。定期更换齿轮油，清洗齿轮箱，保证油液的清洁。注意不能混用不同品牌的齿轮油。

三、润滑脂

润滑脂是润滑油与稠化剂的膏状混合物。根据调制润滑脂所用的皂基不同，润滑脂分为钙基润滑脂、钠基润滑脂、锂基润滑脂三种。

1. 润滑脂的特点

（1）润滑脂比润滑油具有更好的黏附性，不易流失，承受载荷的能力更大。

（2）润滑脂的密封和防护比较简单，使用的范围较宽。

（3）润滑脂的黏度大，运行阻力较大，流动性差，清洗和更换较难。

2.汽车用润滑脂的主要性能要求

（1）应具有良好的耐热性、耐水性、耐磨性。

（2）在高温工作条件下不软化流失，具有良好的防腐性能。

（3）具有良好的氧化安定性、胶体安定性和适宜的软硬度。

3.汽车常用润滑脂的种类

（1）钙基润滑脂

钙基润滑脂的主要特点是抗水性好，遇水不易乳化，对金属的亲和力强，容易黏附在金属表面，安定性好，常用在汽车的轮毂轴承、球节、水泵轴承、凸轮等位置。

（2）石墨钙基润滑脂

石墨钙基润滑脂由钙基润滑脂和石墨混合而成，具有良好的抗水性，又有较好的抗碾压性能，适用于重载、低转速的条件下工作，常用在汽车的转盘等承受较大压力的部位。

（3）钠基润滑脂

钠基润滑脂的主要特点是耐热性好，可在 120 ℃ 以下正常工作，能承受较大的载荷，具有较好的承压、耐磨损性能。但钠基润滑脂的抗水性能较差，遇水后容易乳化变质，所以不能在潮湿和有水的环境中工作。

（4）通用锂基润滑脂

通用锂基润滑脂是一种通用润滑脂，具有良好的抗水性、氧化安定性、防锈性，可在 $-20 \sim$ 120℃ 之间正常工作。通用锂基润滑脂具有钙基润滑脂和钠基润滑脂的综合性能，是一种通用型的长寿润滑脂。通用锂基润滑脂通常应用于汽车轮毂轴承、底盘、发电机和水泵的润滑。部分高性能的汽车使用极压锂基润滑脂的效果更好。

第 3 节　制动液、液压油、防冻液与制冷剂

一、制动液

汽车制动液通常称为刹车油，应用于汽车液压制动系统，以传递压力来实现汽车的制动。

1.汽车制动液的主要性能要求

（1）汽车制动液应具有较高的沸点，在摩擦生热时仍然能有效地制动。

（2）汽车制动液应具有良好的低温流动性和黏温性，以保证活塞运动灵活、迅速到位。

（3）汽车制动液应对金属的腐蚀性小，具有一定的化学稳定性。

2.汽车制动液的选择与使用

（1）汽车制动液的选择

要根据环境条件（即速度、湿度、道路条件）的不同而选择不同的汽车制动液。应当严格按照说明书的要求选用符合规定的汽车制动液，不能随意更换。

当制动强度大、制动液的工作环境温度高时，一般选用牌号 HZY4 或 HZY5 的合成制动液；

在速度不高、非湿热的地区选用牌号 HZY3 的合成制动液;而高速行驶的轿车,制动液的温度较高,应选用级别较高的制动液。

(2) 汽车制动液的使用要求

① 不同种类、不同厂家的制动液不能混用,以避免出现分层、失效。

② 按期及时更换制动液,及时清洗制动系统,防止混入杂质。

③ 制动液属于易挥发的易燃物,应注意防火。

二、液压油

液压传动已经广泛地应用在汽车的控制系统中,液压油在液压传动中起到传递运动的重要作用,所以,正确选用液压油的品牌和规格,是关系到汽车能够安全可靠行驶和保证使用寿命的头等大事。

1. 汽车液压油的主要性能要求

(1) 汽车液压油应具有良好的抗乳化性和抗泡沫性,在工作中保持液压油的不可压缩性,使系统压力稳定不变。

(2) 汽车液压油应具有适宜的黏度、黏温性和抗氧化安定性,使液压油在工作中保持良好的流体状态。

2. 汽车液压油的选择与使用

(1) 汽车液压油的选择

应按照汽车说明书的要求选用液压油,一般不随意更换其他品种或牌号。首先应根据压力、温度和工作环境选择液压油的品种,然后按照液压泵的类型选择液压油的牌号。

液压油的牌号用 L‑H 和字母及数字表示,例如 L‑HM32,其中的 L 表示润滑剂,H 表示液压系统,M 表示液压油的品种,32 表示牌号,即黏度等级。

液压油的常用牌号有:L‑HL、L‑HM、L‑HV、L‑HR、L‑HS、L‑HG。要根据使用条件来选择汽车液压油。

(2) 汽车液压油的使用要求

① 不同品种、不同牌号的液压油不能混用。

② 定期及时更换液压油,及时清洗液压系统,保持液压油的清洁,防止混入杂质。

三、防冻液

汽车的内燃机在工作中,由于活塞与缸壁之间的摩擦发热,以及汽油燃烧做功产生了大量的热量,造成内燃机本体的温度急剧升高,如果得不到及时的降温,温度将达到 100℃ 以上,严重影响内燃机的正常工作。为了降低内燃机的温度,通常在活塞缸的周围安装循环冷却水套,但是我国许多地区的冬季室外气温都在零度以下,使得冷却水套内的冷却水冻成冰块,造成冷却水套胀裂漏水,使内燃机得不到冷却。因此,防止内燃机的冷却水结冰成为汽车冬季行驶解决的首要问题。

目前,在内燃机的冷却水套内注入防冻液是解决冷却水结冰的有效方法。

1. 防冻液的主要性能要求

防冻液既要有防止冻冰的效果,能大幅度降低冷却水的冰点,保证冷却水在使用的地区不会结冰,同时还要起到冷却水的作用,具有对机件无腐蚀、化学性能稳定、能长期使用等特点。

2. 防冻液的选择与使用

(1) 防冻液的选择

永久型防冻液是由 90％～95％的乙二醇(甘醇)、3％～10％的防腐剂和 0～5％的水组成的,乙二醇与水的不同配比,可得到不同冰点的防冻液,最低可达到−68℃。常用的防冻液有−25、−30、−35、−40、−45 和−50 等 6 个牌号。应根据不同地区的冬季最低气温来选择防冻液的牌号。

(2) 防冻液的使用要求

① 防冻液可以四季使用,不必按季节更换。

② 防冻液受热后会膨胀,加注防冻液时不要注满,要留出溢出的空间。

③ 防冻液有毒,使用时应注意安全。

四、制冷剂

汽车的空调设备使驾驶员和乘客得到舒适的驾乘环境,汽车的空调和家用空调一样,都需要在空调设备中加入制冷剂。目前应用较多的制冷剂是 R134a。

如果空调设备的制冷效果不好,很可能是制冷剂的存量不够,应及时检查并补充到规定的用量。制冷剂会冻伤皮肤,使用时要注意安全,防止进入眼睛。

练　习

1. 汽车对汽油有哪些基本要求?

2. 使用汽油时应注意哪些问题?

3. 用天然气代替汽油有何优点?

4. 润滑油、齿轮油、润滑脂有何不同? 各应用在什么场合?

5. 制动液和液压油有何不同? 能够互换吗,为什么?

6. 为什么冷却水箱必须加入防冻液? 防冻液的作用是什么?

7. 常用的汽车制冷剂是哪一种? 为什么制冷剂需要定期补充? 使用制冷剂需要注意什么?

拓展阅读

什么是替代燃料
汽车? 替代燃料
又有什么作用

拓展阅读

新能源汽车的
类别和优势

第三篇 机构与机械传动

　　任何一台机器都得靠原动机供给动力才能正常工作,汽车的原动机绝大多数是采用内燃机作为动力源的。把原动机的动力转变成汽车车轮的转动,中间要经过传动装置的速度调节和运动方向的改变。例如,内燃机曲轴的动力通过变速器使汽车得到多种不同的转速和不同的转动方向;后桥的锥齿轮差速器改变了转轴的转动方向,使左右两轮得到不同的转动速度。

　　机构是具有确定相对运动的构件的组合,用来传递运动和动力,利用机构可以研究不同机械传动装置的工作原理、结构与特点,为选择最佳的传动方式提供可靠的理论依据;机械零件是机器及各种设备的基本单元,应在满足强度和寿命等使用条件的前提下,选用最合理的截面形状和最小尺寸。

　　汽车属于机械类的范畴,具有机械类的许多共同特点,同时又具有汽车机械的一些特有的性质。本篇内容不仅具有通用机械的基础知识,又突出了机械知识在汽车上的应用,把理论与实际紧密地联系在一起,为今后专业课程的学习奠定扎实的基础。

拓展阅读

以供应链为基础
技术,助力全球经
济发展

第九章

平面连杆机构

在各种机器中,为了实现人们设计的要求就要使零件之间相互连接并且进行配合来传递各种力。在现实生活中运动构件之间的刚性连接并传递力的传递方式应用最多,也就是下面要讲的平面连杆机构。

第1节　机构的组成与机构简图

一、机器与机构

1. 机器的组成

人们在日常生活中见过许多机器,如图 9-1 所示的波轮洗衣机、图 9-2 所示的摩托车、图 9-3 所示的汽车、图 9-4 所示的工业机械手和图 9-5 所示的普通车床等。虽然机器的品种、构造、性能和用途各不相同,但是它们都是由四个部分组成的,即动力部分、执行部分、传动部分和控制部分。

·动画

往复活塞式发动机

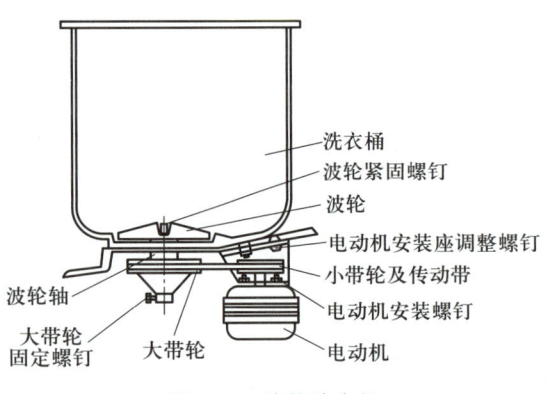

洗衣桶
波轮紧固螺钉
波轮
电动机安装座调整螺钉
小带轮及传动带
波轮轴
电动机安装螺钉
大带轮固定螺钉　大带轮
电动机

图 9-1　波轮洗衣机

图 9-2　摩托车

波轮洗衣机的电动机经过带传动带动洗衣机的波轮转动,进而搅动桶内的水沿不同的方向上下翻滚,洗净衣服上的污垢。

摩托车的单缸发动机经过链传动和飞轮带动后车轮,使后轮产生驱动力,达到代步和省时的效果。

图 9-3 汽车

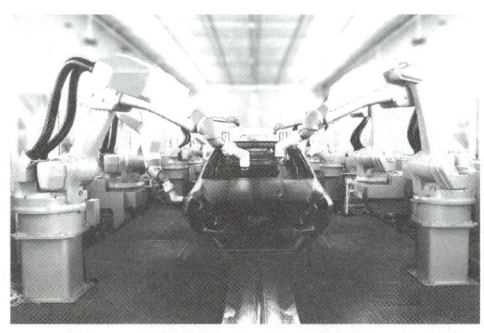

图 9-4 工业机械手

汽车的发动机经过齿轮变速器、离合器、传动系统、驱动桥,实现代步、载货的目的。

工业机械手的电动机经过一系列机构的变速、变向和变换运动的方式,达到用机械手代替人手做许多人工不方便做的工作。

普通车床的电动机经过带传动、主轴变速箱,使主轴得到 24 种正转速度和 12 种反转速度,同时经过挂轮箱、进给箱和滑板箱的变速、变向,使刀具得到直线的运动和许多不同的运动速度。

以上几种机器的组成部分见表 9-1。

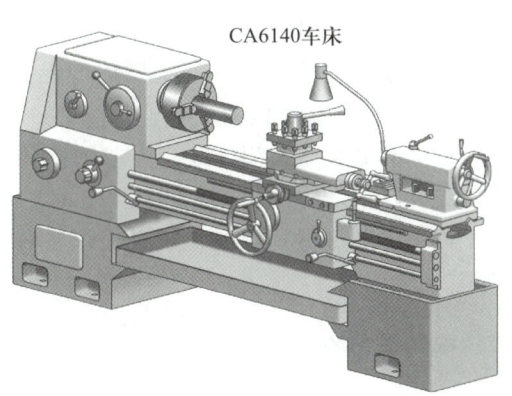

图 9-5 普通车床

表 9-1 机器的组成部分

机器类别	动力部分	执行部分	传动部分	控制部分
波轮洗衣机	电动机	波轮	带传动	微电脑
摩托车	内燃机	车轮	链传动、飞轮	电气控制
汽车	内燃机	车轮	变速器、差速器	电气、微机
工业机械手	电动机	机械手	齿轮传动、连杆传动	微机
普通车床	电动机	卡盘与刀具	齿轮传动、带传动等	电气控制

2. 机器的共同特征

综合以上的各种不同机器,它们之间都存在着一些共同的特征。

(1) 任何机器都是由许多人为实物组合而成的。

(2) 组成机器的各部分实物之间具有确定的相对运动。

(3) 所有的机器都能做有效的机械功,代替或减轻人类的劳动,或进行能量的转换。

因此,可以得出这样的结论:凡是机器都应当同时具备以上三个特征。所以电动自行车、电动缝纫机都是机器,而普通自行车、普通缝纫机由于缺少动力部分,不能称为机器。

3. 机构

机构只具有机器的前两个特征,而没有最后一个特征,即机构也是人为的实物组合,而且各个组成部分之间也具有确定的相对运动。汽车中的带传动、齿轮变速器、差速器等三种装置,如果只是成为一个独立单元,没有与发动机组成一个汽车整体,缺少机器的第三特征,那么每一单元也只能算是运动转换的机构。

机器一般由一种或多种机构组成。由于机器的执行运动要求不同,组成机器的机构也不相同。从结构和运动的角度来看,机器与机构没有本质上的区别,习惯上将机器与机构统称为机械。

4. 机械的类型

按照用途不同,机械可分为以下几类:

(1) 动力机械　用来实现机械能与其他形式能量之间的转换的机械,如电动机、内燃机、发电机、液压泵、空压机等。

(2) 加工机械　用来改变物体的形态、结构和形状的机械,如金属加工机床、压力机、轧钢机、粉碎机、织布机、包装机等。

(3) 运输机械　用来改变人或物体的空间位置的机械,如汽车、火车、飞机、电梯、轮船、起重机等。

(4) 信息机械　用来获取或处理各种信息的机械,如复印机、打印机、绘图机、照相机、摄像机等。

二、构件与零件

构件是机器中每一个独立的运动单元。构件可以是单一的实体,也可以是多个零件组成在一起的刚性连接体。这些刚性连接在一起的零件之间不能产生任何相对运动。图 9-6 所示汽车发动机中的连杆,是由连杆主体、连杆盖、轴瓦、螺栓、螺母和开口销等零件连接而成的,形成独立的运动整体,成为一个构件。

零件是组成机器的每一个单独的实体,是机器制造的基本单元。机器中的零件分为专用零件和通用零件。专用零件具有专门的功用和性能,如车床的卡盘、风扇的叶片、手表的指针等,只有在专门的机器中才会用到;通用零件具有通用性,是在一般的机械中都能用得到的零件,如滚动轴承、齿轮、螺栓等。

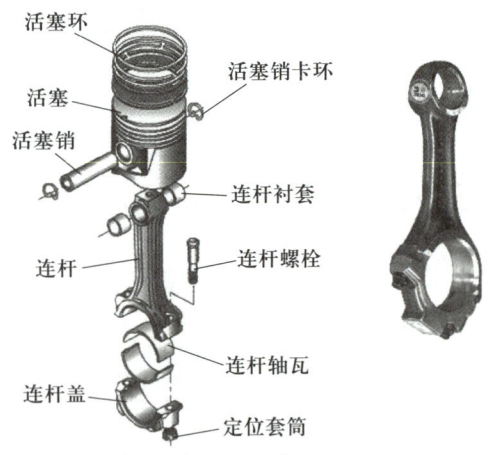

图 9-6　汽车发动机中的连杆

三、运动副及其分类

1. 运动副

使两个构件直接接触,又能保持一定形式的相对运动的连接称为运动副。例如活塞与气缸的连接构成了运动副。两构件只能位于同一平面或平行平面内做相对运动的运动副称为平面运动副。

2. 运动副的分类

根据运动副中两构件的接触形式不同,平面运动副分为低副和高副。

(1) 低副

两个构件之间做面接触的运动副称为低副。低副又分为转动副和移动副,转动副也称为铰链,如图 9-7 所示。

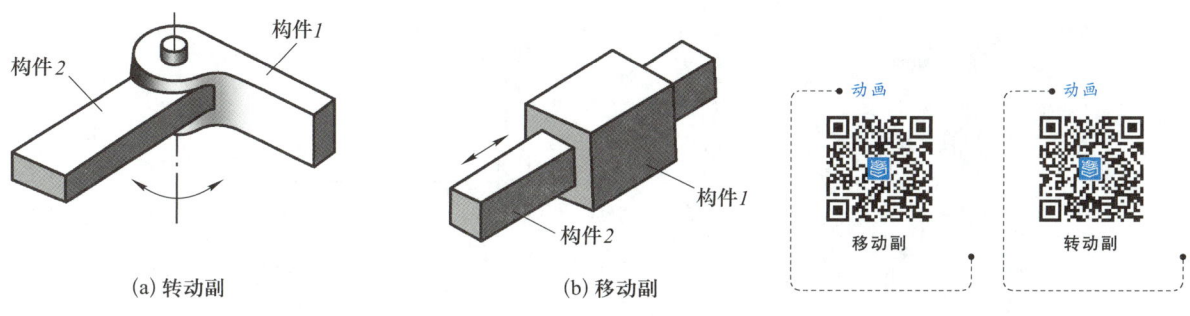

(a) 转动副　　　　　　　(b) 移动副

图 9-7　低副

如图 9-8 所示,螺栓与螺母在接触面内做螺旋运动,该运动副称为螺旋副,也属于低副。构成螺旋副两构件的运动为空间的螺旋曲面,不是平面运动副的范畴。

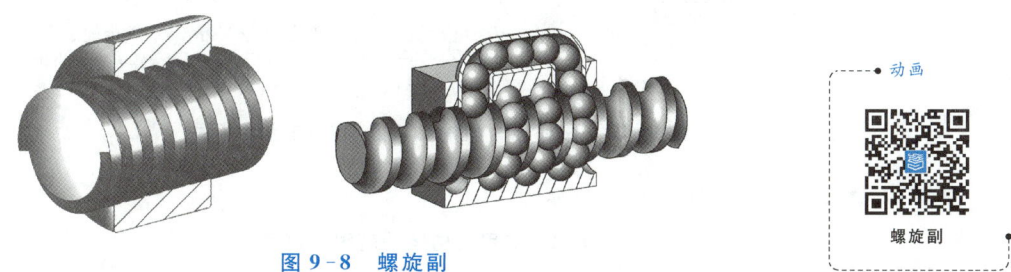

图 9-8　螺旋副

(2) 高副

两个构件之间通过点或线接触的运动副称为高副,如图 9-9 所示的凸轮副和齿轮副。

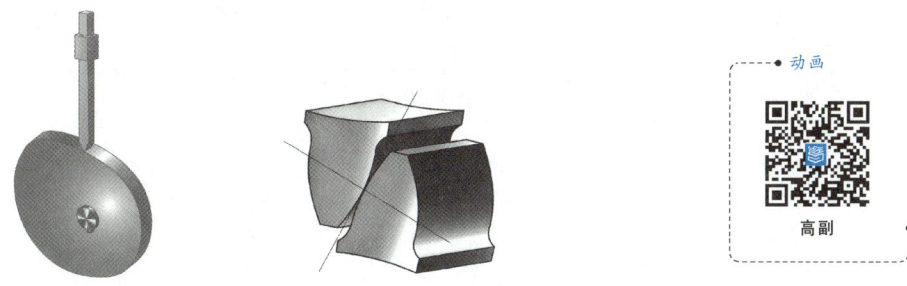

图 9-9　高副

高副与低副的高低之分是相对于接触处承载时压强的高低而言的。低副的接触处一般是圆柱或平面,承受载荷的压强较小,但滑动摩擦力较大;高副的接触处一般是点、线,承受载荷的压强较大,接触处易磨损。

四、机构运动简图

用线条表示构件,用简单符号表示运动副的类型,并按一定比例确定运动副的相对位置,这种表示机构中各构件运动关系的简明图形称为机构运动简图。图 9-10 所示为曲柄压力机的结构及其机构运动简图。

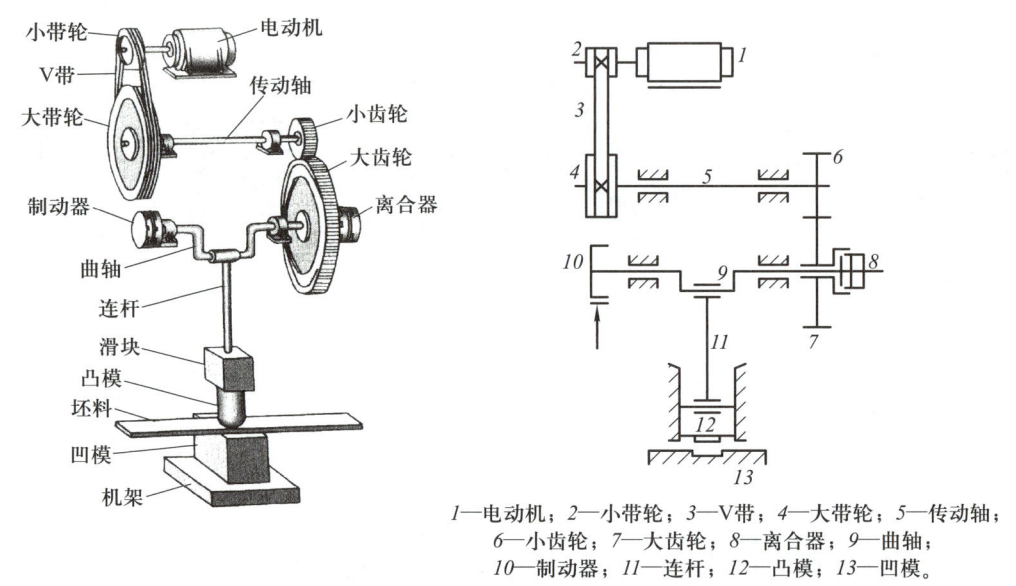

1—电动机;2—小带轮;3—V带;4—大带轮;5—传动轴;
6—小齿轮;7—大齿轮;8—离合器;9—曲轴;
10—制动器;11—连杆;12—凸模;13—凹模。

图 9-10　曲柄压力机的结构及其机构运动简图

常用机构运动简图的符号见表 9-2。

表 9-2　常用机构运动简图的符号

外啮合齿轮传动	内啮合齿轮传动	齿轮齿条机构	锥齿轮传动
凸轮机构	曲柄滑块机构	带传动	链传动
螺旋传动	直杆的支点	弯杆的支点	定滑轮

例9-1 画出图9-11所示单缸内燃机的机构运动简图。已知曲柄 $l_{AB}=75$ mm,连杆 $l_{BC}=300$ mm,活塞的直径为80 mm,活塞的厚度为50 mm。

解: 在单缸内燃机中,活塞为原动件,做往复直线运动,活塞推动连杆带动曲柄做圆周旋转运动。活塞与缸体之间组成移动副,活塞与连杆之间、曲柄与连杆之间、曲柄与缸体之间均组成转动副。

作图步骤如下:

(1)按图纸大小和实际尺寸选取比例尺 $\mu_l=0.01$ m/mm,即图面上1 mm表示实际长度的0.01 m,实为10 mm。

(2)按规定的运动简图符号选择转动副和移动副的表示法。

(3)在图纸上选择 A 的位置,用圆规画出半径 $AB=75$ mm/10=7.5 mm 的圆。在圆上任取一点 B,以 B 为圆心、$BC=300$ mm/10=30 mm 为半径画弧,与过点 A 的垂线相交于点 C,点 C 为连杆与活塞的转动副中心。

(4)按比例画出活塞的大小,标注连杆的最高点和最低点位置。画出不动机架的剖面符号,注意机架剖面符号的方向在全图上应当一致。标注主动件和执行件的运动方向。

单缸内燃机的机构运动简图如图9-12所示。

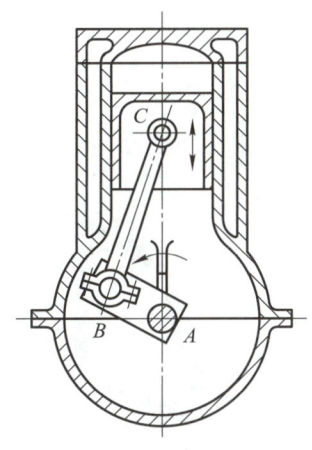

图 9-11 单缸内燃机

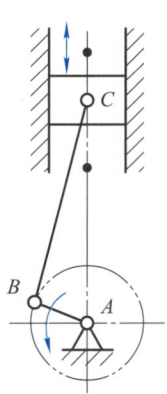

图 9-12 单缸内燃机的机构运动简图

第2节 平面连杆机构的基本形式和判别

一、平面连杆机构的基本形式

平面连杆机构是最常用的机构,它由四个或四个以上的刚性构件用转动副或移动副组成。平面连杆机构的运动特点是将连续匀速的转动,通过杆件转换成从动件的变速摆动或移动。平面连杆机构在汽车的内燃机、前轮转向、车门的开闭、刮水器等传动中应用较多。

最简单的平面连杆机构由四个构件组成,称为平面四杆机构。平面四杆机构的四个构件大部分呈杆状,习惯上称其构件为杆件。如图9-13所示的四杆机构,<u>4个杆件通过4个铰链(转动副)连接而成,称为铰链四杆机构</u>。三个杆件用铰链连接后,成为一个刚体,各个杆件都不能自由活动,不能称为机构。

铰链四杆机构中固定不动的构件 4 称为机架,与机架相连的构件 1、3 称为连架杆,连接两连架杆的构件 2 称为连杆。其中,能相对机架做 360°转动的连架杆 1 称为曲柄;相对机架做小于 360°范围内往复摆动的连架杆 3 称为摇杆。按不同运动特点,铰链四杆机构分为三种基本形式。

1. 曲柄摇杆机构

如果铰链四杆机构中的两连架杆中有一个为曲柄,另一个为摇杆,则该机构称为曲柄摇杆机构。如图 9-14a 所示,当曲柄做连续等速圆周转动时,摇杆将在一定角度内做变速的往复摆动。曲柄摇杆机构能将主动件的圆周回转运动转换成从动件的往复摆动。

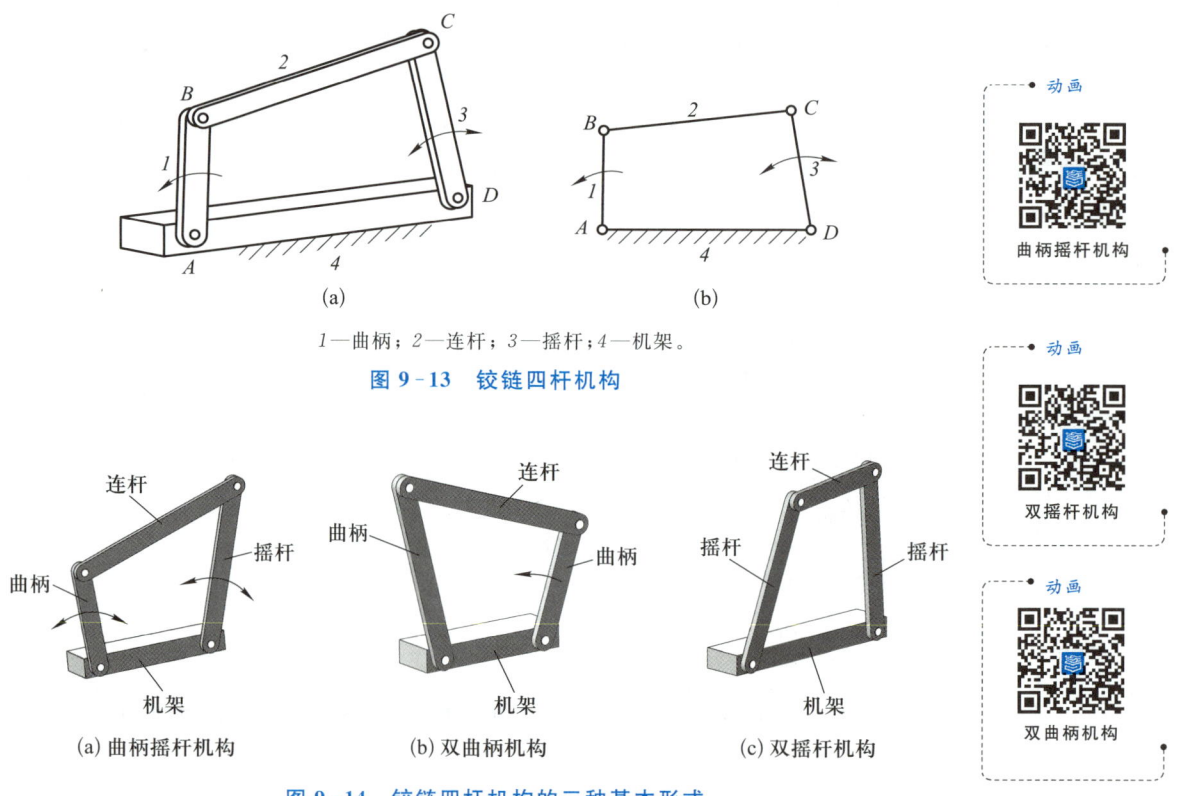

1—曲柄;2—连杆;3—摇杆;4—机架。

图 9-13　铰链四杆机构

(a) 曲柄摇杆机构　　(b) 双曲柄机构　　(c) 双摇杆机构

图 9-14　铰链四杆机构的三种基本形式

右侧二维码：
- 动画　曲柄摇杆机构
- 动画　双摇杆机构
- 动画　双曲柄机构

曲柄摇杆机构在汽车上应用于风窗玻璃刮水器,如图 9-15 所示。电动机 11 驱动蜗轮蜗杆传动副旋转,通过蜗轮 9 上的偏心销带动拉杆 8 往复运动,然后经拉杆 3 和 7 使刮片架 1 和 5 摆动。刮水器安装在刮片架上。其中,构件 9、8、4 及车身 12 构成曲柄摇杆机构。

2. 双曲柄机构

如果铰链四杆机构中的两连架杆都为曲柄,则该机构称为双曲柄机构。如图 9-14b 所示,当其中一个曲柄做等速圆周转动时,另一个从动曲柄也将做圆周转动。如果两曲柄的长度不相等,则从动曲柄只能做变速转动;如果两曲柄长度相等且平行,则该双曲柄机构称为平行双曲柄机构,其从动曲柄也做等速转动。如图 9-16a 所示的平行双曲柄机构,杆 BC 在该机构的运动中做平动。当双曲柄的转向相同时,双曲柄的角速度相等;当双曲柄的转向相反时,双曲柄的角速度不相等,该双曲柄机构称为反向双曲柄机构,如图 9-16b 所示。

平行双曲柄机构应用于风窗玻璃刮水器的联动机构,如图 9-17 所示。反向双曲柄机构应用于公共汽车双开门的开启与关闭机构中,如图 9-18 所示。

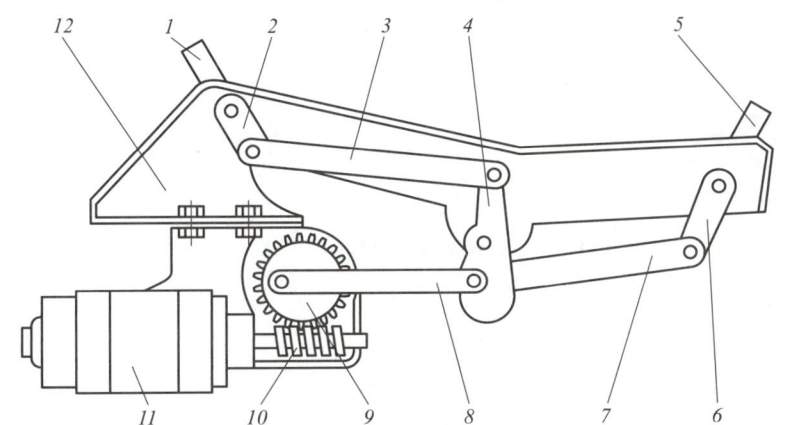

1、5—刮片架;2、4、6—摆杆;3、7、8—拉杆;9—蜗轮;10—蜗杆;11—电动机;12—车身。

图 9-15 汽车风窗玻璃刮水器

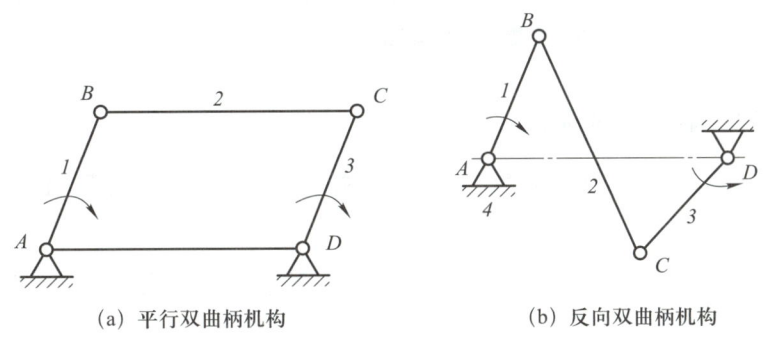

(a) 平行双曲柄机构   (b) 反向双曲柄机构

图 9-16 双曲柄机构

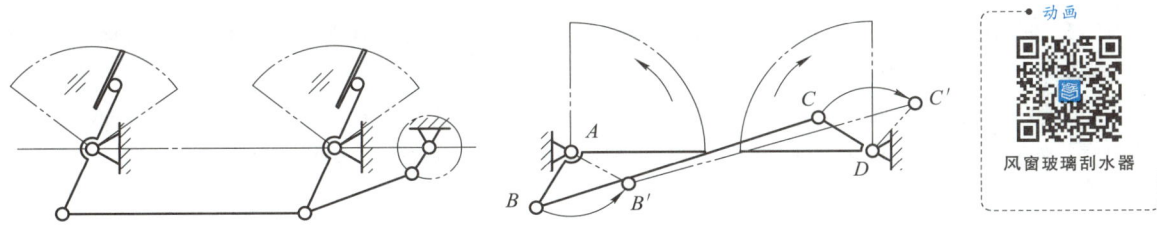

图 9-17 风窗玻璃刮水器的联动机构   **图 9-18 公共汽车双开门机构**

3. 双摇杆机构

如果铰链四杆机构中的两连架杆都为摇杆,则该机构称为双摇杆机构。双摇杆机构中不存在曲柄,如图 9-14c 所示。如果双摇杆的长度相等,则称为等腰梯形机构。双摇杆机构在工程实际中应用很广泛,在汽车制造中也得到很多应用,如图 9-19 所示的汽车前轮转向的等腰梯形机构;如图 9-20 所示的载重汽车自卸翻斗装置,当活塞向右伸出时,推动双摇杆 AB 和翻斗车厢 CD 向右摆动,使翻斗车厢内的货物自动卸下。

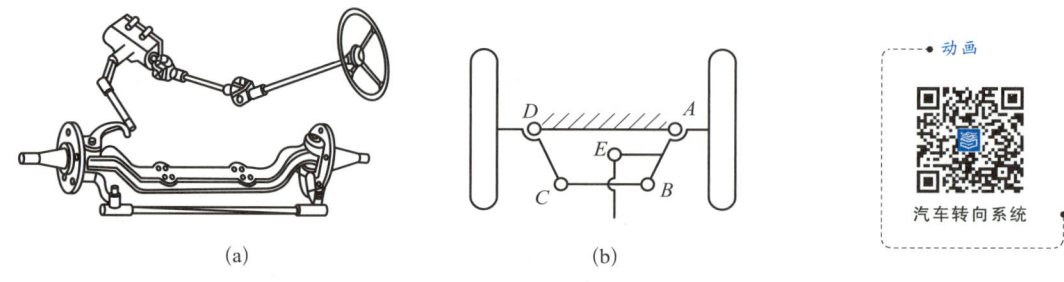

(a)   (b)

图 9-19   汽车前轮转向机构

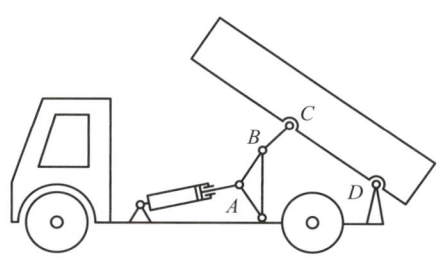

图 9-20   载重汽车自卸翻斗装置

二、铰链四杆机构基本形式的判别

铰链四杆机构属于哪一种类型,不仅取决于机构中各杆件的长度关系,还与选取哪一个杆件作为机架有关。

首先,要看四杆机构各杆件的长度,如果最短杆与最长杆的长度之和大于其余两杆之和,则该机构不可能存在曲柄,只能是双摇杆机构。

其次,如果最短杆与最长杆的长度之和小于或等于其余两杆之和,则该机构可能存在曲柄,但还要看取哪一个杆件作为机架,才能确定是否存在曲柄。

(1) 如果取最短杆的相邻杆作为机架,最短杆作为曲柄,另一连架杆作为摇杆,则该机构存在曲柄,称为曲柄摇杆机构。

(2) 如果取最短杆作为机架,相邻两杆件均为曲柄,则该机构存在两个曲柄,称为双曲柄机构。

(3) 如果取最短杆的对面杆件作为机架,则该机构无曲柄存在,称为双摇杆机构。

第3节   曲柄摇杆机构的运动特性与演化

一、曲柄摇杆机构的两个运动特性

1. 急回特性

当曲柄做匀速转动时,摇杆来回摆动的速度不相等。摆动回来的速度快,摆动过去的速度慢,曲柄摇杆机构的摇杆快速摆回的特性称为急回特性。应用曲柄摇杆机构的急回特性可以减少摇杆回程工作时间,提高工作效率。

如图 9-21 所示的曲柄摇杆机构,设曲柄 AB 为主动件,以等角速度 ω_1 做顺时针转动;摇杆 CD 为从动件,向右摆动为工作行程,向左摆动为返回行程。当曲柄转至 AB_1 时,连杆位于 B_1C_1,与曲柄重叠共线,摇杆处于左极限位置 C_1D;当曲柄由 AB_1 转过 $(180°+\theta)$ 到达 AB_2 时,连杆位于 B_2C_2,与曲柄的延长线共线,摇杆则向右摆动 ψ 角,到达右极限位置 C_2D,完成了工作行程。工作行程所用的时间 $t_1=(180°+\theta)/\omega_1$,摇杆上 C 点的平均速度 $v_1=\overset{\frown}{C_1C_2}/t_1$。曲柄由 AB_2 继续转过 $(180°-\theta)$ 回到 AB_1 时,摇杆则向左摆动 ψ 角,到达左极限位置 C_1D,完成了返回行程。返回行程所用的时间 $t_2=(180°-\theta)/\omega_1$,摇杆上 C 点的平均速度 $v_2=\overset{\frown}{C_2C_1}/t_2$。因为 $(180°+\theta)>(180°-\theta)$,即 $t_1>t_2$,所以摇杆的 $v_2>v_1$。这种当主动件做等速转动时,<u>做往复运动的从动件在返回行程中的平均速度大于工作行程的平均速度的特性,称为急回特性。</u>

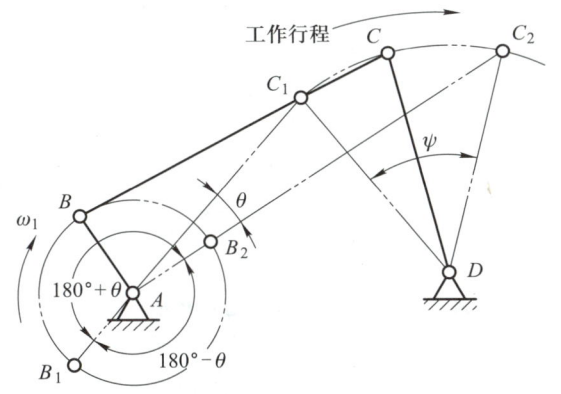

图 9-21 曲柄摇杆机构的急回特性分析

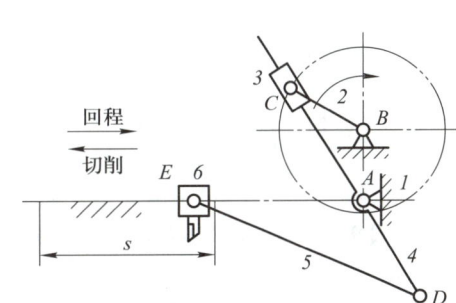

图 9-22 刨床切削加工

急回的程度,可用 v_2 和 v_1 的比值 K 来表达,K 称为行程速度变化系数,即

$$K=v_2/v_1=(\overset{\frown}{C_2C_1}/t_2)/(\overset{\frown}{C_1C_2}/t_1)=t_1/t_2=(180°+\theta)/(180°-\theta)$$

可见,行程速度变化系数与 θ 的大小有关,<u>θ 是从动件(摇杆)处于两极限位置时,对应主动件(曲柄)的一个位置与另一个位置之间所夹的锐角,称为极位夹角。当 $\theta>0°$ 时,$K>1$,机构具有急回特性;当 $\theta=0°$ 时,$K=1$,机构无急回特性;θ 越大,急回特性越明显,但机构的传动平稳性下降。</u>

急回特性在工程上的应用有三种情况:第一种情况是工作慢速前进,以利于切削、冲压等工作进行,如图 9-22 所示的刨床切削加工,回程时快速返回,有利于提高生产率;第二种情况是正、反行程均在工作,无急回要求,如图 9-23 所示印染中布匹的定折机构,这时 $K=1$;第三种情况是某些要求快进慢退的机构,如用于矿山破碎矿石的颚式破碎机,要求颚板快进慢退,使被破碎的矿石能及时退出颚板,避免矿石破碎过细,这时 $K<1$。

例 9-2 图 9-24 所示为牛头刨床的导杆机构,已知机架 $l_{AB}=700$ mm,曲柄 $l_{BC}=350$ mm。试求:(1)滑枕 6 的行程速度变化系数 K 为多少?

(2)若要求 $K=1.4$,则曲柄的长度应调整为多少?

解:摆动导杆由左极限位置 AC_2 到右极限位置 AC_1,又回到 AC_2 往返一次,即为滑枕 6 往

返一次。因此,摆动导杆机构的行程速度变化系数即为滑枕的行程速度变化系数 K。由图中细双点画线可知,极位夹角 θ 等于摆角 ψ。所以

(1) $\sin(\psi/2) = l_{BC}/l_{AB} = 350/700 = 0.5$

$$\psi/2 = 30°, \quad \theta = \psi = 60°$$

$$K = (180° + \theta)/(180° - \theta) = (180° + 60°)/(180° - 60°) = 2$$

(2) 由上式变换得

$$\theta = 180°(K-1)/(K+1) = 180° \times (1.4-1)/(1.4+1) = 30°$$

$$l_{BC} = l_{AB}\sin(\psi/2) = 700 \times \sin(30°/2)\ \text{mm} \approx 181.2\ \text{mm}$$

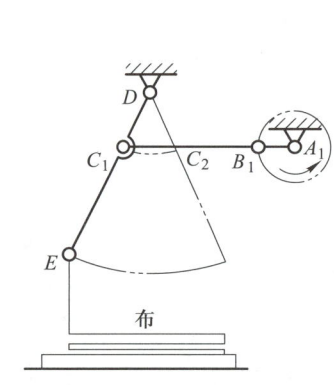

图 9-23　印染中布匹的定折机构

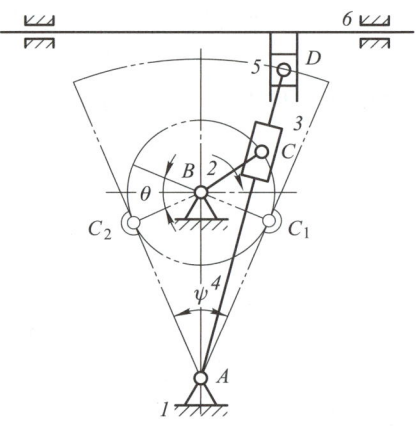

图 9-24　牛头刨床的导杆机构

2. 传力特性

(1) 压力角与传动角

如图 9-25 所示的曲柄摇杆机构中,主动件曲柄经连杆传递到从动件摇杆上 C 点的力 F,与受力点运动速度 v_C 之间所夹的锐角 α,称为机构在该位置的压力角。压力角 α 的余角 γ 称为传动角。压力角 α 和传动角 γ 在机构运动过程中是变化的。

显然,压力角 α 越小或传动角 γ 越大,分解到推动摇杆的有效分力也越大,对机构的传动越有利;反之,压力角 α 越大或传动角 γ 越小,分解到推

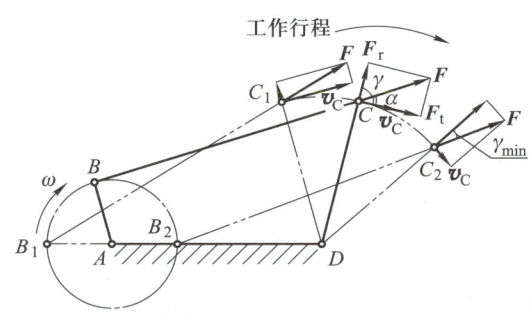

图 9-25　曲柄摇杆机构的传力特性分析

动摇杆的有效分力也越小,而对摇杆的有害压力也越大,从而加剧磨损,降低了机构的效率。因此,压力角 α 不能太大或传动角 γ 不能太小,规定工作行程中的最小传动角 $\gamma_{\min} \geqslant 40° \sim 50°$。

最小传动角出现在曲柄与机架两次共线位置之一。

(2) 死点位置

如图 9-21 所示的曲柄摇杆机构中,如果取摇杆作为主动件、曲柄作为从动件,当摇杆在左、右两个极限位置时,连杆与曲柄共线,通过连杆施加于曲柄的作用力正好经过曲柄的转动中心, AB_1C_1 或 AB_2C_2 共同在一条直线上,连杆对曲柄 A 点的推动力矩为零,无法使曲柄转动,出现

顶死现象,使整个机构处于静止状态,机构的这种位置称为死点位置。为了使机构可以顺利地通过死点,可以在曲柄上安装飞轮,利用转动惯性闯过死点位置,或用错位的方法来克服死点位置。

死点位置会对运动产生不利的效果,但是也可以利用死点位置来满足工程上一些特殊的用途,如飞机起落架(图9-26)、折叠式家具的固定、夹具等机构,利用死点位置以得到可靠的工作状态。

如图9-27所示的拉铆机,是利用两手柄向内靠拢使 ABC 和 $A'B'C'$ 接近成为直线时,使拉杆产生很大的向下拉力来拉断并固定铆钉的。这是由于机构在死点位置时,构件的速度接近于0,可获得很大的增力效果。

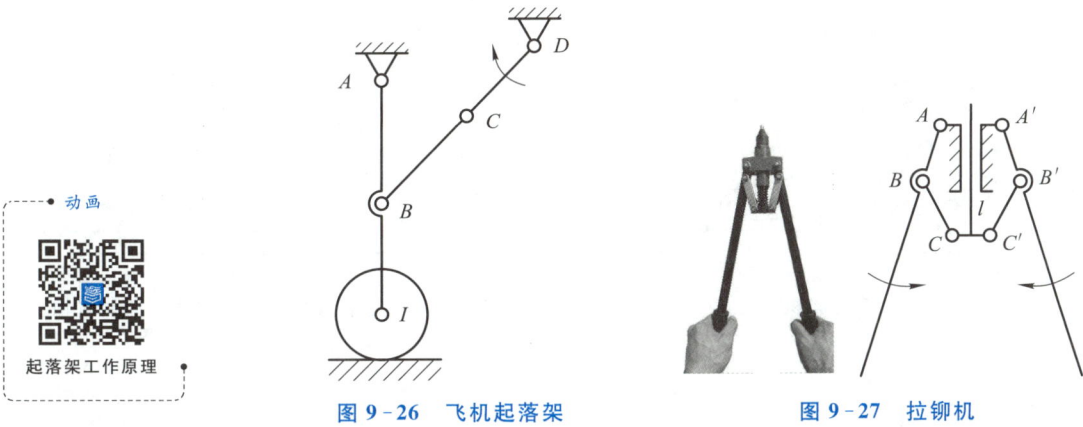

图 9-26 飞机起落架   图 9-27 拉铆机

动画
起落架工作原理

二、曲柄摇杆机构的演化

1. 曲柄滑块机构

在图9-14a所示的曲柄摇杆机构中,摇杆的长度越长,摇杆到左、右极限位置时的摇动夹角就变得越小。当摇杆的长度为无限长时,摇杆的左、右极限位置的夹角将变成零,摇杆的摇动变成了滑动,曲柄摇杆机构将转化成曲柄滑块机构,如图9-28所示。

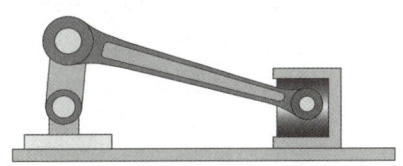

图 9-28 曲柄滑块机构

曲柄滑块机构按曲柄转动中心与滑块的导路是否在同一条直线上,分为对心曲柄滑块机构和偏心曲柄滑块机构两种,如图9-29所示。

动画
曲柄滑块机构

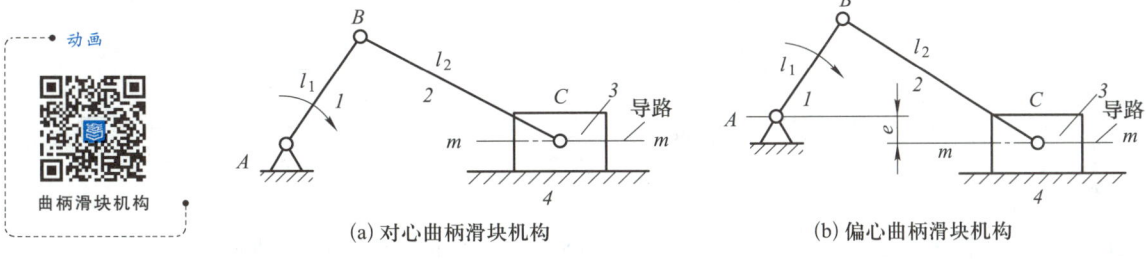

(a) 对心曲柄滑块机构   (b) 偏心曲柄滑块机构

1—曲柄;2—连杆;3—滑块;4—机架。

图 9-29 对心与偏心曲柄滑块机构

2. 偏心轮机构

在图 9-14a 所示的曲柄摇杆机构中,如果曲柄的长度较短,则常用一个偏心轮作为曲柄,取偏心轮的几何中心和轮上任意点分别作为曲柄的两个转动副,成为如图 9-30 所示的偏心轮机构。

此外,随着取曲柄滑块机构中不同的杆件作为机架,可以演化成多种带有一个移动副的四杆机构,如牛头刨床上的导杆机构、汽车吊车起吊时的曲柄摇块机构(图 9-31)、直动滑块机构等。

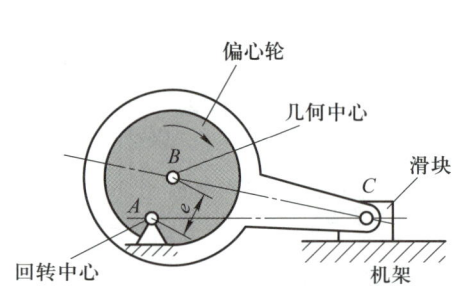

图 9-30   偏心轮机构

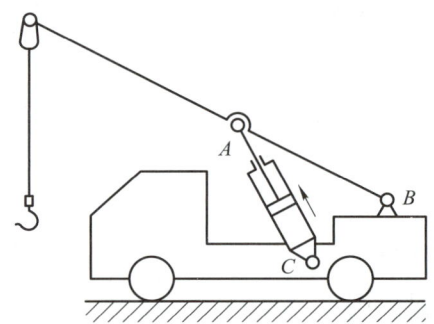

图 9-31   汽车吊车起吊时的曲柄摇块机构

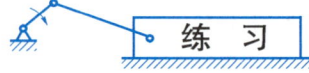

1. 机器与机构、零件与构件有何异同点?

2. 铰链四杆机构有哪三种形式,杆件的长度与取哪个构件作为机架与机构的形式有何关系?

3. 铰链四杆机构有何运动特性? 出现死点的前提条件是什么?

4. 列举偏心轮和曲柄滑块机构在实践或汽车中的应用。

5. 如图 9-32 所示的铰链四杆机构中,各杆件的长度如图中所注,分别取 a、b、c、d 为机架,可以得到哪些不同的机构?

6. 图 9-22 所示的刨床切削加工机构是否具有急回特性? 如果 $l_{AB} = 250 \text{ mm}$,$l_{BC} = 500 \text{ mm}$,则行程速比系数 K 为多少?

7. 标注图 9-33 所示的各种机构在图示位置的压力角和传动角。

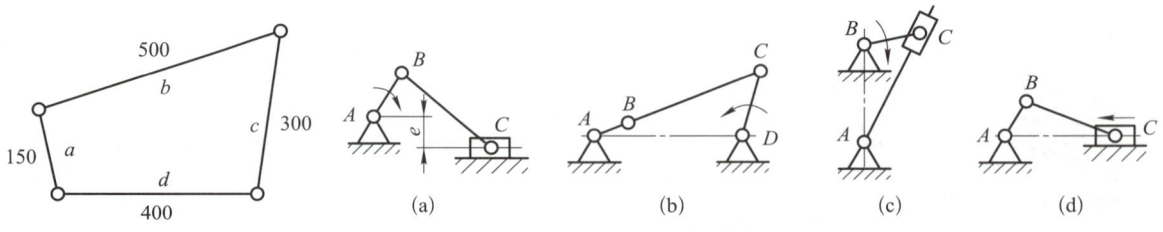

图 9-32   铰链四杆机构

(a)   (b)   (c)   (d)

图 9-33   标注机构压力角和传动角

8. 分析图 9-11 所示的单缸内燃机的曲柄滑块机构,设曲柄 $l_{AB} = 40 \text{ mm}$,连杆 $l_{BC} = 150 \text{ mm}$,求:(1) 活塞的行程为多少?(2) 机构是否存在死点位置?

第十章

凸轮机构

凸轮机构是由具有一定轮廓形状的凸起或凹槽的凸轮、从动件和机架组成的高副机构。其作用是将凸轮的连续匀速转动或移动转换成从动件的非匀速的往复移动或摆动。从动件的运动规律取决于凸轮轮廓的外部形状。凸轮机构在各种机械、仪器、控制装置和汽车中都得到了广泛的应用。

第1节　凸轮机构的组成与类型

一、凸轮机构的组成与运动特点

1. 凸轮机构的组成

凸轮机构由凸轮、从动件和机架三个构件组成。如图 10-1 所示的汽车内燃机的凸轮配气机构，具有曲线外轮廓形状的凸轮做匀速转动时，其轮廓将迫使从动件气门杆做断续往复移动，从而控制气门有规律地开启和关闭，使可燃物质进入气缸或排出废气。将具有特殊外轮廓曲线形状的构件称为凸轮，与凸轮始终保持直接接触的气门杆称为从动件，机架为凸轮与从动件的支承固定件。凸轮、从动件和机架组合成凸轮机构。

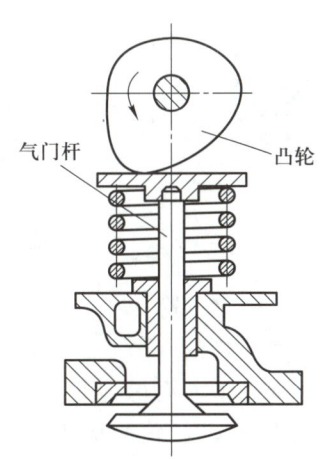

气门杆　凸轮

图 10-1　汽车内燃机的凸轮配气机构

2. 凸轮机构的运动特点

相比组成铰链四杆机构至少需要四个构件来说，凸轮机构具有构件数少、结构紧凑的特点。但由于凸轮与从动件之间接触处为点、线状的高副连接，接触的面积小、压强大，容易磨损，所以凸轮机构只能应用于传递功率不大的自动机械、仪表以及自动控制装置中，不适合在重载荷的条件下工作。

凸轮机构从动件的位移、速度、加速度随凸轮转角的变化而变化，变化的规律是由凸轮轮廓的形状、凸轮的尺寸决定的。凸轮机构可以实现从动件的多种运动规律，它主要用于转换运动的形式，可以把凸轮的转动变换成从动件连续的或间歇的往复移动或摆动，或者将凸轮的移动变换成从动件的移动或摆动。

动画

配气机构示意

二、凸轮机构的类型

凸轮机构的类型很多，通常可按凸轮和从动件的形状及运动形式来分类。

1. 按凸轮的外部形状分类

（1）盘形凸轮

盘形凸轮是凸轮的基本形式,盘形凸轮是一个绕固定轴转动且径向尺寸变化的盘形构件,其轮廓曲线位于凸轮的外缘边处,盘形凸轮轮廓边缘上各点到转动中心轴的距离不相等。当凸轮做匀速转动时,从动件随着凸轮轮廓向径的变化而上下移动。盘形凸轮的结构简单,应用最广泛,如图 10-2 所示。由于盘形凸轮的径向尺寸变化受到传动的压力角限制,从动件的行程不可能太大,所以盘形凸轮机构多用于行程较短的场合。如图 10-1 所示的汽车配气凸轮机构的凸轮就是典型的盘形凸轮。

盘形凸轮应用的实例很多,如常见的皮鞋补鞋机的手摇轮为双盘形凸轮机构;如图 10-3 所示的塑料窗口开关的凸轮机构,图中黑色拨销的圆弧边缘上轮廓的各点到转轴中心的距离不等,中心右侧的距离短,中心左侧的距离长。当拨销做顺时针转动时,中心距离长的向径进入另一门窗的挂钩中,将两扇门窗紧紧地连接在一起。

动画

盘形凸轮

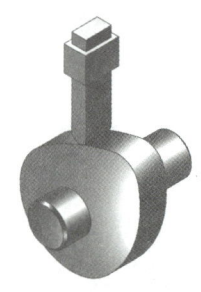

图 10-2　盘形凸轮

图 10-3　塑料窗口开关的凸轮机构

（2）移动凸轮

移动凸轮的外形呈板状,又称板状凸轮,如图 10-4 所示。移动凸轮实际上是将盘形凸轮从中心展开成平面而得到的。移动凸轮沿左右直线运动时,从动件沿竖直方向上下移动。与盘形凸轮相比,移动凸轮的从动件位移距离可以比盘形凸轮大一些。

在日常生活中,电子配钥匙机就是应用移动凸轮的原理制成的,如图 10-5 所示。原装钥匙的齿形相当于移动凸轮,触头相当于从动件。触头随齿形上下移动带动转动的碗形刀具也做上下移动,同时还按钥匙的齿形做左右移动,切削出一个同样齿形的新钥匙。

动画

移动凸轮

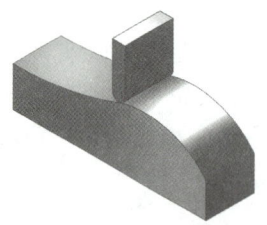

图 10-4　移动凸轮

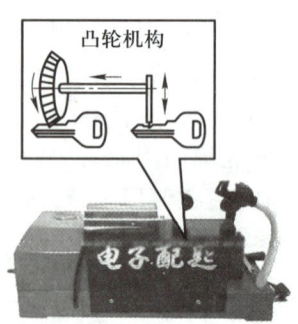

图 10-5　电子配钥匙

（3）圆柱凸轮

圆柱凸轮是一个具有曲线凹槽的圆柱形构件,可以看成是将移动凸轮卷曲而得来的,如图10-6所示。与其他凸轮所不同的是,圆柱凸轮属于空间凸轮,从动杆的移动方向与圆柱凸轮的轴向平行。

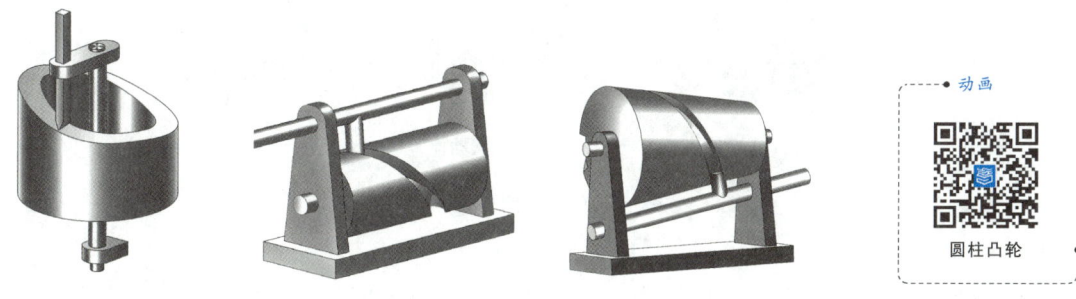

• 动画

圆柱凸轮

图 10-6　圆柱凸轮

图10-7所示为车床主轴箱里的变速操作机构,转动手柄 1 时,具有两条曲线沟槽 a、b 的构件 2 一起转动。摆杆 3 和 8 各有一个销分别插在两条沟槽内,沟槽各处的轴向位置不同,圆柱凸轮构件 2 转动时带动摆杆 3 和 8 在一定的范围内摆动,通过拨叉 4 和 7 分别拨动三联齿轮 5 和双联齿轮 6 在花键轴上滑动,使不同的齿轮进入啮合,以改变主轴的转速。

在自动化机床的传动装置中,圆柱凸轮 1 可应用于刀架的自动进给,如图10-8所示。调整从动件摆杆 2 的长度,可以改变刀架的移动距离。

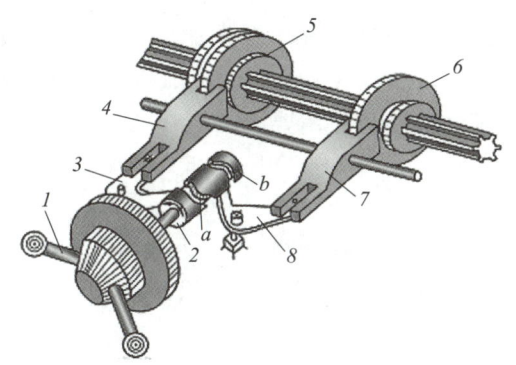

图 10-7　车床主轴箱里的变速操作机构

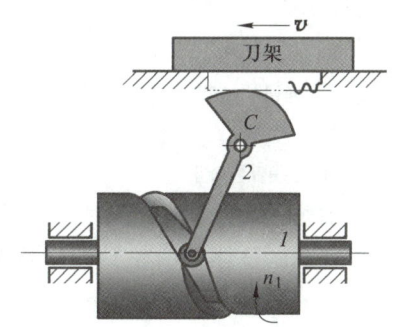

图 10-8　刀架的自动进给凸轮机构

2. 按从动件的端部形状分类

（1）尖顶从动件

从动件的顶部为尖形,如图 10-9a 所示,与盘形凸轮成尖点接触,结构简单、紧凑。但点接触的压强大,承受载荷小,容易磨损,只能用于轻载、低速的场合。

（2）滚子从动件

从动件的顶端装有滚子,如图 10-9b 所示,与盘形凸轮之间形成滚动接触,摩擦小,转动灵活,可传递较大的力,应用最为广泛。

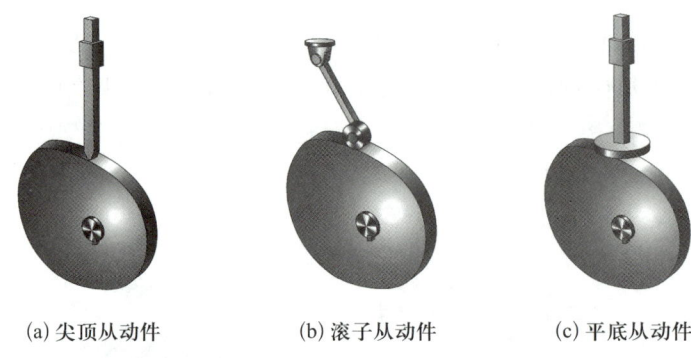

(a) 尖顶从动件   (b) 滚子从动件   (c) 平底从动件

图 10-9   从动件的端部形状

（3）平底从动件

从动件的顶端做成较大的平底，如图 10-9c 所示，与盘形凸轮之间形成平底接触，在接触处容易形成油膜，润滑较好，磨损小，适用于高速场合，如汽车内燃机的进出气阀门杆端部与凸轮曲轴的接触采用平底结构。

3. 按从动件的运动形态分类

（1）从动件做往复直线运动，如图 10-9a 所示。

（2）从动件做往复摆动，如图 10-8 所示。

三、凸轮机构的材料和结构

1. 凸轮和滚子的材料

凸轮和滚子的工作表面要有足够的硬度、耐磨性和接触强度，有冲击载荷的凸轮机构还要求凸轮心部有较好的韧性。凸轮和滚子的常用材料有 45、40Cr、20Cr、20CrMnTi，也有用球墨铸铁作为凸轮轴材料的。所有材料都要经过适当的热处理才能满足使用要求。

2. 凸轮的结构

（1）整体式凸轮轴

当凸轮的轮廓与轴的直径相差不大时，将凸轮和轴做成一体的凸轮轴称为整体式凸轮轴，如图 10-10 所示。整体式凸轮轴的结构紧凑，所占的空间小，可减小机器的体积。

动画

凸轮轴

图 10-10   凸轮轴

（2）组合式凸轮

当凸轮的轮廓与轴的直径相差较大时，可将凸轮和轴分别做成零件，然后再紧固连接在一起。连接的方式有螺栓连接、销连接、镶块连接。

凸轮与轴用螺栓连接,如图 10-11 所示。凸轮与轴的相对位置可通过螺栓做调整。

凸轮与轴用销连接,如图 10-12 所示。该连接简单,但凸轮与轴的相对位置不能调整。

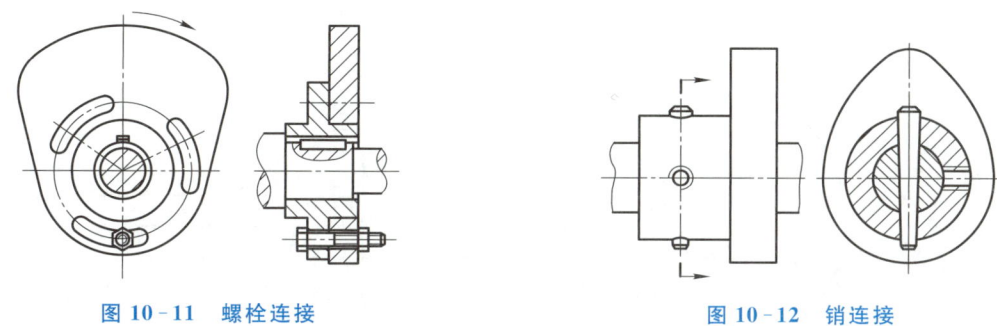

图 10-11　螺栓连接　　　　　　　　　　图 10-12　销连接

镶块式凸轮如图 10-13 所示。在凸轮上做出许多螺纹孔,供镶块灵活地选用固定,这种凸轮可按使用要求变换从动件的运动规律。

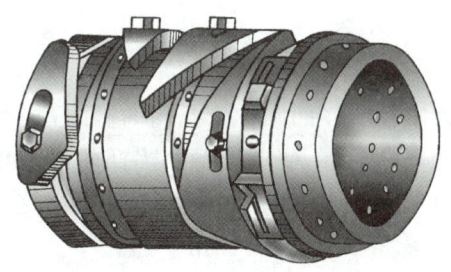

图 10-13　镶块式凸轮

第2节　凸轮机构的运动分析

在凸轮机构中,从动件的运动是由凸轮的轮廓曲线决定的,具有特定轮廓曲线的凸轮能够驱动从动件按照预定的规律运动;反之,从动件的不同运动规律,要求凸轮具有不同的轮廓曲线。因此,设计凸轮机构时,一般根据凸轮机构的工作要求或按照从动件的运动规律要求,来设计凸轮轮廓的曲线。

一、从动件的运动曲线

从动件的运动规律指从动件的位移 s、速度 v 和加速度 a 随时间 t 的变化而变化的规律。当凸轮做匀速转动时,其转角 δ 与时间 t 成正比($\delta = \omega t$),所以,从动件的运动规律也可以用从动件的位移、速度、加速度随凸轮转角的变化而变化的规律来描述,即 $s = s(\delta)$,$v = v(\delta)$,$a = a(\delta)$。通常把从动件的 s、v、a 随 t 或 δ 的变化而变化的直角坐标曲线称为从动件的运动线图,它直观地描述了从动件的运动规律。图 10-14 所示为对心尖顶移动从动件盘形凸轮机构的运动分析。

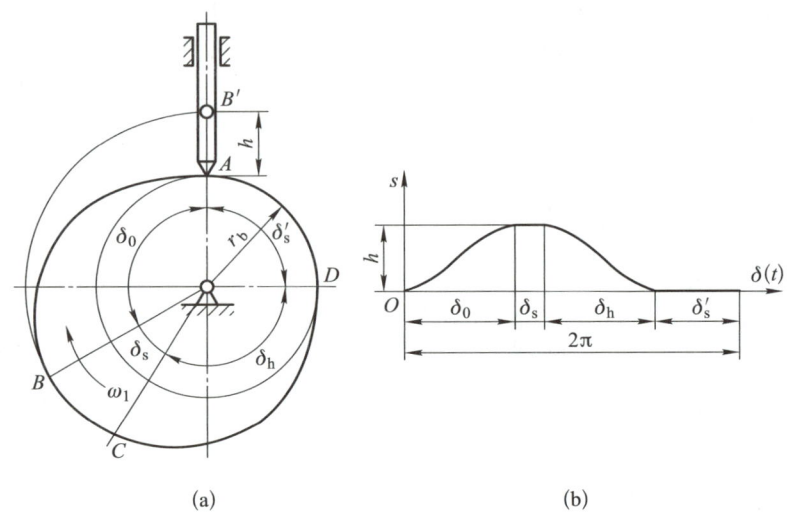

图 10-14　对心尖顶移动从动件盘形凸轮机构运动分析

二、盘形凸轮的运动分析

以凸轮轮廓最小向径 r_b 为半径所作的圆称为凸轮的基圆，r_b 为基圆半径。从动件在图中处于即将上升的起始位置，其尖顶与凸轮在 A 点接触。当凸轮以匀角速度 ω 顺时针转动时，凸轮轮廓 AB 段推动从动件以一定的运动规律上升到最高位置 B'，这个过程称为推程，从动件移动的距离 h 称为升程，对应的凸轮转角 δ_0 称为升程角。

当凸轮继续转过 δ_s 时，凸轮轮廓 BC 段直径不变，故从动件停在最远处不动，相应的凸轮转角 δ_s 称为远休止角；当凸轮继续转过 δ_h 时，凸轮轮廓 CD 段向径逐渐减小，从动件在重力或弹簧力的作用下，紧密接触凸轮轮廓，以一定的运动规律回到起始位置，这个过程称为回程，角 δ_h 称为回程角。

当凸轮继续转过 δ_s' 时，凸轮轮廓 DA 段直径不变，因此从动件停留在起始位置不动，凸轮转角 δ_s' 称为近休止角。当凸轮继续转动时，从动件又重复上述运动。以直角坐标系的横坐标表示时间 t 或凸轮转角 δ，以纵坐标表示从动件位移 s，以从动件的初始位置作为位移的零点，作出图 10-14b 所示的 s-δ 线图，称为从动件的位移线图。

三、从动件的基本运动规律

从动件的升程和回程中的运动规律很多，常用的有等速运动规律、等加速等减速运动规律、简谐（余弦加速度）运动规律、摆线（正弦加速度）运动规律等。这里仅介绍其中两种运动规律。

1. 等速运动规律

当凸轮匀速回转时，从动件上升或下降的速度为一常数，这种运动规律称为等速运动规律。设凸轮的升程角为 δ_0，从动件的升程为 h，升程时间为 t_0，则推程时从动件的运动方程可表示为

$$s = \frac{h}{\delta_0} \delta$$

$$v = \frac{h}{\delta_0}\omega$$

$$a = 0$$

注意：回程时从动件的速度为负值。同理可以推导出回程时从动件的运动方程。根据公式作出从动件在推程时的运动线图，如图 10-15 所示。

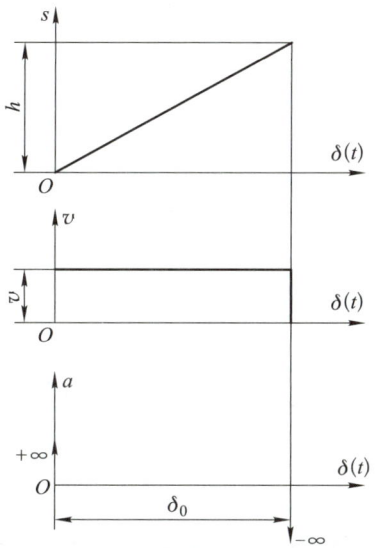

图 10-15　等速运动规律从动件推程的运动线图

2. 等加速-等减速运动规律

从动件在一个升程 h 中，前半段做等加速运动，后半段做等减速运动，其加速度的绝对值相等且为一常数，这种运动规律称为等加速-等减速运动规律，可以推导出推程时的运动方程：

（1）等加速段（$0 \leqslant \delta \leqslant \frac{\delta_0}{2}$）

$$s = \frac{2h}{\delta_0^2}\delta^2$$

$$v = \frac{4h\omega}{\delta_0^2}\delta$$

$$a = \frac{4h\omega^2}{\delta_0^2}$$

（2）等减速段（$\frac{\delta_0}{2} \leqslant \delta \leqslant \delta_0$）

$$s = h - \frac{2h}{\delta_0^2}(\delta_0 - \delta)^2$$

$$v = \frac{4h\omega}{\delta_0^2}(\delta_0 - \delta)$$

$$a = -\frac{4h\omega^2}{\delta_0^2}$$

根据上面的公式可以作出从动件推程的等加速-等减速运动线图,如图 10-16 所示。

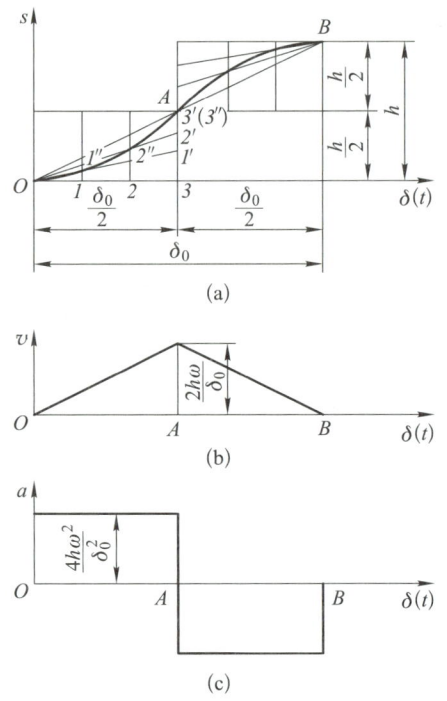

图 10-16　等加速-等减速规律从动件推程的运动线图

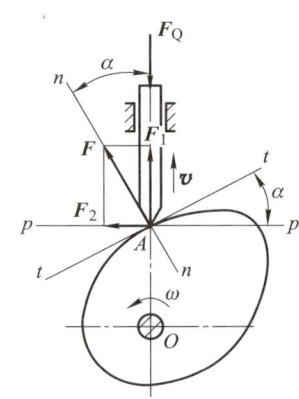

图 10-17　压力角与凸轮机构的传力特性

四、凸轮机构的传力特性

1. 压力角的选择

图 10-17 所示为一尖顶对心移动从动件盘形凸轮机构在某个位置的受力情况,如果不考虑摩擦,凸轮给予从动件的推力 F 应沿着接触点 A 的公法线 nn 方向,它与从动件在该点的速度 v 的方向所夹的锐角 α 称为凸轮在 A 点的压力角。在工作过程中,从动件与凸轮轮廓上各点接触时,因为从动件所受的推力 F 的方向是变化的,所以凸轮轮廓上各点的压力角也是不同的。

推力 F 可以分解为沿从动件速度方向的分力 F_1 和垂直于速度方向的分力 F_2。其中,

$F_1 = F\cos\alpha$（推动从动件运动的有效分力）

$F_2 = F\sin\alpha$（增大摩擦力的有效分力）

显然,α 越小,F_1 越大,F_2 越小,传力性能越好;反之,α 越大,F_1 越小,F_2 越大,导路中的侧压力越大,摩擦阻力越大,凸轮转动越困难。当压力角 α 增大到一定程度,有效分力不足以克服摩擦阻力时,无论凸轮对从动件的推力有多大,从动件都不能运动,这种现象称为自锁。

由以上分析可以看出,从改善传力特性、提高效率的角度出发,希望压力角越小越好。但是压力角越小,则凸轮基圆半径越大,从而使机构尺寸增大。因此,从使机构尺寸紧凑的角度考虑,希望压力角越大越好。通常希望凸轮机构既有较好的传力特性,又具有紧凑的结构尺寸。压力角的一般选用原则为:在传力许可的条件下,尽量选取较大的压力角。为了使机构能顺利地工作,规定了压力角的许用值 $[\alpha]$,应使 $\alpha \leqslant [\alpha]$。根据实践经验,推程的许用压力角:移动从动件

$[\alpha]\leqslant 30°$,摆动从动件$[\alpha]\leqslant 45°$。回程时,传力已不是主要问题,而主要考虑减小凸轮尺寸,可取$[\alpha]\leqslant 70°\sim 80°$。

2．基圆半径的选择

从动件运动规律相同时,对应点的压力角α与基圆半径r_b等因素有关。如图 10-18 所示,基圆半径较大的凸轮对应点的压力角较小,传力性能好,但结构尺寸较大;基圆半径较小的凸轮结构尺寸比较紧凑,但对应点的压力角较大,传力性能较差,容易引起自锁。

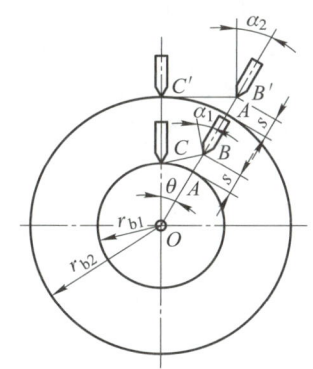

图 10-18　基圆半径与压力角的关系

第3节　盘形凸轮轮廓曲线的绘制

以对心尖顶从动件盘形凸轮为例,说明凸轮轮廓曲线的绘制方法。设已选定从动件运动规律为:从动件升程为匀速运动,升程角为δ_0,升程为h,远休止角为δ_s;回程为等加速-等减速运动,回程角为δ_h,近休止角为δ_s',如图 10-19 所示。凸轮轮廓的绘制步骤如下:

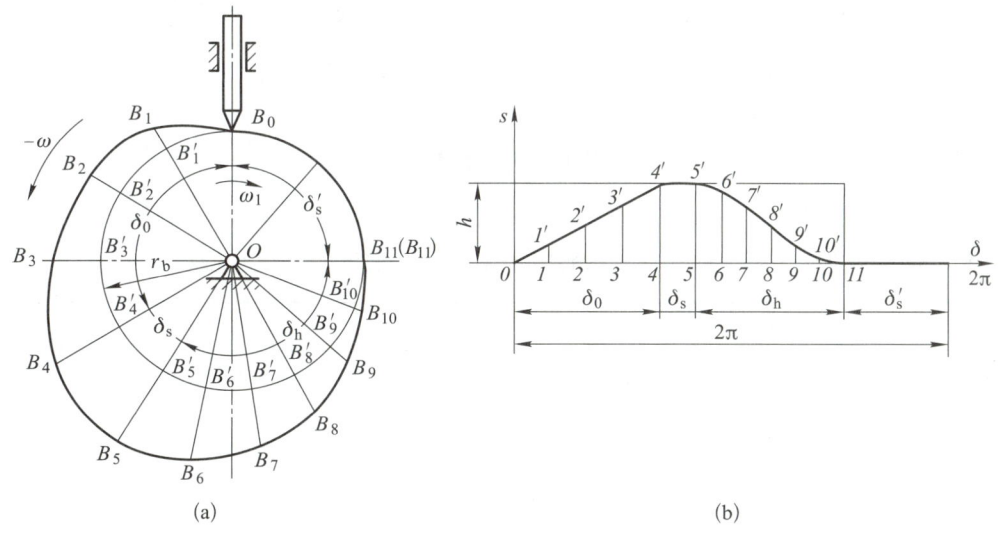

(a)　　　　　　　　　　　　　　　(b)

图 10-19　对心尖顶从动件盘形凸轮轮廓曲线的绘制

（1）确定凸轮回转方向和基圆半径。设 ω 为顺时针转动，基圆半径为 r_b。

（2）选长度比例尺 μ（m/mm），作出从动件位移线图，如图 10-19b 所示。

（3）将位移曲线上的升角 δ_0 和回程角 δ_h 各分成若干等份 1、2、$3\cdots$，过各等分点作垂线，分别与位移曲线相交于 $1'$、$2'$、$3'\cdots$，则 $11'$、$22'$、$33'\cdots$ 就是从动件对应于凸轮各转角的位移。

（4）用同样的长度比例尺 μ（m/mm），以 O 为圆心、r_b 为半径作基圆，如图 10-19a 所示，基圆与从动件的交点 B_0 就是从动件尖顶的初始位置。

（5）从 OB_0 开始，沿 $-\omega$ 的方向取角度 δ_0、δ_s、δ_h、δ_s'，并将它们各自分成与位移曲线相同的等份，得各等分点 B_1'、B_2'、$B_3'\cdots$，连接 OB_1'、OB_2'、$OB_3'\cdots$，并延长得各径向线。

（6）在各径向线上量取 $B_1'B_1 = 11'$，$B_2'B_2 = 22'$，$B_3'B_3 = 33'\cdots$ 得 B_1、B_2、B_3 等点，将 B_0、B_1、B_2、$B_3\cdots$ 各点连接成光滑曲线，即得到所要求的凸轮轮廓曲线。

练 习

1. 凸轮机构有哪些优点？有哪些类型？

2. 从动杆常用的运动规律有哪几种？为什么加速度对凸轮机构的影响最大？

3. 内燃机凸轮机构从动杆的端部结构是什么形式的？选择这种形式有何优点？

4. 如图 10-20 所示，在图中作出接触点 A 的压力角。

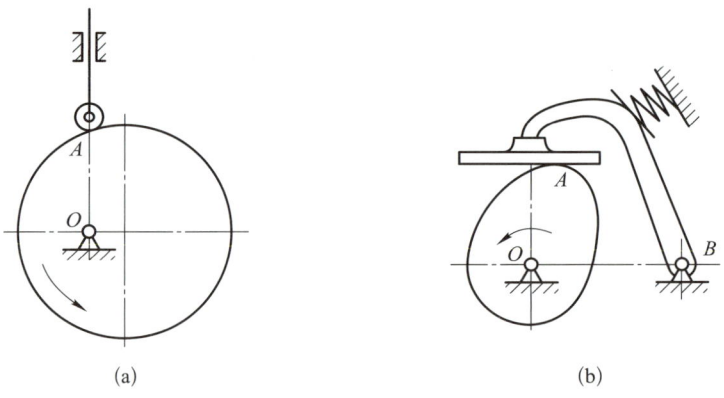

| (a) | (b) |

图 10-20　题 4 图

5. 在对心尖顶直动从动杆盘形凸轮机构中，凸轮的基圆半径 $r_b = 40$ mm，凸轮按逆时针方向转动，其运动规律如下表，试作出从动杆的运动规律曲线，并画出凸轮的轮廓。

凸轮转角（φ）	0°～90°	90°～150°	150°～240°	240°～360°
从动杆位移（s）	等速上升 40 mm	停留不动	等加速等-减速下降到原处	停留不动

第十一章

常用连接

　　所有的机械设备都是由许多零部件按确定的方式连接而成的,汽车也不例外。汽车上常用连接的类型很多,主要有键连接、销连接、螺纹连接和弹性连接。

　　按连接零件在工作中的相对位置是否变化,将连接分为动连接和静连接两种。动连接是指组成连接的零件在工作中的相对位置发生变化的连接,静连接是指组成连接的零件在工作中的相对位置不发生变化的连接。

　　按连接零件时是否经常拆卸将连接分为可拆卸连接和不可拆卸连接两种。可拆卸连接是指拆卸时不破坏连接关系,连接件可重复使用;不可拆卸连接是指拆卸时必须破坏连接关系,连接件不可重复使用。

第1节　键连接与销连接

　　键、花键与销是汽车上常用于机械零件的连接件。其作用都是连接两个被连接件,并传递运动和动力,有时也应用于轴上零件起导向作用。

　　常用的键连接与销连接如图11-1所示。键连接传递的扭矩比销连接传递的扭矩大,所以键连接比销连接的应用广泛。

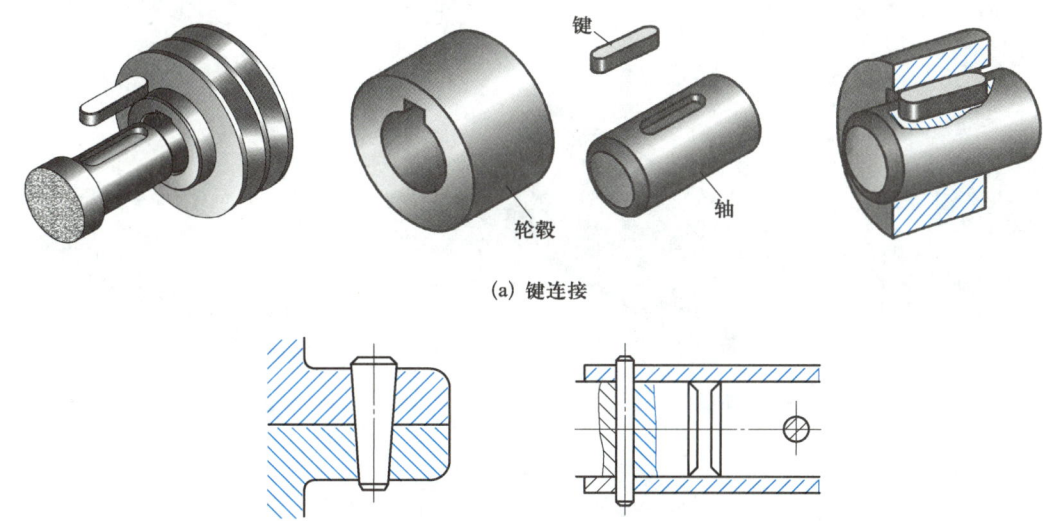

(a) 键连接

(b) 销连接

图 11-1　键连接与销连接

一、键连接

(一) 键连接的类型

1. 普通平键

图 11-2 所示为普通平键,其特点是靠键的两个侧面来传递扭矩。按两端形状不同,普通平键分为 A、B、C 三种类型。A 型普通平键的两端呈圆形,适用于轴的中间位置;B 型普通平键的两端呈方形,适用于轴的端部位置,电机轴端常采用 B 型普通平键连接;C 型普通平键的一端呈方形,另一端呈圆形,应用较少。

普通平键一般由优质碳素结构钢制成,常选用 45 钢。

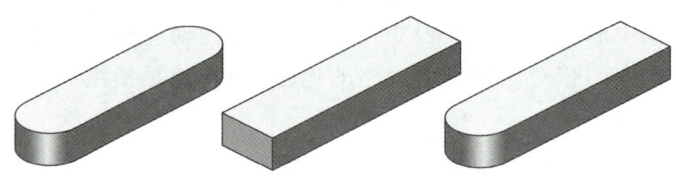

图 11-2　普通平键

2. 花键

花键是在轴上直接做出多个均匀的普通平键,如图 11-3 所示。花键连接具有轴径小、传递扭矩大、轴与轴上传动零件的对中性好等优点,在汽车上得到了广泛的应用。花键齿的形状有矩形和渐开线形,矩形花键常应用在机床上,渐开线形花键较多地应用在汽车传动上。

3. 导向平键

平键的长度比轴上的轮毂长度大得多,平键用螺钉固定在轴上,轮毂可以在键上自由滑移,平键起导向作用,称为导向平键,如图 11-4 所示。导向平键一般应用于轴上零件需要轴向位移,但对对中性要求不严格的场合。

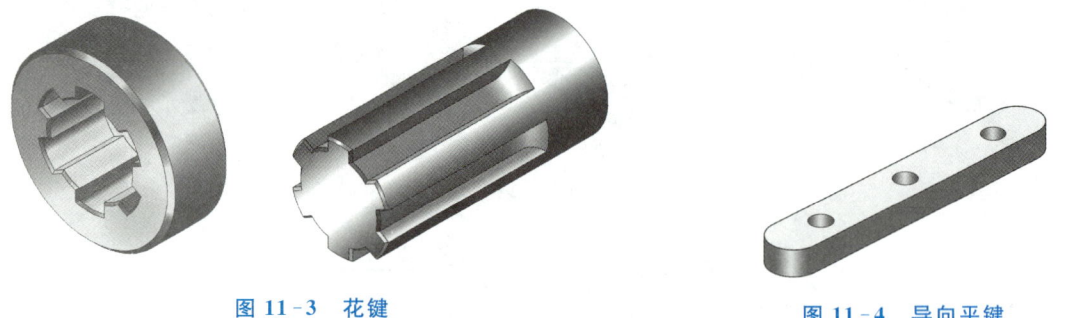

图 11-3　花键

图 11-4　导向平键

4. 半圆键

半圆键的上表面与 B 型普通平键相同,底面呈半圆柱形,半圆柱面可以在轴上的键槽内滑动。半圆键的安装比较方便,但是轴上键槽的深度较大,对轴的强度有所削弱,如图 11-5 所示。半圆键一般应用于轴端的轮毂与轴的连接。

5. 楔键

楔键的上表面有 1∶100 的斜度，安装后楔键的上、下表面与轴、轮毂紧密接触，两侧面有间隙，轴与轮的对中性较差，如图 11-6 所示。楔键连接一般应用于载荷冲击较大，但对中性要求不高的重型机械中。

图 11-5 半圆键

图 11-6 楔键

（二）普通平键的选用

普通平键的选用步骤如下：

（1）根据键连接的工作要求和使用特点，选择键连接的类型。

（2）键的截面尺寸 $b \times h$ 可查阅《机械设计手册》，重要的传动轴应通过强度计算确定。

（3）根据轮毂的长度 L_1 选择键长 L，静连接取 $L = L_1 - (5 \sim 10) \text{mm}$，动连接还要计算移动距离。键长 L 应符合表 11-1 中标准长度系列。

（三）普通平键连接的失效形式与强度验算

普通平键连接工作时的受力情况如图 11-7 所示，键和键槽的侧面受到挤压的作用，键的纵向剖面 $a-a$ 受到剪切作用。实践证明，普通平键连接发生剪断纵向剖面的可能性不会存在，而在正常工作中的主要失效形式是受到挤压时工作表面被压溃；在动连接时的主要失效形式是工作表面磨损。因此，普通平键连接只要满足挤压强度的要求，就不会出现失效的问题。

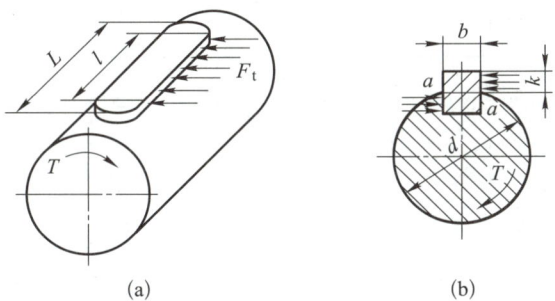

图 11-7 普通平键连接工作时的受力情况

假设轴所传递的扭矩为 T，轴的直径为 d，则作用于平键和键槽两侧面上的压力等于轴上的圆周力 F_t，故

$$F_t = \frac{T}{d/2} = \frac{2T}{d}$$

表11-1　普通平键、导向平键和平键和键槽的剖面尺寸及公差

（摘自国家标准GB/T 1095—2003，GB/T 1096—2003，GB/T 1097—2003）

mm

键			键槽										
			宽度 b					深度				半径 r	
			极限偏差					轴 t_1		毂 t_2			
			松连接		正常连接		紧连接						
b	h	L	轴H9	毂D10	轴N9	毂Js9	轴和毂P9	基本尺寸	极限偏差	基本尺寸	极限偏差	最小	最大
4	4	8～45	+0.030 0	+0.078 +0.030	0 −0.030	±0.015	−0.012 −0.042	2.5	+0.1 0	1.8	+0.1 0	0.08	0.16
5	5	10～56	+0.030 0	+0.078 +0.030	0 −0.030	±0.015	−0.012 −0.042	3.0	+0.1 0	2.3	+0.1 0	0.08	0.16
6	6	14～70	+0.030 0	+0.078 +0.030	0 −0.030	±0.015	−0.012 −0.042	3.5	+0.1 0	2.8	+0.1 0	0.16	0.25
8	7	18～90	+0.036 0	+0.098 +0.040	0 −0.036	±0.018	−0.015 −0.051	4.0	+0.2 0	3.3	+0.2 0	0.16	0.25
10	8	22～110	+0.036 0	+0.098 +0.040	0 −0.036	±0.018	−0.015 −0.051	5.0	+0.2 0	3.3	+0.2 0	0.16	0.25
12	8	28～140	+0.043 0	+0.120 +0.050	0 −0.043	±0.0215	−0.018 −0.061	5.0	+0.2 0	3.3	+0.2 0	0.25	0.40
14	9	36～160	+0.043 0	+0.120 +0.050	0 −0.043	±0.0215	−0.018 −0.061	5.5	+0.2 0	3.8	+0.2 0	0.25	0.40
16	10	45～180	+0.043 0	+0.120 +0.050	0 −0.043	±0.0215	−0.018 −0.061	6.0	+0.2 0	4.3	+0.2 0	0.25	0.40
18	11	50～200	+0.043 0	+0.120 +0.050	0 −0.043	±0.0215	−0.018 −0.061	7.0	+0.2 0	4.4	+0.2 0	0.25	0.40
20	12	56～220	+0.052 0	+0.149 +0.065	0 −0.052	±0.026	−0.022 −0.074	7.5	+0.2 0	4.9	+0.2 0	0.25	0.40
22	14	63～250	+0.052 0	+0.149 +0.065	0 −0.052	±0.026	−0.022 −0.074	9.0	+0.2 0	5.4	+0.2 0	0.40	0.60
25	14	70～280	+0.052 0	+0.149 +0.065	0 −0.052	±0.026	−0.022 −0.074	9.0	+0.2 0	5.4	+0.2 0	0.40	0.60
28	16	80～320	+0.052 0	+0.149 +0.065	0 −0.052	±0.026	−0.022 −0.074	10.0	+0.2 0	6.4	+0.2 0	0.40	0.60

L 系列：20，22，25，28，32，36，40，45，50，56，63，70，80，90，100，110，125，140，160，180，200……

普通平键连接的挤压面积为

$$S = \frac{h}{2}l$$

式中　$h/2$——键与轮毂的接触高度，mm；

　　　l——键与轮毂的接触长度，mm。

l 值因键的型号不同而不同，如图 11-8 所示。对于 A 型普通平键，$l=L-b$；对于 B 型普通平键，$l=L$；对于 C 型普通平键，$l=L-b/2$。

所以得到满足挤压强度的条件为

$$R_{jy} = \frac{F_t}{S} = \frac{\dfrac{2T}{d}}{\dfrac{h}{2}l} = \frac{4T}{dhl} \leqslant [R_{jy}]$$

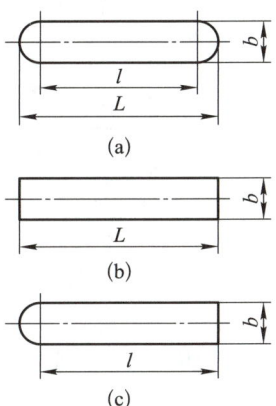

图 11-8　键工作长度计算

式中，$[R_{jy}]$ 为键连接中强度较弱零件的许用挤压强度，金属材料许用强度见表 11-2。

表 11-2　金属材料许用强度　　　　　　　　　　　　　　　　　　MPa

许用值	连接方式	零件材料	载荷性质		
			静载荷	轻微冲击载荷	冲击载荷
$[R_{jy}]$	静连接	钢	125～150	100～120	60～90
		铸铁	70～80	50～60	30～45

例 11-1　图 11-9 所示的钢轴与铸铁带轮采用普通 A 型平键连接，连接处轴径 $d=45$ mm，带轮轮毂长 $L_1=80$ mm，该轴传递的转矩 $T=200$ N·m，载荷有轻微冲击。试选用该键连接。

解：（1）选择键的尺寸

该轴选用普通 A 型平键连接，按表 11-1 选择键的主要尺寸。按 $d=45$ mm，查表得出键宽 $b=14$ mm，键高 $h=9$ mm，键长 $L=80$ mm$-(5\sim10)$ mm$=75\sim70$ mm，故 L 取 70 mm。标记：GB/T 1096 键 $14\times9\times70$。

（2）校核键连接的强度

由表 11-2 查出铸铁材料有轻微冲击时的 $[R_{jy}]=50\sim60$ MPa，钢有轻微冲击时的 $[R_{jy}]=100\sim120$ MPa，取强度较弱者铸铁作为校核条件。

$$R_{jy} = \frac{4T}{dhl} = \frac{4\times200\,000}{45\times9\times(70-14)} \text{ MPa} \approx 35.27 \text{ MPa} < [R_{jy}]$$

所以选用平键的强度足够。

（3）标注键的连接公差

轴上键槽、轮毂键槽公差的标注如图 11-10 所示。

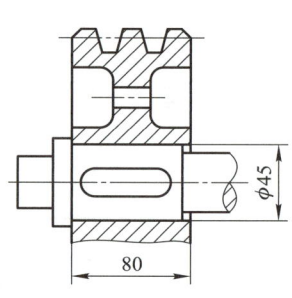

图 11-9　A 型平键连接

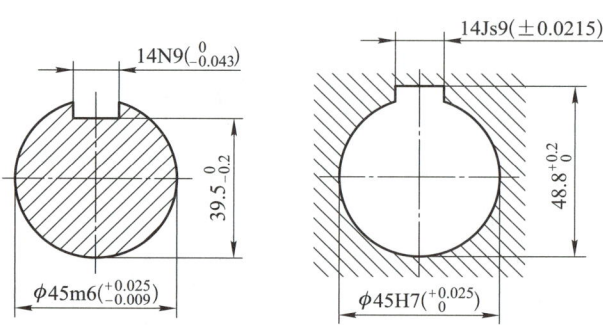

图 11-10　轴上键槽、轮毂键槽公差的标注

（四）普通平键的拆装

普通平键传递动力时两侧不能有间隙，安装前需把键与键槽修配成过渡配合，用锤子或压力机压入；拆卸时一般采用专用拆卸器，如图 11-11 所示。用拆卸器螺杆的中间顶住轴的中心，用力拧动把手，慢慢将轴上的轮毂卸下，再拔出平键。

二、销连接

1. 销连接的类型

销连接只能用于传递不大的力和扭矩，或确定两零件之间的位置。销常用 Q235 或 35 钢制成，可从市场上购买标准件。

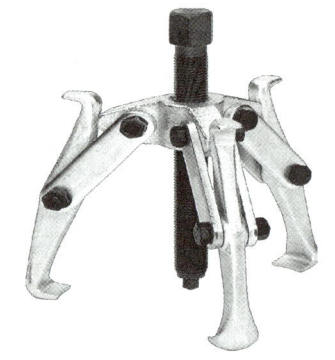

● 动画

机械手

图 11-11　专用拆卸器

（1）定位销

如图 11-1b 左图所示，销的作用是定位上、下零件的位置，为了定位准确，一般选用两个定位销。定位销为圆锥形，标准锥度为 1∶50，且以小端的直径为标准值。

（2）连接销

如图 11-1b 右图所示，圆柱销连接轴与套筒，将运动和扭矩传递给另一根轴。由于圆柱销的断面尺寸较小，故传递的载荷也较小。圆柱销可作为安全保险装置中的过载剪断零件。

常用销的类型、特点和应用见表 11-3。

表 11-3　常用销的类型、特点和应用

类型		图形	标准	特点	应用
圆柱销	圆柱销	末端形状，由制造者确定　≈15°　1)	GB/T 119.1—2000	销孔需铰制，多次装卸会降低定位精度和连接紧密性，只能传递不大的载荷	主要应用于定位，也可以应用于连接

续表

类型		图形	标准	特点	应用
圆柱销	内螺纹圆柱销	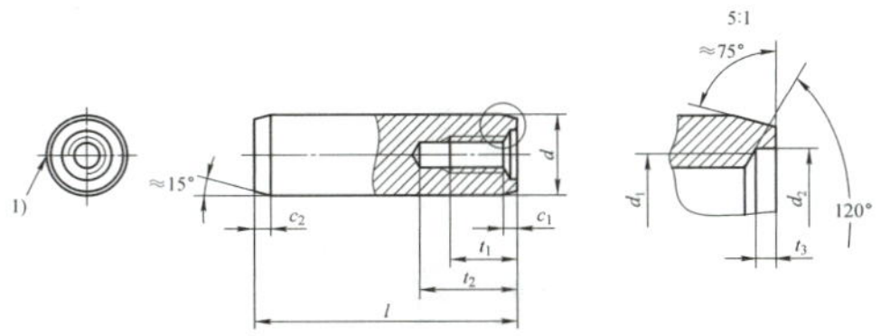	GB/T 120.1—2000	内螺纹供拆卸用	方便拆卸
圆锥销	圆锥销	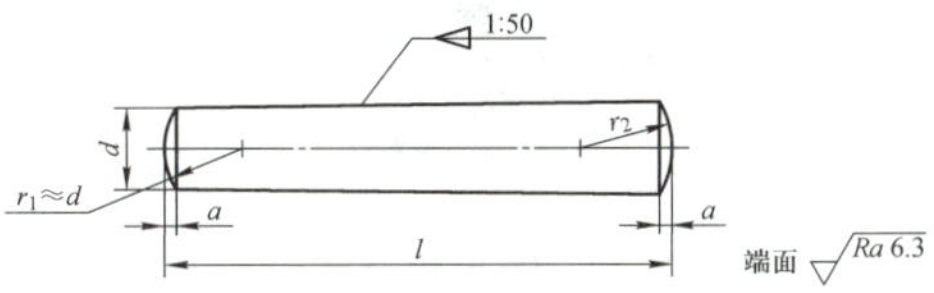	GB/T 117—2000	有 1∶50 的锥度,便于安装,定位精度比圆柱销高。锥孔需铰孔。内螺纹孔供拆卸用	用于定位,适合于经常拆卸的场合
	内螺纹圆锥销	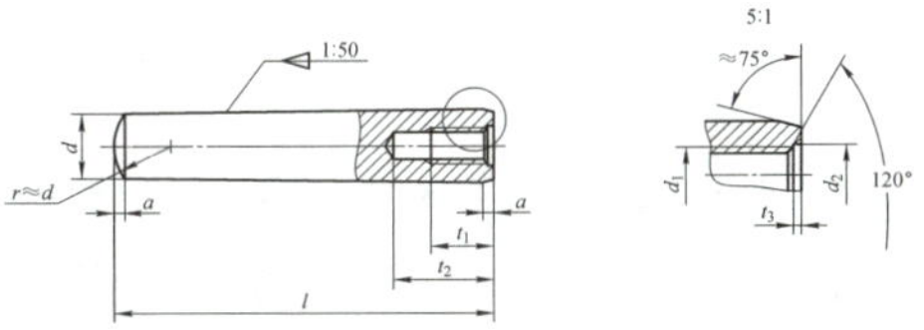	GB/T 118—2000		
开口销		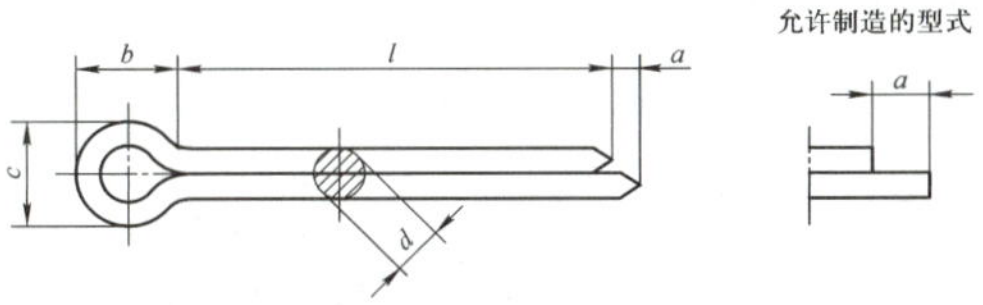	GB/T 91—2000	工作可靠,拆卸方便	用于锁定其他紧固件

2. 销连接的装卸

圆锥销安装前需将两零件固定后一起钻孔,用锥形铰刀铰孔,使圆锥销与零件的连接面充分接触。安装圆锥销应用锤子击紧,使小端与连接件平齐,大端露出连接件。拆卸时应使用小于小端直径的样冲,从小端用力冲入,将圆锥销从大端冲出。

圆柱销安装前需将两零件固定后一起钻孔,用圆柱形铰刀铰孔,保证使圆柱销与零件的连接面成过渡配合状态,然后用锤子击入圆柱销,注意圆柱销不要露出工件表面。拆卸圆柱销的方法与拆卸圆锥销的方法相同。

第2节 螺纹连接

螺纹连接是利用螺纹连接件将两个或两个以上的零件固定起来的连接,是一种常用的可拆卸连接,在汽车等机械制造上应用得非常广泛。

一、螺纹连接的种类

1. 螺栓连接

螺栓的杆部为圆柱形,一端与六角形或圆形头部连成一体,另一端制成普通螺纹,中间段为没有螺纹的圆柱体。连接零件时,螺栓穿过被连接件的通孔,用垫片、螺母把螺栓锁紧,如图 11-12

所示。普通螺栓连接的工件孔径为杆部直径的 1.1 倍,孔径大于杆径,螺栓很容易穿过连接孔,如图 11-12a 所示;铰制孔螺栓连接的被连接工件的孔径与螺栓杆部的直径相等,螺栓穿过连接孔较紧,如图 11-12b 所示。螺栓的头部形状以外六角形和内六角形的形状较多。

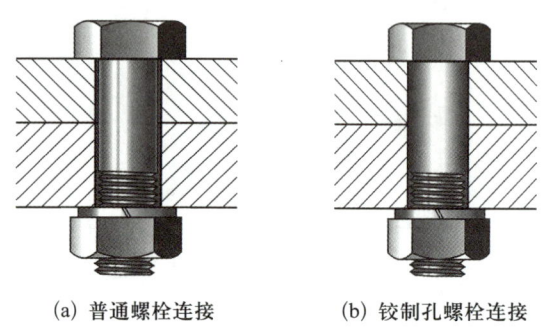

(a) 普通螺栓连接　　　　　(b) 铰制孔螺栓连接

图 11-12　螺栓连接

2. 双头螺柱连接

有些被连接件的厚度较大,不方便做成通孔,则直接在被连接件上做出内螺纹。连接时将螺栓的头部去掉,在螺栓的圆柱体上也做上外螺纹,成为双头螺柱,然后将双头螺柱的一端旋入厚度较大的连接件的内螺纹中,再与另一连接件相连接,如图 11-13 所示。

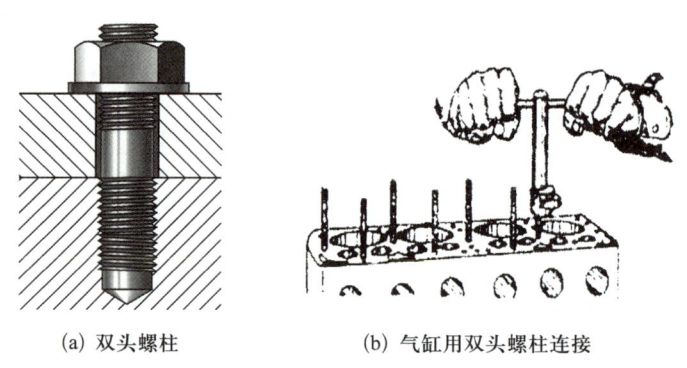

(a) 双头螺柱　　　　　(b) 气缸用双头螺柱连接

图 11-13　双头螺柱连接

3. 螺钉连接

图 11-14 所示为常用螺钉,与螺栓所不同的是,螺钉的杆部全制成普通螺纹,螺钉连接时不必使用螺母,直接穿过被连接工件与另一个被连接件的内螺纹相连接。与螺栓连接相比,螺钉连接的直径较小、长度较长。螺钉头部的形状较多,其中内、外六角形的应用较广。定位螺钉没有螺钉头部,直接在螺纹杆的端部做出一字形沟槽,便于用一字形的螺丝刀拧紧。

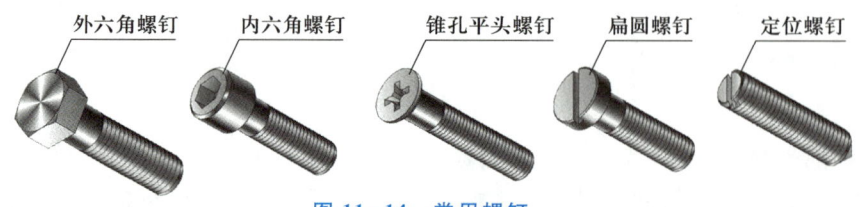

外六角螺钉　　内六角螺钉　　锥孔平头螺钉　　扁圆螺钉　　定位螺钉

图 11-14　常用螺钉

二、螺纹连接的基本知识

1. 螺栓的各部分名称

图 11-15 所示为螺栓的各部分名称。

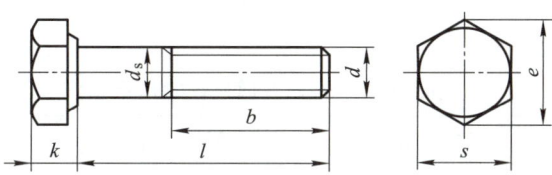

图 11-15　螺栓的各部分名称

（1）螺栓直径 d　即公称直径，指螺栓大径。

（2）螺栓杆径 d_s　指螺栓杆部没有螺纹处的直径。

（3）螺栓长度 l　指螺栓杆部的全长。

（4）螺纹长度 b　指螺栓上螺纹的长度。

（5）螺栓头高度 k　指螺栓头的高度。

（6）螺栓头对角宽度 e　指螺栓头外接圆的直径（角对角长度）。

（7）螺栓头对边宽度 s　指螺栓头内切圆的直径（边对边长度）。

2. 螺纹的牙型与代号

常用普通螺纹的牙型为三角形，牙型角为 $60°$，代号为 M。

管螺纹的牙型也是三角形，但是牙型角为 $55°$，且牙型角的尖顶为圆弧形，保证连接的紧密性，不会出现漏气和漏水现象，代号为 G，G 后面的数字表示管子的通水直径。管螺纹通常用英寸来表示管的直径。

梯形螺纹的牙型为梯形，牙型角为 $30°$，代号为 T。

常见螺纹的牙型见表 11-4。

表 11-4　常见螺纹的牙型

	普通螺纹	管螺纹	梯形螺纹
截面牙型	普通螺纹 $60°$	圆柱管螺纹 $55°$	梯形螺纹 $30°$

3. 普通螺纹的标注

普通螺纹的标注由螺纹代号、螺纹公差带代号和螺纹旋合长度代号等组成。

（1）螺纹代号

普通粗牙螺纹代号用字母 M 及公称直径表示，普通细牙螺纹加注螺距，左旋加注代号"LH"。例如：M24，没有标注螺距和右旋方向，表示公称直径为 24 mm 的普通粗牙螺纹，螺纹的螺距为标准值，需查国家标准，见表 11-5。

表 11-5　常用普通螺纹的螺距   mm

螺纹代号与大径	M6	M8	M10	M12	M16	M20	M24	M30
粗牙螺距	1	1.25	1.5	1.75	2	2.5	3	3.5
细牙螺距	0.75	1、0.75	1.25、1、0.75	1.25、1	1.5、1	2、1.5、1	2、1.5、1	2、1.5、1

M24×1.5，表示公称直径为 24 mm 的普通细牙螺纹，螺距为 1.5 mm，右旋。

M24×1.5-LH，表示公称直径为 24 mm 的普通左旋细牙螺纹，螺距为 1.5 mm。

细牙螺纹的螺距比粗牙螺纹的螺距小，即螺母在螺栓上旋转一圈，升高的距离要小一些，即细牙螺距的升角比粗牙螺距的升角小，这有利于提高螺纹连接件的自锁性，保证连接件不容易自行松脱，在汽车的安全使用中尤为重要。如汽车的车轮与底盘的连接，是靠车轮上细牙螺纹的自锁性来保证螺母安全不脱落的；左侧车轮与底盘的连接不仅选择细牙螺纹，还选用左旋螺纹，确保螺母的绝对安全可靠。

（2）螺纹公差带代号

螺纹公差带代号表示螺纹中径和顶径加工的精度，由公差等级的数字和基本偏差的字母组成，标注在螺纹代号之后，用"-"隔开。小写字母表示外螺纹，大写字母表示内螺纹。例如：

M12-5g6g，表示外螺纹中径公差带为 5g，顶径公差带为 6g，具体数值已标准化，需查国家标准螺纹公差表。小写的公差带代号表示外螺纹。

M12×1-6H，表示内螺纹中径公差带和顶径公差带都为 6H。大写的公差带代号表示内螺纹。

（3）螺纹旋合长度代号

螺纹旋合长度代号表示两旋合螺纹在轴向的旋合长度，分别用 S、N、L 表示短、中等和长旋合长度，用"-"隔开。中等旋合长度一般不必标注。

M20-L，L 表示螺纹连接为长旋合长度。

M30×2-5g6g-S-LH，表示普通左旋细牙螺纹，螺距为 2 mm，外螺纹中径公差带为 5g，顶径公差带为 6g，S 表示短旋合长度。

4. 梯形螺纹的标注

梯形螺纹的牙型为梯形，梯形螺纹的代号用 Tr 表示，标注的方法与普通螺纹的标注方法相似。梯形螺纹的标注如下：

$$Tr\ 42×12(P6)LH-6H-L$$

其中，Tr 表示梯形螺纹的代号；42 表示梯形螺纹的公称直径；12 表示梯形螺纹的导程为 12 mm；P6 表示梯形螺纹的螺距为 6 mm，说明 12 为双线梯形螺纹的导程（导程＝线数×螺距）。

LH-6H-L表示的含义与普通螺纹的标注含义相同。

三、常用的螺纹连接件

螺栓连接时,需要螺母和垫圈等连接件配合使用。螺母起承受载荷的作用;垫圈起增大受力面积,保护螺母的作用。

1. 螺母

常用螺母有六角形、圆形、方形、槽形等,以六角形为最常用,如图11-16所示。

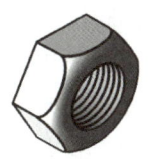

图 11-16 常用螺母

2. 垫圈

常用的垫圈有普通圆形平垫圈、弹簧垫圈、锁紧垫圈和弹性垫圈,如图11-17所示。

图 11-17 常用垫圈

四、螺纹连接的防松

螺纹连接的防松方法很多,常用的可拆卸防松方法有双螺母防松、弹簧垫圈防松、槽形螺母防松、开口销防松与带翅垫片防松,如图11-18所示。

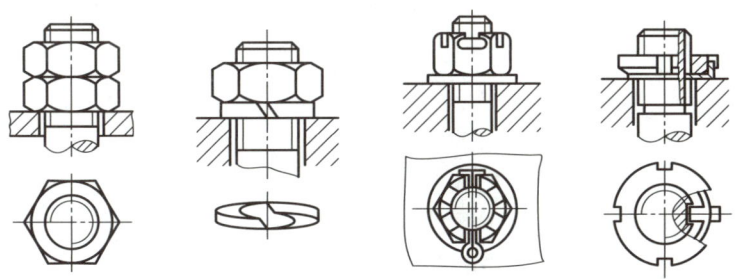

图 11-18 螺纹连接的防松方法

五、螺纹连接的装卸

1. 螺纹连接的安装

安装螺纹连接时,可使用固定开口的呆扳手、活扳手、棘轮扳手、套筒扳手、电动扳手等工具来拧紧螺母。不同的扳手各有特点,应按照不同的使用条件来选用。电动扳手具有省力和产生相同扭转力矩的优势,应用广泛。

2. 螺栓连接的拆卸

螺栓连接由螺栓、垫圈和螺母组合而成。拆卸的顺序与安装的顺序相反,后装的先拆,先装的后拆。

拆卸螺栓连接的螺母时,如果螺母上有防松的开口销或其他防松的工件,应先拆去防松装置,再用扳手按逆时针方向松开螺母;如果使用扳手不能正常拧下螺母,则可能由于螺母与螺栓连接处生锈严重,应在锈蚀处加注除锈剂,待除锈剂渗入后,再拧下螺母,也可采用加热、振动、冲击的方法松动螺母。另外,对于左旋螺纹的连接,其装卸的拧紧或松开的扭转方向和常用的右旋螺栓正好相反,应当按顺时针方向松开螺母。拆卸时尽可能选用呆扳手,以保证扳手开口的两个侧面与螺母之间成面接触,达到产生最大扭矩的作用。此外,延长扳手的长度,可以起到增大扭矩的效果,但容易拧断螺纹,或拧坏螺纹牙,应尽可能避免使用。

安装螺栓连接的螺母时,检查螺母与螺栓的公称直径、螺距等主要参数应当相同,并试装,确定正常后选配防松垫圈,再装配。成组连接的螺栓,应按照对称作业的规律拧紧螺母。为了拆装方便,安装时可在螺杆表面擦上少量的润滑油,防止接合面生锈。

3. 螺钉连接的拆卸

螺钉连接没有螺母,直接将螺钉拧到被连接工件的内螺纹中。为保护被连接件的接触面和防止螺钉松动,一般需要安装圆垫圈和弹簧垫圈。螺钉连接的装拆方法与螺栓连接的方法相似。

六、螺纹连接的强度计算

螺纹连接的强度计算,主要是确定螺纹的最小直径或校核螺纹连接的危险截面的强度。根据螺纹连接的受力状态不同,所采用的计算方法也不同。

1. 松螺纹连接的强度计算

松螺纹连接指装配螺纹连接时,不需要拧紧螺母。不工作时,螺纹不承受载荷;工作时,螺纹只承受轴向工作载荷 F,如图 11-19 所示的吊钩。

螺纹连接的强度校核和设计计算公式分别为

$$R=\frac{F}{\pi d_1^2/4}\leqslant[R]$$

$$d_1\geqslant\sqrt{\frac{4F}{\pi[R]}}$$

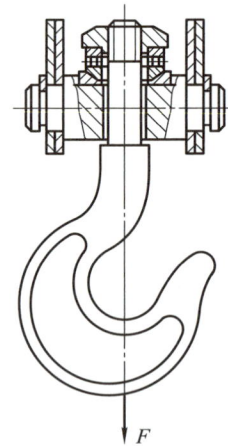

式中　F—— 轴向工作载荷,N;

　　　d_1——螺纹小径,约为螺纹大径的 0.85,mm;

　　　$[R]$——螺纹材料的许用拉应力,MPa。

2. 紧螺纹连接的强度计算

用螺栓连接两个被连接件时,需要预先拧紧螺母,称为紧螺纹连接。紧螺纹连接有预紧力 F_0,受到横向的工作载荷作用。

图 11-19　吊钩

(1) 如图 11-20 所示的紧螺纹连接,被连接件通孔的直径大于连接螺纹的直径,连接螺纹与孔壁不接触,靠被连接件间的摩擦力来承受横向载荷。

$$F_0fmz\geqslant CF_R$$

$$F_0 \geqslant \frac{CF_R}{fmz}$$

式中　F_R——横向工作载荷，N；

　　　C——连接的可靠性系数，通常取 $C=1.1\sim1.3$；

　　　f——被连接件接合面的摩擦系数，一般 $f=0.10\sim1.3$；

　　　m——被连接件接合面的对数；

　　　z——连接件的螺栓数目。

其强度校核和设计计算公式为

$$R = \frac{1.3F_0}{\pi d_1^2/4} \leqslant [R]$$

$$d_1 \geqslant \sqrt{\frac{4F_0}{\pi[R]}}$$

（2）如图 11-21 所示的紧螺纹连接，通孔直径与铰制孔用螺栓光杆的直径相同，通常通孔需要经过铰制处理，也称为铰制孔。其强度计算的方法为

$$\tau = \frac{4F_R}{\pi d_s^2} \leqslant [\tau]$$

式中　F_R——横向工作载荷，N；

　　　d_s——连接螺纹受工作载荷处的直径，mm；

　　　$[\tau]$——许用切应力，MPa。

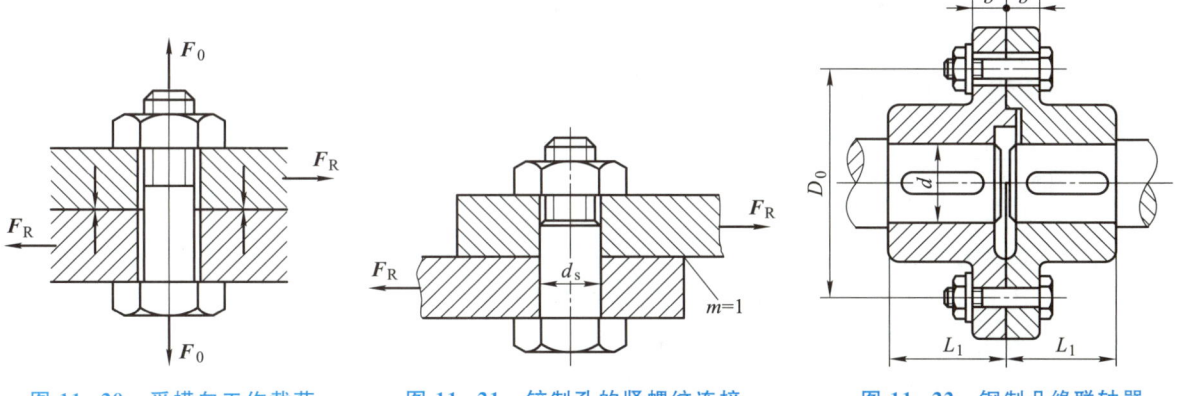

图 11-20　受横向工作载荷　　　图 11-21　铰制孔的紧螺纹连接　　　图 11-22　钢制凸缘联轴器
　　　　　的紧螺纹连接

❄ **例 11-2**　如图 11-22 所示的钢制凸缘联轴器，用均布在直径 $D_0=250$ mm 圆周上的 6 个普通螺栓将两半凸缘联轴器紧固在一起，凸缘均为 $b=30$ mm。联轴器需要传递的扭矩 $T=1\,000$ N·m，接合面间的摩擦系数 $f=0.15$，可靠性系数 $C=1.2$，螺纹材料的许用拉应力 $[R]=60$ MPa，许用切应力 $[\tau]=96$ MPa。求：

（1）满足传动要求的最小螺栓直径是多少（如图 11-22 上半部图形所示）？

（2）如果改用 4 个铰制孔的螺栓连接，其强度是否足够（如图 11-22 下半部图形所示）？

解：（1）求最小普通螺栓直径

① 每个螺栓所受的横向载荷

$$F_R = \frac{2T}{D_0 z} = \frac{2 \times 1\,000}{250 \times 10^{-3} \times 6} \text{ N} \approx 1\,333.3 \text{ N}$$

② 每个螺栓所受的预紧力

$$F_0 \geqslant \frac{CF_R}{fm} = \frac{1.2 \times 1\,333.3}{0.15 \times 1} \text{ N} \approx 10\,667 \text{ N}$$

③ 满足传动要求的最小螺栓直径

$$d_1 \geqslant \sqrt{\frac{4F_0}{\pi[R]}} = \sqrt{\frac{4 \times 10\,667}{3.14 \times 60}} \text{ mm} \approx 17.159 \text{ mm}$$

查普通螺纹的基本尺寸,取最小螺栓直径 $d = 20$ mm,$d_1 = 17.294$ mm。

(2)校核铰制孔螺栓连接的强度

① 每个螺栓所受的横向载荷

$$F_R = \frac{2T}{D_0 z} = \frac{2 \times 1\,000}{250 \times 10^{-3} \times 4} \text{ N} = 2\,000 \text{ N}$$

② 校核铰制孔螺栓连接的强度

$$\tau = \frac{4F_R}{\pi d_s^2} = \frac{4 \times 2\,000}{3.14 \times 20^2} \text{ MPa} \approx 6.37 \text{ MPa} \leqslant [\tau] = 96 \text{ MPa}$$

所以改用 4 个铰制孔的螺栓连接,其强度是足够的。

在使用中,6 个螺栓不一定都处于螺栓孔的中心位置,有个别螺栓会与螺栓孔壁相接触,形成铰制孔螺栓连接的状态,提高了凸缘联轴器的传递扭矩。

练 习

1. 常用的螺纹连接的基本形式有哪几种? 各有什么用途?

2. 螺栓连接为什么会松动? 常用的防松方法有几种?

3. 为什么汽车左轮胎轮毂的连接螺栓要用左旋细牙螺纹?

4. 管螺纹的牙型顶部有什么特征? 管螺纹的公称直径指哪一个位置?

5. 螺纹连接的强度校核分为哪三种情形? 其计算的方法有何不同?

6. 图 11-19 所示的吊钩材料的许用拉应力 $[R] = 50$ MPa,如果起吊的重量为 50 kN,螺栓的最小公称直径为多少?

7. 如图 11-23 所示的螺纹连接,采用 M20 的螺栓 2 个,被连接件接合面间的摩擦系数 $f = 0.2$,可靠性系数 $C = 1.2$,螺栓的许用拉应力 $[R] = 60$ MPa,计算该连接所能传递的最大静载荷。如果改用铰制孔的螺栓连接,螺栓的许用切应力 $[\tau] = 100$ MPa,传递同样的静载荷,需要多大直径的螺栓?

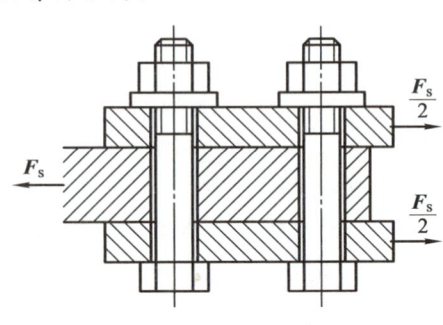

图 11-23 螺纹连接

第十二章

带传动与链传动

带传动与链传动是汽车上常用的传动装置。带传动是利用带轮与传动带之间的摩擦力或带轮与传动带之间的啮合来传递运动和扭矩的(如图 12-1 所示)。汽车上的带传动主要应用在发动机的冷却风扇、空调机上。

带传动具有传动平稳、结构简单、造价低廉、不需要润滑和能缓冲吸振等优点,在机械传动中得到了广泛的应用。常用的带传动有平带传动、V 带传动、多楔带传动、同步带传动。

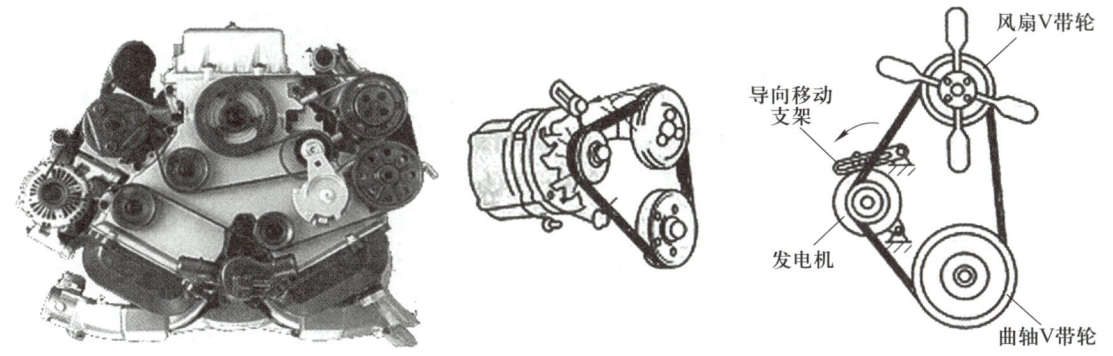

图 12-1 汽车上带传动的应用

链传动是通过链条的链节与链轮轮齿的啮合来传递运动和扭矩的,如图 12-2 所示。链传动具有传动不打滑、平均传动比准确等优点。

图 12-2 链传动

视频

带传动应用

第 1 节　带 传 动

一、带传动的类型

根据工作原理不同,带传动分为<u>摩擦型带传动</u>和<u>啮合型带传动</u>两大类,如图 12-3 所示。摩擦型带传动的圆环带紧套在两带轮上,靠带与带轮之间接触面的正压力所产生的摩擦力来传递运动和扭矩。当主动轮转动时,依靠摩擦力带动摩擦带转动,并通过摩擦带带动从动轮转动,达到把主动轮的运动和动力传递给从动轮的目的,传递运动的同时改变了从动轮的转速和扭矩。

啮合型带传动是通过摩擦带上的形齿与带轮上的形齿相啮合来实现运动和动力传递的。

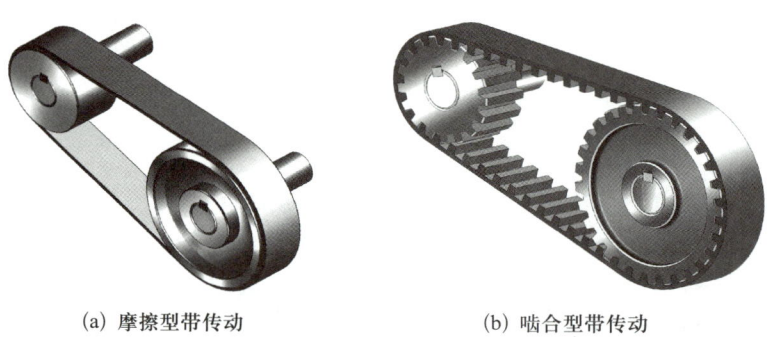

(a) 摩擦型带传动　　　　　　　　(b) 啮合型带传动

图 12-3　摩擦型带传动和啮合型带传动

<u>按照摩擦型带传动的圆环带截面形状,摩擦型带传动可分为平带传动、V 带传动和多楔带传动。</u>

1. 平带传动

如图 12-4a 所示,平带的截面为扁平矩形,带的内侧为工作面。平带传动的结构较简单,带轮制造容易,特别适用于中心距较大的带传动。但是由于在相同条件下,平带传动的功率较低,所以目前应用较少。

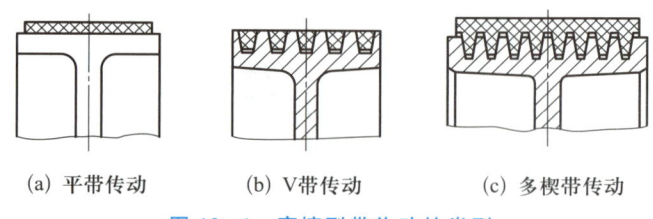

(a) 平带传动　　　　(b) V带传动　　　　(c) 多楔带传动

图 12-4　摩擦型带传动的类型

2. V 带传动

如图 12-4b 所示,V 带截面为等腰梯形,两侧为工作面,带的两侧之间的夹角为 40°。从受力分析中得出,在相同的初拉力下,V 带传递的摩擦力是平带传动的 3 倍,所以 V 带传动广泛地应用在机械传动中。

3. 多楔带传动

如图 12-4c 所示,多楔带传动实际上是多个 V 带的组合。与 V 带传动相比较,在传递相同功率的条件下,多楔带的结构更加紧凑,而且不会出现多根 V 带因长度误差而导致受力不均的问题。

二、V 带的结构与标准

1. V 带的结构

V 带制成无接头的环形,结构如图 12-5 所示。它由胶帆布材料的包布、橡胶材料的底胶和顶胶、抗拉体组成。抗拉体结构分为绳芯和帘布芯两种,绳芯的 V 带柔韧性好,抗弯强度高,适用于转速较高的场合;帘布芯的 V 带抗拉强度较高,适用于较大功率的传递。

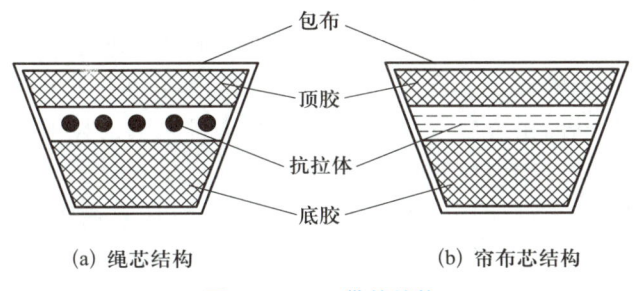

(a) 绳芯结构　　　　　(b) 帘布芯结构

图 12-5　V 带的结构

2. V 带的标准

V 带是标准件,由专业工厂生产。按截面尺寸由小到大的不同,V 带分为 Y、Z、A、B、C、D、E 七种。

V 带在绕过带轮时产生弯曲,外层受拉而伸长,内层受压而缩短,必有一长度不变的中性层。中性层面称为节面,节面的宽度称为节宽,用 b_p 表示。V 带在中性层面上的周线长度称为基准长度,用 L_d 表示。

我国的 V 带截面尺寸系列见表 12-1。

表 12-1　V 带截面尺寸系列 (GB/T 1154—2012)

带型	节宽 b_p/mm	基本尺寸		
普通 V 带		顶宽 b/mm	高度 h/mm	楔角 α
Y	5.3	6	4	
Z	8.5	10	6	
A	11.0	13	8	
B	14.0	17	11	40°
C	19.0	22	14	
D	27.0	32	19	
E	32.0	38	23	

常用的基准长度 L_d(mm)有 560、630、710、800、900、1 000、1 120、1 250、1 400、1 600、1 800、2 000、2 240、2 500、2 800、3 150、3 550、4 000、4 500、5 000,但不是每一种型号都有这些基准长度,需要时应参考相关手册。

普通 V 带的标记由带型、基准长度和标准编号组成。例如 B2240 GB/T 11544—2012,表示 B 型 V 带,基准长度 L_d 为 2 240 mm,2012 年的国家标准。在每一根 V 带的顶面都印有标记,包括商标、代号、制造日期。

三、带传动的弹性滑动和打滑

1. 弹性滑动

带是由具有弹性特点的橡胶制成的,受到初拉力的作用后会产生弹性变形。拉力越大,变形的伸长量越大。由于带传动的紧边拉力大于松边拉力,所以紧边的伸长量大于松边的伸长量。传动带从进入主动轮开始到退出主动轮为止,带和主动轮贴合在一起,带的速度和主动轮的速度完全相等,但是由于带传动的紧边拉力大于松边拉力,即进入端的拉力比退出端的拉力大,带的伸长量相应逐渐减小,带相对轮面渐渐向后缩,带与轮面产生相对滑动,这种因为带内拉力的变化而造成的弹性变形改变而引起的带与带轮间的相对滑动,称为弹性滑动。弹性滑动对于摩擦型带传动是不可能避免的。在从动轮中,也同样发生弹性滑动,只是相对滑动的方向与主动轮处的滑动方向相反。

弹性滑动导致从动轮的转速低于主动轮的转速,转速下降约为 1.5%。所以,带传动的传动比是不准确的。

2. 打滑

带传动是靠摩擦力来传递动力的,当带传动过载时,需要传递的载荷超过摩擦力的最大极限值,带与带轮之间发生明显的相对滑动,称为打滑。打滑时主动轮仍然能够转动,但 V 带却不能随之正常转动,使从动轮的转速急剧下降。带在带轮上摩擦发热,剧烈磨损。为了保证带传动的正常工作,应当避免打滑的发生。

四、V 带带轮

1. 带轮的设计要求

V 带传动一般安排在高速级位置,以得到更大的传动功率。所以要求带轮应当具有足够的强度,便于制造、质量小且分布均匀,避免由于质量分布不均而产生附加动载荷。带轮的工作表面要求光滑,以减少带的磨损。对于线速度大于 30 m/s 的带传动,必要时应做静平衡检验。

2. 带轮的材料

带轮的材料常选用灰铸铁,具有铸造、加工容易,基本能满足使用要求和价格低廉的优点。对于尺寸较小的带轮,可采用铝合金或工程塑料;对于重型机械,必要时选用铸钢材料,以增加材料的强度;有些地方也可以用冲压件作为带轮的材料。

3. 带轮的结构

V 带带轮由轮缘、轮辐、轮毂三部分组成。

(1) 轮缘

如图 12-6 所示的轮缘的截面结构。与 V 带中性层处在同一位置的轮槽轮廓宽度称为基准宽度(b_d)，基准宽度处的带轮直径称为基准直径(d_d)。轮槽的槽型应当与所选用的 V 带型号一致。由于 V 带弯曲时，上拉下压使得带的两侧面所成的锐角从 40°变成不足 40°，为了使弯曲变形后的 V 带仍然能够和带轮充分贴合，V 带带轮的楔角按带的型号和带轮直径的不同做成 32°、34°、36°、38°几种。

（2）轮辐

轮辐是连接轮缘和轮毂的部分。根据带轮直径的不同，轮辐的结构可制成实心式、腹板式、轮辐式三种，如图 12-7 所示。尺寸较大的腹板为了方便加工、安装和减轻重量，常在腹板上开出均匀分布的 4～6 个圆孔。轮辐式带轮的辐条截面常做成椭圆形，称为椭圆辐轮。

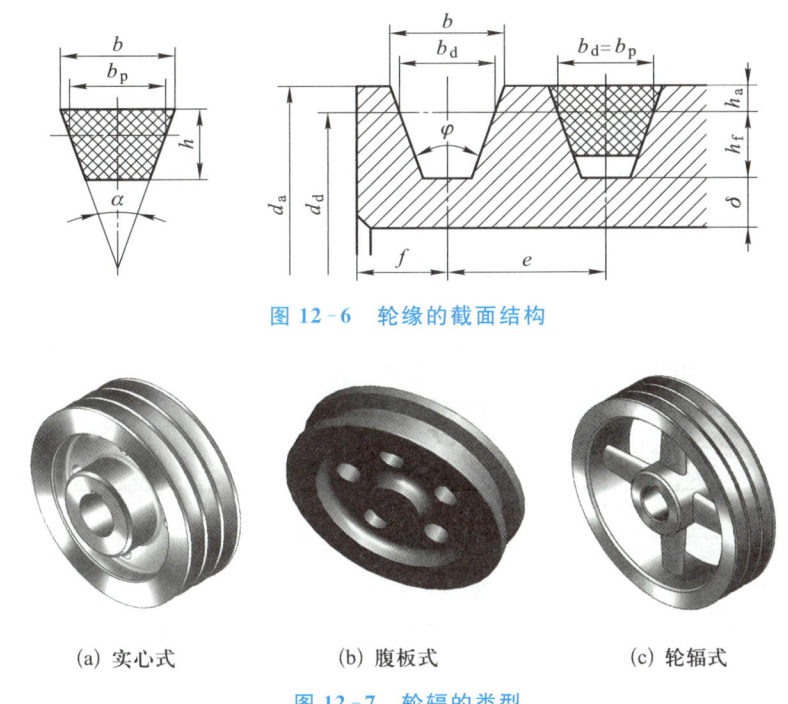

图 12-6　轮缘的截面结构

（a）实心式　　　　　（b）腹板式　　　　　（c）轮辐式

图 12-7　轮辐的类型

（3）轮毂

轮毂是带轮与轴相配合的部分，轮毂的内径要与轴径一致，选用过渡配合，保证孔与轴的同心度要求。轮毂的长度和外径可根据经验公式计算。

设计带轮的结构可参考相关资料。

五、V 带传动的设计

设计 V 带传动时，应当具有的已知条件为：功率 P、小带轮的转速 n_1、大带轮的转速 n_2 或传动比 i、工况条件及要求。

设计要确定的内容：V 带的型号、长度和根数，V 带带轮的基准直径，V 带带轮的中心距，初拉力和作用于轴上的力，V 带带轮的结构尺寸及工作图。

1. 选择 V 带的型号

V 带的型号要根据所传递的设计功率 P_d 和小带轮的转速 n_1 按图 12-8 来确定。

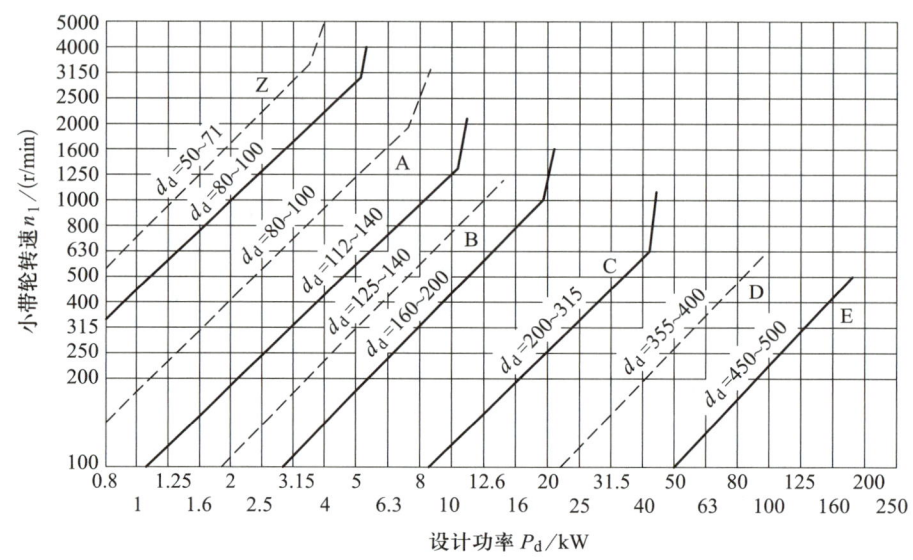

图 12-8　V 带选型图

$$P_d = K_A P$$

式中　P——所需传递的功率；

　　　K_A——工况系数，由工作条件决定，见表 12-2。

表 12-2　工况系数 K_A

工况		K_A					
		空、轻载起动			重载起动		
载荷性质	工作机	每天工作时间/h					
		<10	10~16	>16	<10	10~16	>16
载荷变动最小	液体搅拌机、通风机和鼓风机（≤7.5 kW）、离心式水泵和压缩机、轻型输送机	1.0	1.1	1.2	1.1	1.2	1.3
载荷变动小	带式输送机、通风机（>7.5 kW）、回转式水泵和压缩机、机床	1.1	1.2	1.3	1.2	1.3	1.4
载荷变动较大	纺织机械、提升机、起重机、冲床、剪床	1.2	1.3	1.4	1.4	1.5	1.6

2. 确定两带轮的基准直径 d_{d1}、d_{d2}

（1）选择小带轮的直径 d_{d1}

小带轮的直径 d_{d1} 是自选确定的。选择较小的小带轮的直径，可使传动装置紧凑，但是带的线速度低，需要的 V 带根数多，且带的弯曲应力大，所以规定了带轮的最小直径，见表 12-3。在空间允许的条件下，应当选择较大的小带轮的直径。

表 12-3　V 带轮的基准直径 d_d

槽型	Y	Z	A	B	C	D	E
d_{d1min}	20	50	75	125	200	355	500
d_d 的范围	20～125	50～6 300	75～800	125～1 125	200～2 000	355～2 000	500～2 500
d_d 的标准系列值	…80、90、100、112、125、140、150、160、180、200、212、224、236、250、280、300、315、335、355、400、425…						

（2）确定大带轮的直径 d_{d2}

大带轮的直径 d_{d2} 由下式确定：

$$d_{d2} = i d_{d1}$$

计算后的 d_{d2} 应当圆整成标准值，按表 12-3 中的数值选取。确定后的 d_{d2}、d_{d1} 的数值可能会使传动比 i 的值发生变化，在设计中总传动比一般允许有 ±5% 的误差。

3. 验算带速 v

$$v = \frac{\pi d_{d1} n_1}{60 \times 1\,000}$$

一般带速控制在 5～30 m/s 之间，最佳的带速为 10～20 m/s。在传递功率不变的前提下，提高带速可以减少带的根数，但带速过高，离心力过大，摩擦力降低，反而降低了传动能力，而且也影响带的使用寿命。

4. 确定中心距 a 和带的基准长度 L_d

（1）初定中心距 a_0

$$0.7(d_{d1} + d_{d2}) \leqslant a_0 \leqslant 2(d_{d1} + d_{d2})$$

（2）确定带的基准长度 L_d

按初定的中心距 a_0，初步确定带的基准长度 L_{d0}：

$$L_{d0} = 2a_0 + \frac{\pi}{2}(d_{d1} + d_{d2}) + \frac{(d_{d2} - d_{d1})^2}{4a_0}$$

确定基准长度 L_{d0} 后，还要根据带的标准长度选择带的基准长度，才是最后确定的带的基准长度 L_d。基准长度 L_d 与 L_{d0} 之间会有一定的差距，影响到带轮的中心距。

（3）确定中心距 a

最后确定带轮的中心距 a：

$$a = a_0 + \frac{L_d - L_{d0}}{2}$$

带传动中，由于 V 带张紧时需要调整两轮的中心距，要留出一定的调整余量，所以两轮的中心距为

$$a_{max} = a + 0.03 L_d$$
$$a_{min} = a - 0.015 L_d$$

5. 验算小带轮的包角 α_1

如果小带轮的包角 α_1 小于 120°，将会降低传动摩擦力，因此需要验算小带轮的包角 α_1。

$$\alpha_1 = 180° - 57.3° \times \frac{d_{d2} - d_{d1}}{a} \geqslant 120°$$

如果计算结果 α_1 小于120°，可以通过增大中心距的方法解决，或者设置张紧轮来增大带轮的包角 α_1。

6. 确定 V 带的根数 z

$$z = \frac{P_d}{[P_1]} = \frac{P_d}{(P_1 + \Delta P_1) K_\alpha K_L}$$

式中　z ——带的根数，要取成整数；

　　　P_1 ——单根 V 带所能传递的功率，查表12-4；

　　　ΔP_1 ——单根 V 带所能传递的功率增量，查表12-4；

　　　K_α ——包角修正系数，查表12-5；

　　　K_L ——带长修正系数，查表12-6。

表 12-4　单根 V 带所能传递的功率 P_1 及功率增量 ΔP_1

型号	小带轮转速 $n/(\text{r/min})$	小带轮基准直径 d_{d1}/mm								传动比					
		单根 V 带的额定功率 P_1								$1.13\sim$ 1.18	$1.19\sim$ 1.24	$1.25\sim$ 1.34	$1.34\sim$ 1.51	$1.52\sim$ 1.99	$\geqslant 2.00$
										额定功率增量 ΔP_1					
A		75	90	100	112	125	140	160	180						
	700	0.40	0.61	0.74	0.90	1.07	1.26	1.51	1.76	0.04	0.05	0.06	0.07	0.08	0.09
	800	0.45	0.68	0.83	1.00	1.19	1.41	1.69	1.97	0.04	0.05	0.06	0.08	0.09	0.10
	950	0.51	0.77	0.95	1.15	1.37	1.62	1.95	2.27	0.05	0.06	0.07	0.08	0.10	0.10
	1 200	0.60	0.93	1.14	1.39	1.66	1.96	2.36	2.74	0.07	0.08	0.10	0.11	0.13	0.15
	1 450	0.68	1.07	1.32	1.61	1.92	2.28	2.73	3.16	0.08	0.09	0.11	0.13	0.15	0.17
	1 600	0.73	1.15	1.42	1.74	2.07	2.45	2.94	3.40	0.09	0.11	0.13	0.15	0.17	0.19
	2 000	0.84	1.34	1.66	2.04	2.44	2.87	3.42	3.93	0.11	0.13	0.16	0.19	0.22	0.24
B		125	140	160	180	200	224	250	280						
	400	0.84	1.05	1.32	1.59	1.85	2.17	2.50	2.89	0.06	0.07	0.08	0.10	0.11	0.13
	700	1.30	1.64	2.09	2.53	2.96	3.47	4.00	4.61	0.10	0.12	0.15	0.17	0.20	0.22
	800	1.44	1.82	2.32	2.81	3.30	3.86	4.46	5.13	0.11	0.14	0.17	0.20	0.23	0.25
	950	1.64	2.08	2.66	3.22	3.77	4.42	5.10	5.85	0.13	0.17	0.20	0.23	0.26	0.30
	1 200	1.93	2.47	3.17	3.85	4.50	5.26	6.04	6.90	0.17	0.20	0.25	0.30	0.34	0.38
	1 450	2.19	2.82	3.62	4.39	5.13	5.97	6.82	7.76	0.20	0.25	0.31	0.36	0.40	0.46
	1 600	2.33	3.00	3.86	4.68	5.46	6.33	7.20	8.13	0.23	0.28	0.34	0.39	0.45	0.51
C		200	224	250	280	315	355	400	450						
	500	2.87	3.58	4.33	5.19	6.17	7.27	8.52	9.81	0.20	0.24	0.29	0.34	0.39	0.44
	600	3.30	4.12	5.00	6.00	7.14	8.45	9.82	11.3	0.24	0.29	0.35	0.41	0.47	0.53
	700	3.69	4.64	5.64	6.76	8.09	9.50	11.0	12.6	0.27	0.34	0.41	0.48	0.55	0.62
	800	4.07	5.12	6.23	7.52	8.92	11.5	12.1	13.8	0.31	0.39	0.47	0.55	0.63	0.71
	950	4.58	5.78	7.04	8.49	10.0	11.8	13.5	15.2	0.37	0.47	0.56	0.65	0.74	0.83
	1 200	5.29	6.71	8.21	9.81	11.5	13.3	15.0	16.6	0.47	0.59	0.70	0.82	0.94	10.6
	1 450	5.84	7.45	9.04	10.7	12.5	14.1	15.5	16.7	0.58	0.71	0.85	0.99	1.14	1.27

为了得到不同型号的单根 V 带所能传递的最大功率,必须通过实验来测定,测定时选用带传动的传动比 $i=1$,按不同的型号选择不同的基准长度。在使用中,带的传动比一定大于 1,大带轮上带的弯曲程度会小一些,延长了带的使用寿命。且带传动的长度与实验的长度不等,长度较长,带的循环次数减少了,使用寿命也提高了。在相同使用寿命的前提下,传递的功率得到提高,所以需要增加包角修正系数 K_a 和带长修正系数 K_L,以修正单根 V 带所能传递的实际功率。

表 12-5　包角修正系数 K_a

包角 $\alpha_1 / (°)$	180	175	170	165	160	155	150	145	140	135	130	125	120
K_a	1.00	0.99	0.98	0.96	0.95	0.93	0.92	0.91	0.89	0.88	0.86	0.84	0.82

表 12-6　带长修正系数 K_L

基准长度 L_d/mm	K_L V 带型号			基准长度 L_d/mm	K_L V 带型号		
	A	B	C		A	B	C
630	0.81			2 000	1.03	0.98	0.88
710	0.82			2 240	1.06	1.00	0.91
800	0.85			2 500	1.09	1.03	0.93
900	0.87	0.81		2 800	1.11	1.05	0.95
1 000	0.89	0.84		3 150	1.13	1.07	0.97
1 120	0.91	0.86		3 550	1.17	1.10	0.98
1 250	0.93	0.88		4 000	1.19	1.13	1.02
1 400	0.96	0.90		4 500		1.15	1.04
1 600	0.99	0.93	0.84	5 000		1.18	1.07
1 800	1.01	0.95	0.85				

7. 计算单根 V 带的初拉力 F_0

单根 V 带的初拉力 F_0 为

$$F_0 = 500 \times \frac{(2.5 - K_a)P_d}{zvK_a} + qv^2$$

式中,q 为每米 V 带的质量,单位为 kg/m。

8. 计算带作用于轴上的力 F_r

计算带作用于轴上的力 F_r,是为了选择轴的直径和确定轴上轴承的型号。

$$F_r = 2z\,F_0 \sin\frac{\alpha_1}{2}$$

例 12-1　设计某机床用的 V 带传动,已知电动机功率 $P=7.5$ kW,转速 $n_1 = 1\,440$ r/min,传动比 $i=2$,要求两带轮中心距 a 约为 800 mm,每天工作 16 h。

解:(1)选择 V 带的型号

查表 12-2,取工况系数 $K_A = 1.2$。

$$P_d = K_A P = 1.2 \times 7.5 \text{ kW} = 9 \text{ kW}$$

根据 P_d 和 n_1 查图 12-8,选择 A 型 V 带。

（2）确定带轮的基准直径 d_{d1}、d_{d2}

① 选择小带轮的基准直径 d_{d1}

查图 12-8，由于 P_d 和 n_1 的坐标交点落在 A 区虚线的下方，故取 $d_{d1}=112$ mm。

② 确定大带轮的基准直径 d_{d2}

$$d_{d2}=id_{d1}=2\times112 \text{ mm}=224 \text{ mm}$$

查表 12-3，取标准值 $d_{d2}=224$ mm。

（3）验算带速 v

$$v=\frac{\pi n_1 d_{d1}}{60\times1\,000}=\frac{\pi\times112\times1\,440}{60\times1\,000} \text{ m/s}=8.44 \text{ m/s}$$

带速合适。

（4）确定中心距 a 和带的基准长度 L_d

① 初定中心距 a_0

根据题意要求，取 $a_0=800$ mm。

② 确定带的基准长度 L_d

$$L_{d0}=2a_0+\frac{\pi}{2}(d_{d1}+d_{d2})+\frac{(d_{d2}-d_{d1})^2}{4a_0}$$

$$=\left[2\times800+\frac{3.14}{2}(112+224)+\frac{(224-112)^2}{4\times800}\right] \text{ mm}=2\,131.44 \text{ mm}$$

查带的标准，取 $L_d=2\,240$ mm

③ 确定中心距 a

$$a=a_0+\frac{L_d-L_{d0}}{2}=\left(800+\frac{2\,240-2\,131.44}{2}\right) \text{ mm}=854.28 \text{ mm}$$

安装时所需的最小中心距

$$a_{min}=a-0.015\,L_d=(854.28-0.015\times2\,240) \text{ mm}=820.68 \text{ mm}$$

安装时所需的最大中心距

$$a_{max}=a+0.03\,L_d=(854.28+0.03\times2\,240) \text{ mm}=921.48 \text{ mm}$$

（5）验算小带轮的包角 α_1

$$\alpha_1=180°-57.3°\times\frac{d_{d2}-d_{d1}}{a}=180°-57.3°\times\frac{224-112}{854.28}\approx172.49°\geqslant120°$$

合适。

（6）确定 V 带的根数 z

查表 12-4 得，$P_1=1.61$ kW，$\Delta P_1=0.17$ kW；查表 12-5 得，$K_a=1$；查表 12-6 得，$K_L=1.06$。故

$$z=\frac{P_d}{[P_1]}=\frac{P_d}{(P_1+\Delta P_1)K_a K_L}=\frac{9}{(1.61+0.17)\times1\times1.06}\approx4.77$$

取 $z=5$。

（7）计算初拉力 F_0。

略。

（8）计算带作用在轴上的力 F_r

略。

（9）带轮设计

略。

实际使用中,该机床选用 4 根 B 型 V 带,比计算的 5 根 A 型 V 带效果要好一些。所以,设计时可以采用与相近机器的使用条件的类比方法,这样更为简单。

六、带传动的安装、张紧与维护

1. 带传动的安装

安装带传动时应当注意以下事项。

（1）两带轮的轴线应当平行,两带轮相对应的 V 槽的对称面应重合。两带轮的端面一般要在同一个平面内。

（2）安装前检查带与带轮的型号是否一致,多根 V 带的实际长度应相等,把偏差控制在规定的范围内。虽然 V 带符合国家标准要求,但即使是同型号、同规格的长度,也会有不同的实际长度。

（3）安装前先缩小中心距,待 V 带进入轮槽后,再调整带的松紧程度。如果撬入 V 带,应从大轮处进入,务必小心夹手。

2. 带传动的张紧

为了使带得到一定的初拉力,必须调整带张力。检查带的张力是否合适,一般情况下在安装后用手压下带的外侧,以能用力压下 15 mm 左右为宜。带的张力过小,则不能达到设计的传递功率;带的张力过大,则对轴产生的压力过大,且降低带的使用寿命。

常用带传动的张紧方法如下：

（1）移动式　如图 12-9a 所示,通过调整两带轮的中心距来改变带的张力。该方法应用较多,也较简便。

（2）摆动式　如图 12-9b 所示,和移动式的方法一样,在机床上应用较多。

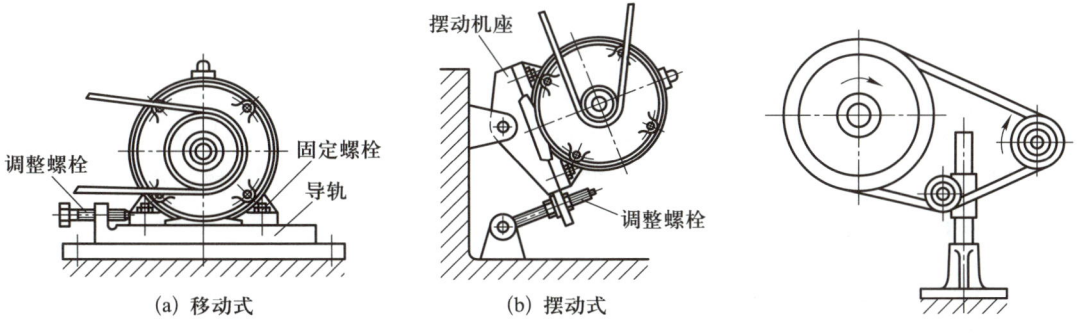

图 12-9　调整中心距　　　　　　　　图 12-10　安装张紧轮调整张力

（3）安装张紧轮　如图 12-10 所示,当中心距不能调整时,可以采用安装张紧轮的方法来调整带的张力。但安装张紧轮会使带的包角变小,所以,内侧安装时应当放在靠近大带轮的一侧。

3. 带传动的维护

（1）带传动装置必须安装防护罩。生产中常出现由于没有防护罩而发生带伤人的事故。

（2）V 带的主要材料是橡胶，应避免橡胶带与酸、碱、油等化学物质接触。

（3）V 带的使用寿命较短，若 V 带出现裂纹、过度变长，应及时更换。

（4）及时调整带的张力，保证带传动的正常工作。

七、啮合型同步带传动简介

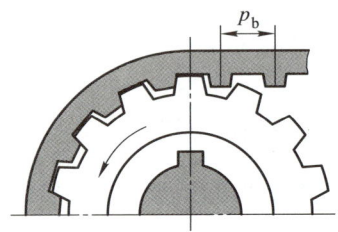

图 12-11 所示为啮合型同步带传动，带的纵向制成齿形，带轮轮缘也制造相应的齿形，工作时靠带齿与轮齿啮合传动。齿形有梯形和圆弧形两类。啮合型同步带传动最大的优点是带齿工作面与带轮齿槽啮合传动，带与带轮之间无相对滑动，解决了

图 12-11　啮合型同步带传动

带传动的传动比不准确的问题；传动平稳，冲击小；不需要润滑，噪声低；对轴产生的压力也较小。但是，啮合型同步带传动带轮的结构较为复杂，加工制造比较麻烦。

第 2 节　链 传 动

一、链传动的主要类型与特点

<u>链传动由主动链轮、链条和从动链轮组成</u>。链轮上具有特定的齿形，链条套装在主动链轮和从动链轮上，工作时靠链条的链节与链轮的啮合来传递运动和动力。

1. 链传动的主要类型

按照用途不同，链传动可分为三类。

（1）传动链　传递运动和动力，应用于一般的机械传动。

（2）输送链　输送货物，应用于各种输送装置和机械化装卸设备，如自动扶梯、运输带。

（3）起重链　应用于起重机械牵引或提升重物。

2. 链传动的主要特点

链传动是具有中间挠性件的啮合传动，与带传动相比，具有以下特点：

（1）链传动的平均传动比准确，没有弹性滑动和打滑。

（2）承载的能力较大，传动效率较高，适合于低速重载的传动。

（3）链传动的链节是由钢材制成的，能在高温、水或油等恶劣的条件下工作。

（4）高速运动时噪声较大，磨损后容易发生脱链。

二、滚子链与链轮的结构

按照结构不同，链传动可分为滚子链、套筒链、齿形链等。常用的是滚子链。

1. 滚子链的结构

滚子链的结构如图 12-12 所示，单排滚子链由内链板 1、外链板 2、销轴 3、套筒 4、滚子 5 组成。内外链节之间、滚子与套筒之间为间隙配合，可相对转动，使链条与链轮齿啮合时形成滚动摩擦，以减轻磨损。其余零件为过盈配合。链板做成 8 字形，使链板各截面的强度大致相等，并减轻链条的重量。

链条的零件由碳素结构钢或合金结构钢制成,经过热处理以提高强度和耐磨性。

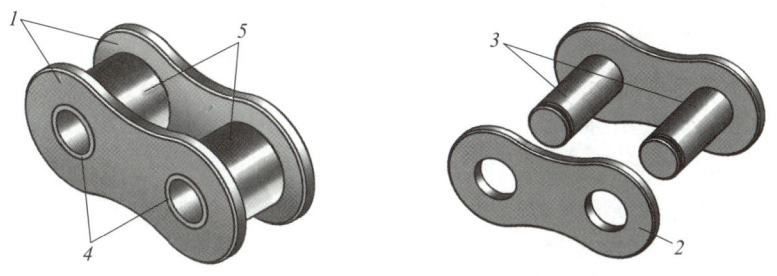

图 12-12　滚子链的结构

单排滚子链的接头如图 12-13 所示。常用偶数链节的连接选用弹簧锁片或开口销,奇数链节的连接选用单排过渡链节。

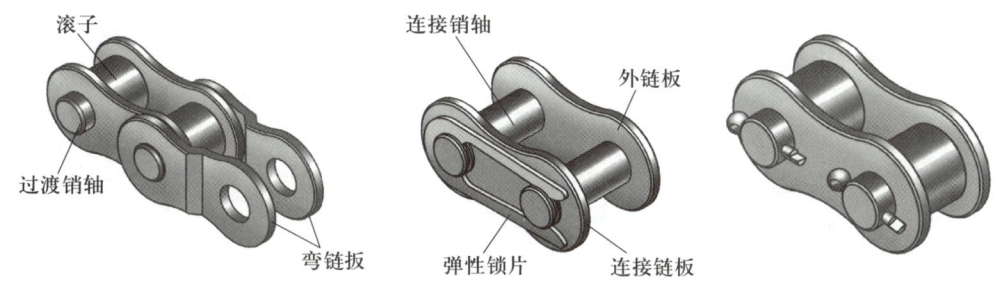

图 12-13　单排滚子链的接头

双排滚子链如图 12-14 所示,主要应用于传递功率较大的重载场合。

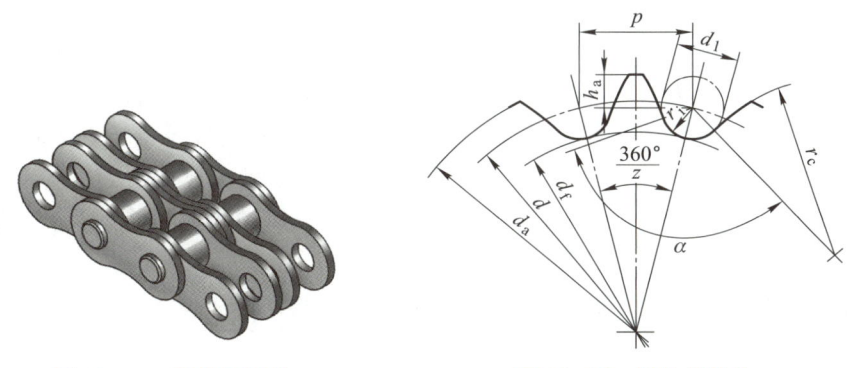

图 12-14　双排滚子链　　　　　　　　　　图 12-15　链轮的结构

2. 链轮的结构

滚子链与链轮的啮合属于非共轭啮合,链轮端面齿形的设计有较大的灵活性,目前应用较多的是双圆弧齿形链轮的结构,如图 12-15 所示。其主要的参数如下。

(1) 齿数 z　链轮上的齿数。

(2) 节距 p　两相邻链节铰链中心间的距离称为节距。

(3) 分度圆 d　链条与链轮啮合时,链条销轴的轴心连线所在的圆称为分度圆。分度圆与链轮同心。

（4）齿顶圆 d_a　齿顶所在的圆称为齿顶圆。

（5）齿根圆 d_f　与齿槽底相切的圆称为齿根圆。

链轮的几何尺寸必要时参考设计手册。

当链轮采用标准齿形且用标准刀具加工时，在链轮的图样上不必画出链轮的端面齿形，只需标注链轮的主要参数和"齿形按 GB/T 10855—2016 制造"即可。

链轮的轮齿需要具有足够的疲劳强度、耐磨性和抗冲击性能，链轮的材料采用 20Cr 经过渗碳淬火处理，以提高轮齿表面的硬度，也可用 45、40Cr 等优质碳素结构钢、合金结构钢表面淬火，使硬度达到 45HRC 以上。

三、链传动的运动特性

1. 平均链速与平均传动比

链传动时，绕在链轮上的链条折成正多边形，如图 12-16 所示。正多边形的边长即是链条的节距，链轮的边数为链轮的齿数。链条的平均速度为

$$v = \frac{z_1 n_1 p}{60 \times 1\,000} = \frac{z_2 n_2 p}{60 \times 1\,000}$$

得出链传动的平均传动比

$$i = \frac{n_1}{n_2} = \frac{z_2}{z_1}$$

由于齿数是定值，所以链传动的平均传动比为定值。

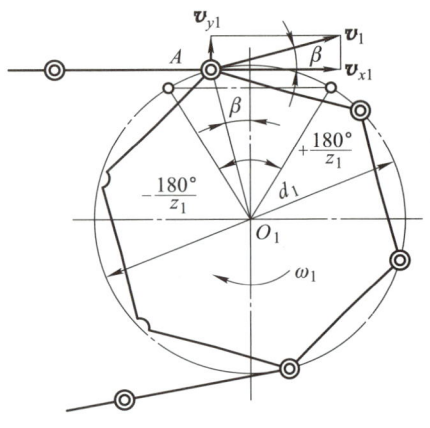

图 12-16　链传动的速度分析

2. 瞬时链速与瞬时传动比

链传动就像绕在两个多边形轮子上的带传动，当主动链轮匀速转动时，虽然主动链轮的角速度 ω_1 为常数，但是多边形边长上的各点到圆心的距离是不相等的，所以边长上的每一个点的速度也是不相等的，随着转角的变化而变化，因而从动链轮的角速度以及链传动的瞬时传动比都是周期性变化的，这称为多边形效应。链轮的齿数越少，多边形效应越明显，传动越不平稳。所以在传动比不变的情况下，应尽可能地增加小链轮的齿数 z_1，以减小多边形效应，使传动平稳。一般取 $z_1 = 17$，表 12-7 为小链轮的齿数 z_1 的推荐值。

表 12-7　小链轮的齿数 z_1 推荐值

传动比 i	1～2	2.5～4	4.5～6	$\geqslant 7$
小链轮的齿数 z_1	31～27	25～31	22～17	17

小链轮的齿数 z_1 越多，传动越平稳，但是链节距就越小，传递的功率将受到限制。所以需要综合地全面考虑后，再决定齿数。

四、链传动的使用与维护

1. 链传动的布置

链传动的布置是否合理，对链传动的正常工作和使用寿命有较大的影响。

（1）两链轮的轴线应安排在同一个水平面内。如有困难,应使两链轮中心连线与水平面的夹角小于 45°,尽可能不要垂直传动,以避免出现卡链现象,如图 12-17 所示。

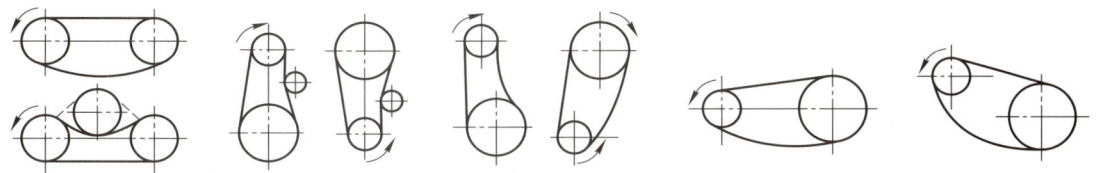

图 12-17 链传动的布置

（2）主动链轮的转向应使传动的紧边在上、松边在下。

2.链传动的安装

（1）链传动的垂度

链传动的安装过紧或过松,都将使链传动不能正常工作。过紧,将造成无法传动;过松,将造成跳链或卡链,尤其是在反转时,将会把链轮卡死。所以链传动必须留出适当的垂度,一般推荐的垂度 $f=(0.01 \sim 0.02)a$,a 为两链轮的中心距。

（2）链传动的张紧

链传动的张紧通常采用调整中心距、缩短链长或采用张紧轮的方法。靠调整中心距的方法最方便、简单、可靠;缩短链长可去掉 1 或 2 个链节,但要考虑链节的接头是否能够方便重新连接;采用张紧轮的调整余地较大,但要增加零件,如图 12-18 所示。

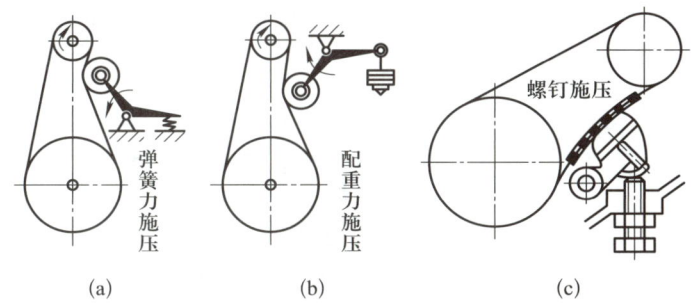

（a）　　　　　　（b）　　　　　　（c）

图 12-18 张紧轮的调整装置

3.链传动的润滑

链传动的润滑是影响传动能力和寿命的重要因素之一,润滑良好可以缓和冲击,减少链条和链轮的磨损,提高工作能力和传动效率,延长使用寿命。

（1）润滑油的选择

链传动的润滑推荐使用全损耗系统润滑油,牌号为 L-AN32、L-AN46、L-AN68。温度较低时,应选择黏度较小的润滑油,如 L-AN32。对于开式传动和低速重载传动,应选择黏度较大的润滑油,并且可在润滑油中加入添加剂,以增加润滑油与接触表面间的亲和力,减小接触面的压强。常用的添加剂有 MoS2、WS2 等。

（2）润滑方式

链传动的润滑方式由链速和链号来确定。常用的润滑方式有人工润滑(图 12-16 a);滴油润滑(图 12-16b);油浴润滑(图 12-16c),将松边链条浸入油盘中,浸油深度为 6 到 12 mm。适

用于 ν＝12 m/s 的传动；飞溅润滑(图 12-16d)：在密封容器中，用甩油盘将油甩起，沿壳体流入集油处，然后引导至链条上，甩油盘线速度应＞3 m/s；压力润滑(图 12-16e)：当采用 ν≥8 m/s 的大功率传动时，应采用特设的油泵将油喷射至链轮链条啮合处。喷油管口设在链条的啮入处，每啮入处喷油管口数为(n＋1)个，n 是链条排数。

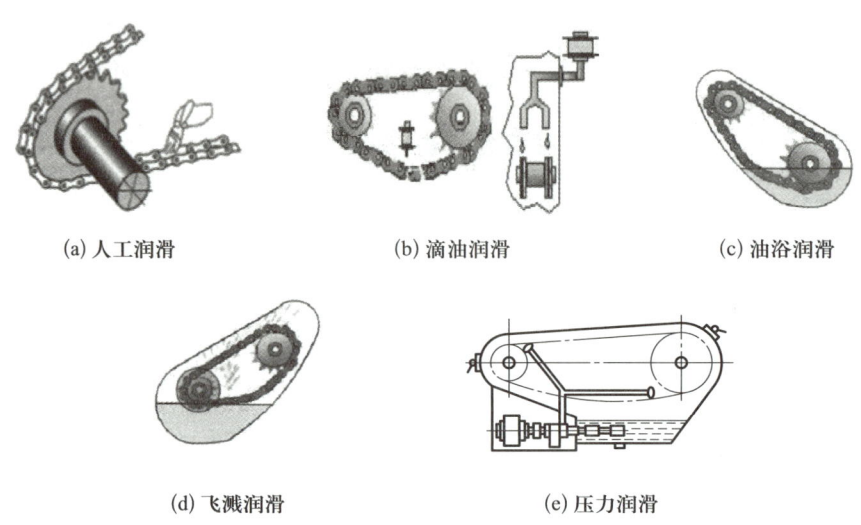

(a) 人工润滑   (b) 滴油润滑   (c) 油浴润滑

(d) 飞溅润滑   (e) 压力润滑

图 12-19　链条的润滑方式

4. 链传动的应用

链传动的应用很广，汽车发动机配气系统的正时传动就常采用链传动，如图 12-20 所示。

● 视频

链传动应用 ●

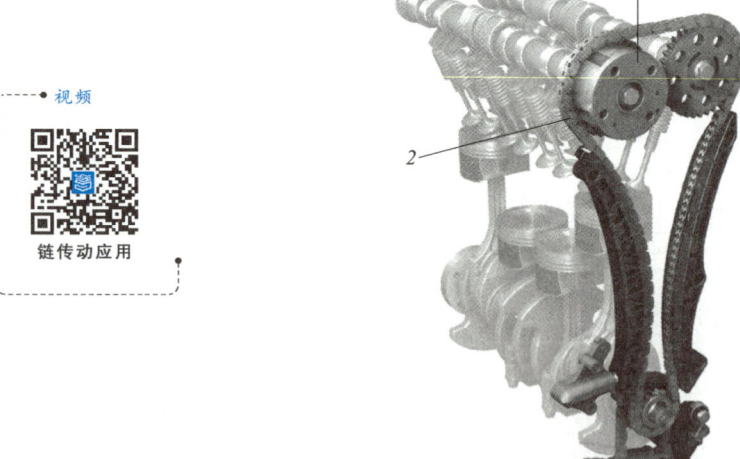

1—曲轴正时链轮；2—正时链条；3—凸轮轴正时链轮。

图 12-20　汽车发动机配气系统的正时传动

练　习

1. 摩擦带按截面形状分为哪几种类型？汽车上常用哪几种？

2. 带传动有何特点？

3. 普通 V 带按截面尺寸分为几种？V 带的基准长度是指哪个位置的尺寸？

4. 标注 B1600 的含义是什么？

5. 带的包角大小对传动有何影响？

6. 为什么要限制带的运动速度？

7. 为什么带传动的弹性滑动是不可避免的？

8. 安装和维护带传动有何要求？带传动为什么一定要加防护罩？

9. 某机床的电动机与主轴箱之间采用 V 带传动，已知电动机的额定功率 $P=5.5\ \mathrm{kW}$，转速 $n_1=1\,440\ \mathrm{m/s}$，传动比 $i=2.1$，两班制工作，带传动的中心距不大于 850 mm。试设计此 V 带传动。

10. 与带传动相比较，链传动有何特点？

11. 链传动有何运动特性？

12. 为什么链传动的链条要上紧下松，而带传动的带要上松下紧？

13. 常用链传动的张紧方法有几种？哪一种最简便？

14. 常用链传动的润滑方式有几种？如何选择润滑油的牌号？

第十三章

齿轮传动与蜗杆传动

齿轮传动机构是由主动齿轮、从动齿轮和机架组成的,如图 13-1 所示。当主动齿轮做顺时针转动时,靠轮齿的相互啮合,使从动齿轮做逆时针转动,将运动和动力传递给从动齿轮。通过改变齿轮的齿数和啮合副个数,使从动齿轮得到不同的转速和变换齿轮的转动方向。

图 13-1　齿轮传动机构

齿轮传动机构的应用非常广泛,在各行各业的机械传动中都离不开齿轮传动,如儿童玩具、钟表、家用电器、机床等。

齿轮传动在整个汽车传动系统中占有重要的地位。如汽车发动机配气机构的正时齿轮机构、变速器中的渐开线圆柱齿轮机构、换挡中的滑移齿轮、后桥主减速器中的曲齿锥齿轮传动等,都是齿轮传动机构在汽车传动系统中的典型应用。

第1节　齿轮传动

一、齿轮传动的特点与类型

1. 齿轮传动机构的特点

与其他传动机构相比较,齿轮传动机构具有以下特点:

(1) 瞬时传动比准确,传动平稳,结构紧凑,适用范围广。

（2）传动精度高；传动效率高，可达 99％；工作可靠，寿命长。

（3）可实现两轴平行、任意角度的交叉、交错传动。

（4）需要专用制造设备，成本较高。

2. 齿轮传动的类型

（1）用于两平行轴之间的传动 如图 13-2 所示的内、外齿轮传动，图 13-3 所示的斜齿轮传动和图 13-4 所示的齿轮齿条传动。当齿轮的齿数越多，齿轮的直径越大，齿顶圆随着齿轮直径的逐渐增大而变得越来越平直，直至成为一条直线。齿轮齿条传动的齿条中心在无穷远处，齿轮轮廓仍然为渐开线曲线，齿条的轮廓为一条直线。

（2）用于两相交轴之间的传动 如图 13-5 所示的锥齿轮传动。

（3）用于两相错轴之间的传动 如图 13-6 所示的蜗轮蜗杆传动。

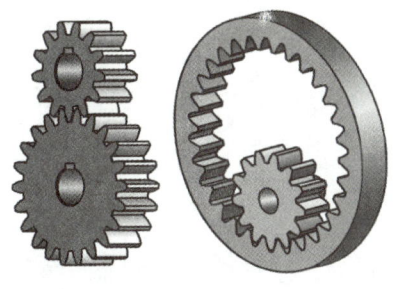

图 13-2 内、外齿轮传动

图 13-3 斜齿轮传动

斜齿轮传动

图 13-4 齿轮齿条传动

齿轮齿条传动

图 13-5 锥齿轮传动

锥齿轮传动

图 13-6 蜗轮蜗杆传动

蜗轮蜗杆传动

二、渐开线直齿圆柱齿轮轮齿的各部分名称、主要参数和几何尺寸

最常用的齿轮轮齿齿形的曲线是渐开线，其次是摆线和圆弧线。

1. 渐开线的形成及性质

渐开线齿轮的齿廓只取用了渐开线的一小段。

（1）渐开线的形成

如图 13 - 7 所示，当一条直线沿一个固定的圆周边缘做无滑动的纯滚动时，该运动直线上的任一点 K 的轨迹，称为该圆的渐开线。该直线称为发生线，该圆称为基圆。

（2）渐开线的性质

① 发生线沿基圆边缘滚过的长度 KB，等于基圆上被滚过的圆弧长 AB，即 $KB = \overset{\frown}{AB}$。

② 渐开线上的任意点 K 的法线必与基圆相切。切点 B 是渐开线上 K 点的曲率中心，线段 KB 是 K 点的曲率半径。渐开线上各点的曲率半径是不相等的，K 点越靠近基圆，其曲率半径越小，渐开线的弯曲程度越大。

③ 渐开线齿廓上某点的法线（$n-n$）与该点的速度方向（u_K）所夹的锐角称为该点的压力角（α_K）。渐开线上各点的压力角是不同的，离基圆愈远愈大，基圆上的压力角为 0。

④ 渐开线的形状决定于基圆的大小。基圆半径越小，渐开线越弯曲；基圆半径越大，渐开线越平直；基圆半径为无穷大时，渐开线成为一条斜直线。

⑤ 基圆内无渐开线。

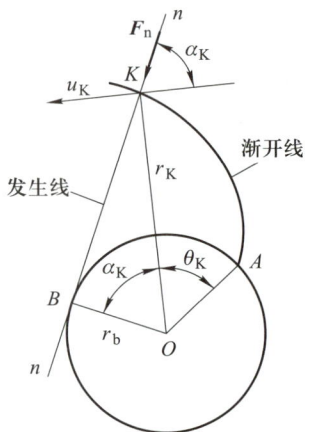

图 13 - 7　渐开线的形成

2. 渐开线直齿圆柱齿轮的各部分名称

图 13 - 8 所示为渐开线直齿圆柱齿轮的一部分，其各部分名称如下：

（1）齿顶圆　齿顶所在的圆称为齿顶圆，齿顶圆直径用 d_a 表示。

（2）齿根圆　齿槽底部所在的圆称为齿根圆，齿根圆直径用 d_f 表示。

（3）齿厚　同一轮齿上左、右两齿廓之间的某一圆周弧长称为齿厚，分度圆上的齿厚用 s 表示。

（4）齿槽宽　相邻两齿之间的某一圆周弧长称为齿槽宽，分度圆上的齿槽宽用 e 表示。

（5）齿距　相邻两齿同一侧齿廓圆周弧长称为齿距，分度圆上的齿距用 p 表示。

（6）分度圆　轮齿上齿厚等于齿槽宽所在的圆称为分度圆，分度圆直径用 d 表示。

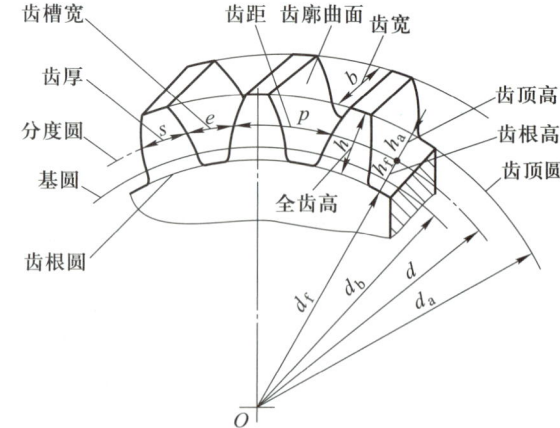

图 13 - 8　渐开线直齿圆柱齿轮各部分名称

（7）齿顶高　分度圆到齿圆顶之间的径向距离称为齿顶高，用 h_a 表示。

（8）齿根高　分度圆到齿根圆之间的径向距离称为齿根高，用 h_f 表示。

（9）齿全高　齿顶圆到齿根圆之间的径向距离称为齿全高，用 h 表示。

（10）中心距　两传动齿轮中心的距离称为中心距，用 a 表示。

3. 渐开线直齿圆柱齿轮的主要参数

渐开线直齿圆柱齿轮的各部分几何尺寸是用参数来表示的，主要参数有齿数、模数、压力角、齿顶高系数和顶隙系数 5 个。

（1）齿数 z　齿轮圆周上轮齿的总数。

（2）模数 m　齿轮几何尺寸的重要参数。

齿轮分度圆周长的计算可表示为

$$C = \pi d = zp$$

$$d = \frac{zp}{\pi}$$

式中，π 是无理数，为了使分度圆得到比较整齐的数，令 $\dfrac{p}{\pi} = m$，m 称为模数。所以得出

$$d = mz$$

$$p = m\pi$$

模数是决定齿轮尺寸的最主要参数。分度圆直径不变，模数越大，齿数越少，如图 13-9 所示；齿数不变，模数越大，分度圆直径也越大，如图 13-10 所示。齿形越大，强度越高，传递的动力也越大。

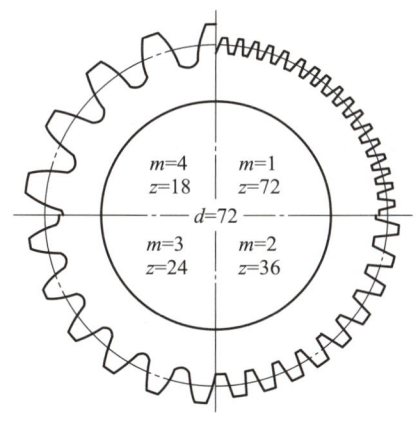

图 13-9　模数与齿数

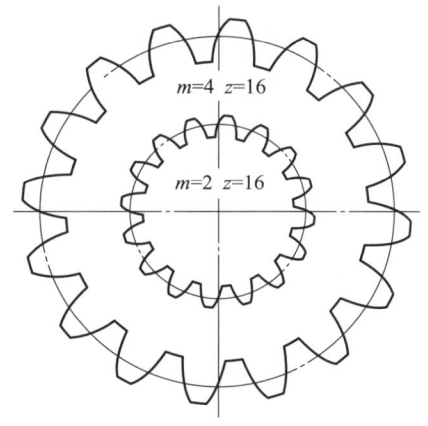

图 13-10　模数与分度圆

我国规定了标准模数系列，见表 13-1。

表 13-1　标准模数系列（摘自 GB/T 1357—2008）　　　　　　　mm

第一系列	1,1.25,1.5,2,2.5,3,4,5,6,8,10,12,16,20,25,32,40,50
第二系列	1.125,1.375,1.75,2.25,2.75,3.5,4.5,5.5,(6.5),7,9,11,14,18,22,28,35,45

（3）压力角 α　压力角指轮齿速度方向与受力方向所夹的锐角，通常指分度圆上的压力角 α。我国规定分度圆上的标准压力角为 $20°$。压力角不同，轮齿的形状也不同。

（4）齿顶高系数 h_a^*　标准齿轮的齿顶高系数 $h_a^*=1$。

（5）顶隙系数 c^*　标准齿轮的顶隙系数 $c^*=0.25$。

4. 渐开线直齿圆柱齿轮的几何尺寸计算

渐开线直齿圆柱齿轮的几何尺寸计算公式见表 13-2。

表 13-2　渐开线直齿圆柱齿轮的几何尺寸计算公式

名称	公式
分度圆直径	$d=mz$
基圆直径	$d_b=mz\cos\alpha$
齿顶圆直径	$d_a=m(z+2)$
齿根圆直径	$d_f=m(z-2.5)$
齿顶高	$h_a=h_a^*m=m$
齿根高	$h_f=(h_a^*+c^*)m=1.25m$
齿全高	$h=(2h_a^*+c^*)m=2.25m$
齿距	$p=\pi m$
基圆上齿距	$p_b=\pi m\cos\alpha$
标准中心距	$a=m(z_1+z_2)/2$

注：该表为外啮合齿轮几何尺寸计算公式。

例 13-1　已知一对渐开线标准直齿圆柱齿轮传动的模数 $m=10$ mm，主动齿轮的齿数 $z_1=20$，从动齿轮的齿数 $z_2=80$，压力角 $\alpha=20°$，试计算直齿圆柱齿轮的各部分尺寸。

解：按计算公式得出直齿圆柱齿轮的各部分尺寸，见表 13-3。

表 13-3　直齿圆柱齿轮的各部分尺寸

名称	公式
分度圆直径	$d=mz=10\times20$ mm$=200$ mm
齿顶圆直径	$d_a=m(z+2)=10\times(20+2)$ mm$=220$ mm
齿根圆直径	$d_f=m(z-2.5)=10\times(20-2.5)$ mm$=175$ mm
齿顶高	$h_a=h_a^*m=m=10$ mm
齿根高	$h_f=(h_a^*+c^*)m=1.25m=1.25\times10$ mm$=12.5$ mm
齿全高	$h=(2h_a^*+c^*)m=2.25m=(2\times1+0.25)\times10$ mm$=22.5$ mm
齿距	$p=\pi m=3.14\times10$ mm$=31.4$ mm
标准中心距	$a=m(z_1+z_2)/2=10\times(20+80)$ mm$/2=500$ mm

例 13-2　测得一渐开线标准直齿圆柱齿轮的齿全高为 11.5 mm，齿数为 23，试计算该齿轮的齿顶圆直径。

解：应用齿全高计算公式求模数 m。

$$h=(2h_a^*+c^*)\mathrm{m}=2.25m$$

$$11.5 \text{ mm} = 2.25m$$

$$m = 5.11 \text{ mm}$$

查表 13-1，相近的标准模数值只有 4、5、6，由于测量误差或齿轮使用后变形的原因，导致出现偏差，可以肯定该齿轮的模数应当为 5 mm。应用齿顶圆直径计算公式：

$$d_a = m(z + 2) = 5 \times (23 + 2) \text{ mm} = 125 \text{ mm}$$

三、一对渐开线标准直齿圆柱齿轮的啮合传动

1. 啮合过程

图 13-11 所示为一对渐开线标准直齿圆柱齿轮的啮合过程。开始啮合时，主动轮齿根上的 B_2 点推动从动轮齿顶圆上的 B_2 啮合点，使从动轮做逆时针转动，B_2 点为啮合的起始点。随着主动轮不断地做顺时针转动，啮合点逐渐向主动轮齿顶圆上的 B_1 点移动，直至退出啮合为止，B_1 点为啮合的终止点。啮合点 B_2、B_1 所在的直线称为啮合线。由渐开线的性质可知，过啮合点作两齿廓的公法线必定与两基圆相切，而与两基圆相切的直线只能有一条，即两基圆的内公切线，所以，内公切线、两齿廓的公法线和啮合线重合在一条直线上。B_2B_1 称为实际啮合线段，而切点 N_1、N_2 的连线 N_1N_2 为理论啮合线段。N_1N_2 与两圆心 O_1O_2 连线的交点 C 称为节点。

2. 传动比恒定

由于在 C 点两轮节点的线速度数值是相等的，线速度方向垂直于 O_1O_2 的连线，所以：

$$v_c = \omega_1 \cdot O_1C = \omega_2 \cdot O_2C$$

得

$$i = \frac{\omega_1}{\omega_2} = \frac{O_2C}{O_1C} = \frac{r_{b2}}{r_{b1}} = 常数$$

图 13-11　一对渐开线标准直齿圆柱齿轮的啮合过程

所以，渐开线标准直齿圆柱齿轮的传动比恒定不变。

3. 中心距可分性

一对渐开线标准直齿圆柱齿轮的传动比与两基圆的半径成反比。在实际传动中，如果中心距发生微小的变化，传动比并不会发生变化，这称为渐开线齿轮传动的中心距可分性。中心距可分性给齿轮的设计、制造和安装提供了极大的方便。

4. 齿廓间的作用力方向不变

渐开线齿轮的两齿廓无论在何处啮合，齿廓间作用的压力方向都在两基圆的内公切线上，即在接触点的公法线上，也就是啮合线方向，啮合线为固定的直线。所以齿廓间作用的压力方向不变，传动平稳。

5. 正确啮合条件

虽然一对渐开线标准直齿圆柱齿轮传动时能保证瞬时传动比恒定，但并不是任意两个渐开线标准直齿圆柱齿轮都能搭配啮合，必须具备一定的参数条件才能正确啮合。一对渐开线标准

<u>直齿圆柱齿轮正确啮合的条件是两个齿轮的模数和压力角必须分别相等,且等于标准值。</u>

$$m_1 = m_2 = m$$

$$\alpha_1 = \alpha_2 = \alpha$$

从外形上看,两个齿轮的全齿高和齿厚都相等才能正常地啮合传动。

6.正确安装中心距

如图 13-12 所示,一对渐开线标准直齿圆柱齿轮无侧隙传动时,其中心距为

$$a = r_{a1} + r_{f2} + c = r_1 + h_a^* m + r_2 - (h_a^* + c^*)m + c^* m$$

$$= r_1 + r_2 = \frac{m}{2}(z_1 + z_2)$$

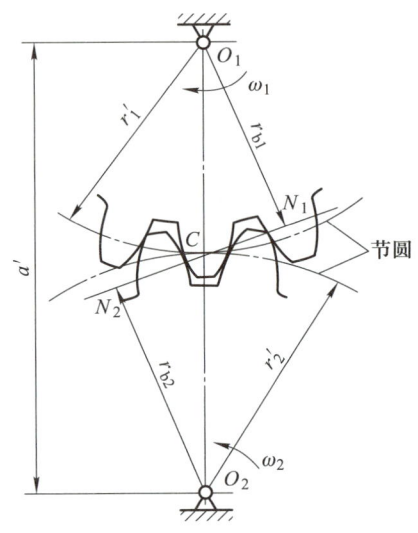

图 13-12　齿轮传动的安装

上式表明,渐开线标准直齿圆柱齿轮机构的中心距等于两齿轮分度圆半径之和。这种中心距称为<u>标准中心距</u>或<u>正确安装中心距</u>。

四、渐开线齿轮的加工原理及根切现象

1.齿轮的加工

齿轮的成形方法很多,有铸造、锻造、热轧、注塑等,应用最多的是切削加工。按切削加工的原理不同,<u>齿轮加工分为仿形法和展成法两种</u>。

（1）仿形法

仿形法是在普通铣床上,用轴向断面形状与被切齿轮轮槽形状完全相同或相似的成形铣刀,铣削出齿轮的加工方法。图 13-13 所示为用盘形铣刀和指状铣刀加工齿轮。

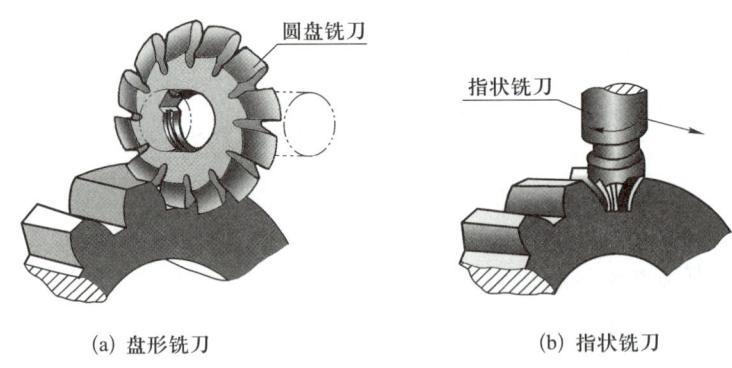

(a) 盘形铣刀　　　　　　　　　　(b) 指状铣刀

图 13-13　用盘形铣刀和指状铣刀加工齿轮

仿形法加工齿轮的精度低、效率低,适用于单件生产。

（2）展成法

展成法是利用一对无侧隙啮合齿轮传动时,两轮齿廓曲线互为包络线的原理,将其中一个齿轮制成刀具的齿形,与被加工齿轮的毛坯共轭展成运动,形成渐开线齿形。常用的加工方法有齿

轮插刀和蜗轮滚刀,如图 13-14 和图 13-15 所示。

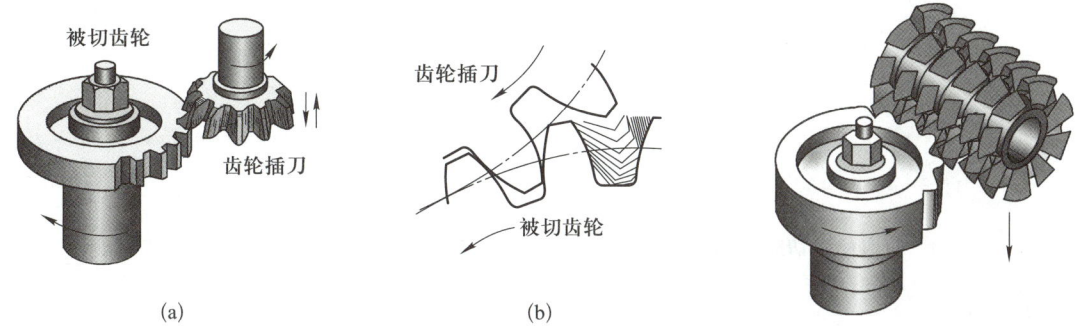

(a)	(b)
图 13-14　齿轮插刀加工齿轮及切削轨迹	图 13-15　蜗轮滚刀加工齿轮

展成法加工齿轮的精度高,渐开线的形状准确,生产率高。只要模数和压力角相同,不管齿数多少,都能用同一把刀具来加工。所以,展成法目前得到广泛应用。但是,安装滚刀时,为了切出渐开线齿形,必须将滚刀倾斜一定的角度,倾斜角的误差使得加工后的齿轮轮廓不是准确的渐开线齿形。对于齿形精度要求较高的渐开线齿轮,只能采用插齿加工的方法。

2. 根切现象

用展成法加工齿轮时,如果齿轮的齿数太少,轮齿根部的渐开线齿廓会被部分切去,这种现象称为根切,如图 13-16 所示。轮齿被根切后,齿根的强度被削弱,传动精度降低,平稳性变差,所以应当避免根切现象的发生。根切现象与齿轮的齿数有关,理论计算表明,只有当被加工的标准直齿圆柱齿轮的齿数小于 17 时,才会出现根切现象。

五、变位齿轮简介

当被加工齿轮的齿数小于 17 时,只有采用变位的加工方法,才能避免出现根切现象,所得到的齿轮称为变位齿轮。变位齿轮的加工是靠调整刀具与被加工齿轮毛坯的中心距的方法获得的。当调整后刀具与被加工齿轮毛坯的中心距大于标准中心距时,加工后的齿轮为正变位齿轮,分度圆的齿厚大于齿宽的齿厚;当调整后刀具与被加工齿轮毛坯的中心距小于标准中心距时,加工后的齿轮为负变位齿轮,分度圆的齿厚小于齿宽的齿厚。图 13-17 所示为变位齿轮与标准齿轮齿厚的比较。图中 x 表示变位系数,$x>0$ 为正变位齿轮,得到细点画线的齿形;$x<0$ 为负变位齿轮,得到细虚线的齿形。显然,正变位齿轮的齿厚要大于负变位齿轮的齿厚,正变位齿轮适用于主动轮齿轮,可以延长齿轮的寿命。变位齿轮一般应用在特殊要求的工作场合,汽车中的许多齿轮采用了变位齿轮。

变位齿轮主要应用于以下两种场合:

(1) 两轴之间有多组齿轮变速传动。当两轴之间有多对齿轮变速传动时,在满足传动比要求的前提下,只能采用变位齿轮的方法来调整某一对齿轮传动的中心距,达到多对齿轮变速共用一个固定不变的中心距。

(2) 等寿命设计。相同模数的渐开线齿轮,齿数越多,渐开线越平直,齿根的厚度越大,抗弯曲的能力越强,寿命越长。相比之下,小齿轮抗弯曲的能力要比大齿轮小。为了使一对齿轮具有相同的使用寿命,往往对小齿轮做正变位修正,以达到一对齿轮的等寿命设计。

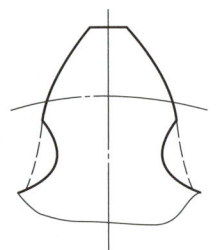

图 13-16　轮齿的根切现象

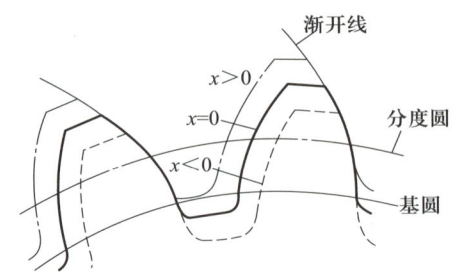

图 13-17　变位齿轮与标准齿轮齿厚的比较

六、齿轮的精度

1. 齿轮的加工精度

齿轮的加工精度将影响到传动精度。常用测量齿轮的公法线长度 W 值的指标来控制齿轮的加工精度，如图 13-18 所示。一般公法线长度 W 值在齿轮的零件图中已经标出，测量时只要检查公法线长度在 W 值允许的公差范围内即可。

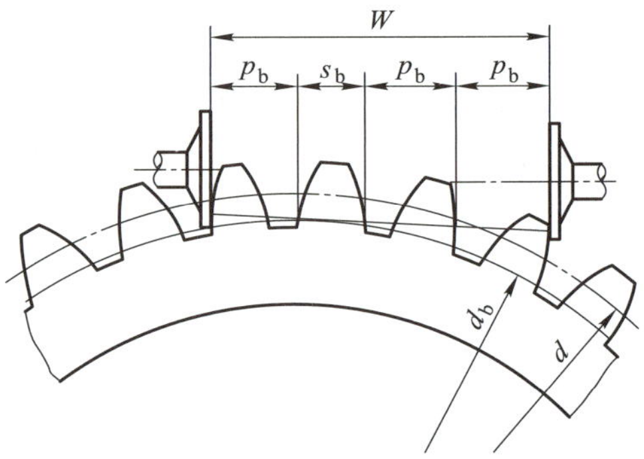

$$W = (k-1)p_b + s_b$$

式中　p_b——齿轮基圆的齿距；

s_b——齿轮基圆的齿厚；

k——跨测齿数。

图 13-18　公法线长度 W 值的测量

2. 齿轮的传动精度

齿轮在制造和安装的过程中，不可避免地会产生一定的误差，影响齿轮的正常传动。GB/T 10095.1—2022规定，齿轮的传动精度分为 12 级，精度从 1~12 级依次降低。常用中级精度 6、7、8 级。

一对齿轮的传动精度由四个方面组成，即运动精度、工作平稳性、接触精度和齿轮副的侧隙。

（1）运动精度　指齿轮转动一周的转角最大误差值不超过允许的范围，表示传递运动的准确性。用百分表检查齿轮转动的径向跳动值和端面跳动值是否超过允许的误差来衡量运动精度，如手表秒针转一圈的误差控制在 0.000 1 s 的范围内。

（2）工作平稳性　指齿轮瞬时传动比的变化限制在一定的范围内，表示传递运动的平稳性，如手表秒针和分针的瞬时传动比保持 60:1 的关系。

（3）接触精度　指齿轮传动的轮齿接触表面大且均匀，接触斑点占整个齿面的比例（如接触斑点超过 60%）。接触斑点的位置和大小一般用涂色法检查，在大齿轮啮合表面均匀涂上薄薄的一层显示剂，转动主动齿轮，齿轮的啮合表面上会印出接触痕迹，根据痕迹的大小判断接触精度的高低。一般齿轮传动的接触斑点在齿廓宽度上不少于 40%~70%，在齿廓高度上不少于 30%~50%。图 13-19 所示为接触斑点的不同位置和大小。

（4）齿轮副的侧隙　指齿轮非工作面在齿廓法线方向上的间隙，间隙可用于储存润滑油和防止卡死。齿轮副的侧隙用齿厚的上、下极限偏差来表示，可查相关资料，如上极限偏差 F、下极

| 正确啮合 | 中心距过小 | 中心距过大 | 两轴线不平行 |

图 13‑19　接触斑点的不同位置和大小

限偏差 L。

　　例如，常见的齿轮传动精度标记为 8‑7‑7 FL GB/T 10095—2008。表示该齿轮的精度要求为：运动精度为 8 级、工作平稳性为 7 级、接触精度为 7 级、齿轮副的侧隙为 FL。数值越小，精度等级越高。

　　齿轮加工是一次切削完成的，运动精度、工作平稳性、接触精度不会相差过大，相比之下，运动精度略低于工作平稳性和接触精度，但一般相差不会超过 2 级。常用的齿轮机床的加工精度在 6～9 级之间。

七、齿轮的失效形式

　　齿轮的失效是指齿轮传动失去正常的工作精度。齿轮失效主要有五种形式。

1. 轮齿折断

　　齿轮传动时，轮齿承受很大的载荷，根部产生弯曲应力，在长期循环载荷的作用下，当弯曲应力超过材料允许的疲劳强度极限时，轮齿的根部将出现疲劳裂纹，随着裂纹的扩大，导致整个齿根折断，这种折断称为疲劳折断；轮齿受到短时过载或冲击作用而引起突然折断，称为过载折断，如图 13‑20 所示。

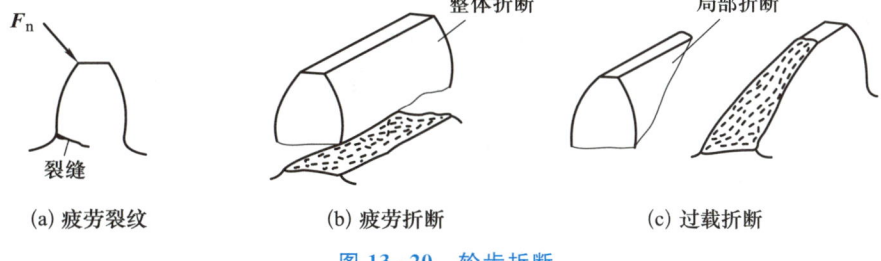

| (a) 疲劳裂纹 | (b) 疲劳折断 | (c) 过载折断 |

图 13‑20　轮齿折断

过载折断常出现在没有良好润滑条件的开式齿轮传动中。

2. 齿面疲劳点蚀

　　齿轮传动时，当长期循环的交变应力超过材料的许用值，接触表面会出现微小的疲劳裂纹。在充分润滑的条件下，进入裂纹的润滑液受到密封高压的作用，使齿面金属剥落而形成麻点状的凹坑，这种现象称为齿面疲劳点蚀，如图 13‑21 所示。齿面疲劳点蚀常出现在闭式齿轮的传动中。

3. 齿面磨损

　　轮齿啮合表面落入金属屑、粉尘等物质，当润滑条件较差时，使齿面材料磨损，失去了渐开线齿廓的形状，如图 13‑22 所示。齿面磨损常发生在润滑条件较差的开式齿轮传动中。

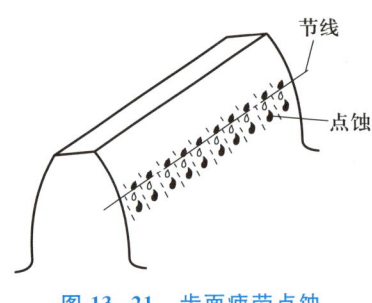

图 13-21　齿面疲劳点蚀

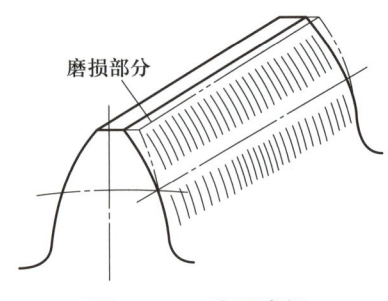

图 13-22　齿面磨损

4.齿面胶合

相互啮合的金属齿面,在高速重载的条件下,表面压力和温度过高容易造成黏着,随着齿面的相对运动,较硬的齿面将较软的齿面撕成沟纹的现象称为齿面胶合,如图 13-23 所示。

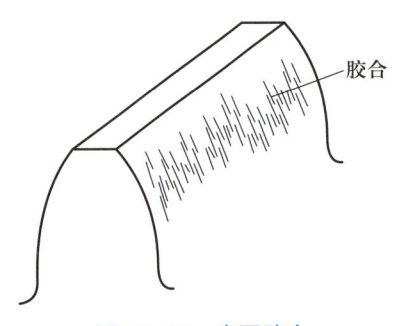

图 13-23　齿面胶合

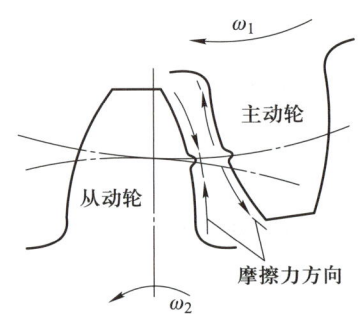

图 13-24　齿面塑性变形

5.齿面塑性变形

如果齿轮的齿面硬度不高,当低速重载、冲击载荷或频繁起动时,轮齿表面在切向摩擦力的相互作用下,主动轮的表面将被拉出凹槽,从动轮的表面将被挤压出凸棱,破坏了正常的齿形,称为齿面塑性变形,如图 13-24 所示。

八、常用齿轮的材料和结构

1.常用齿轮的材料

常用齿轮的材料有锻钢、铸钢、铸铁和非金属材料。钢质齿轮要进行热处理,以改善齿轮的力学性能。

（1）锻钢

锻造齿轮的组织均匀、力学性能好、强度高、承载能力大,常用优质碳素结构钢和合金结构钢,如 45、40Cr 等。由于锻造设备能力限制,锻造齿轮的直径一般小于 500 mm。

齿轮工作表面硬度≤350 HBW 的齿轮称为软齿面齿轮。软齿面齿轮在正火或调质后进行切削加工,适用于中小功率、精度要求不高的闭式传动。

齿轮工作表面硬度大于 350 HBW 的齿轮称为硬齿面齿轮。硬齿面齿轮在切齿后进行热处理,如表面淬火、渗碳后淬火,然后再精加工。淬火后的齿轮表面硬度高,适用于重载、高速的机械传动。

（2）铸钢

当齿轮的结构较为复杂或直径大于 500 mm，不能选用锻造时，只能选择铸钢。铸钢齿轮的力学性能不如锻钢。

（3）铸铁

当低速、载荷不大时，可选用铸铁作为齿轮材料。

（4）非金属材料

在载荷较轻、转速较高的低噪声场合，如家用电器、办公机械，可选用尼龙、塑料等非金属材料制造齿轮。常用齿轮材料、热处理及力学性能见表 13-4。

表 13-4　常用齿轮材料、热处理及力学性能

材料	热处理	R_m/MPa	R_{eL}/MPa	硬度
45	正火 调质后表面淬火	650 700	360 450	229～302 HBW 40～50 HRC
40Cr	调质 调质后表面淬火	700 900	500 650	241～286 HBW 48～55 HRC
20CrMnTi	渗碳后表面淬火	1 100	850	58～62 HRC
ZG310～570	正火	570	310	163～197 HBW

2. 常用齿轮的结构

常用圆柱齿轮的结构由轮缘、轮辐和轮毂三部分组成，齿轮的结构形式根据齿顶圆的大小分为齿轮轴、实心齿轮、腹板式齿轮和轮辐式齿轮四种形式。

（1）齿轮轴　当齿顶圆直径小于 2 倍轴孔时，将齿轮和轴做成一体，称为齿轮轴，如图 13-25a 所示。

（2）实心齿轮　当齿顶圆直径小于 200 mm 时，采用实心式结构，如图 13-25b 所示。

（3）腹板式齿轮　当齿顶圆直径在 200～500 mm 之间时，采用腹板式结构，如图 13-25c 所示。

（4）轮辐式齿轮　当齿顶圆直径大于 500 mm 时，采用铸造方法制造，选用轮辐式结构，如图 13-25d 所示。

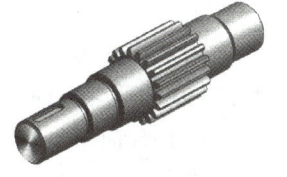
(a) 齿轮轴

(b) 实心齿轮

(c) 腹板式齿轮

(d) 轮辐式齿轮

图 13-25　轮辐的结构

九、齿轮传动的润滑与维护

1. 齿轮传动的润滑

齿轮传动的润滑工作归纳为"五定"到位，即定点、定质、定量、定期、定人。

（1）定点　所有的运动副加油到位。

（2）定质　油质到位。

（3）定量　油量到位。

（4）定期　加油期限到位。

（5）定人　责任人到位。

闭式齿轮传动应定期更换规定牌号的润滑油,确保润滑油的清洁,检查供油系统是否处于正常状态,防止油温过高。油浴润滑的油液高度不超过齿高的 3 倍,油液过高会增加齿轮传动的阻力,但最少不低于齿高的 1/3。

一般闭式齿轮传动的润滑方式根据齿轮的圆周速度 v 的大小而定。当 $v<12$ m/s,多采用油池润滑(如图 13-26a,b),即大齿轮浸入油池一定深度,齿轮运转时,就把润滑油带到啮合区,同时也甩到箱壁上,借以散热。当 $v>12$ m/s,由于圆周速度大,齿轮搅油剧烈,且黏附在齿面上的油易被甩掉,不能形成合适的润滑油膜,应采用喷油润滑(图 13-26c)。

闭式齿轮传动的润滑方式如图 13-26 所示。

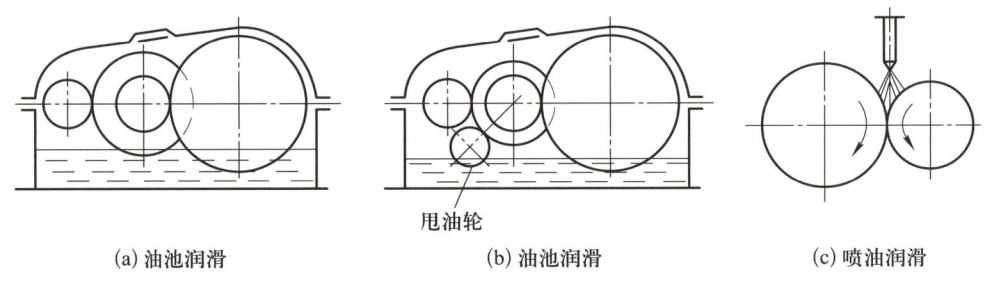

(a) 油池润滑　　　　　　　(b) 油池润滑　　　　　　　(c) 喷油润滑

甩油轮

图 13-26　闭式齿轮传动的润滑方式

开式齿轮传动常选用润滑脂,根据承载条件选用润滑脂的牌号和参数,润滑脂的添加量以够用为准,过多的油脂在啮合时将被挤出。

2. 齿轮传动的维护

"看"和"听"是维护齿轮传动最常用的方法。直接检查开式齿轮传动的齿面,或从窥视孔观察闭式齿轮传动的齿面啮合状态;通过耳朵判断齿轮传动的啮合是否发出异常的声音,常见的异常声音来自配合间隙过大、径向跳动、轴向窜动、连接松动和润滑剂牌号不符合要求。维护时,根据具体的产生原因采取相应的解决办法。

拆卸齿轮时,最好选用压力机或拆卸器将齿轮压出,也可用紫铜棒锤击齿轮的轮毂部分,注意受力均匀。

装配齿轮时,最好选用压力机或用紫铜棒锤击齿轮的轮毂部分,注意受力均匀,并安装到轴向位置,使齿轮端面和轴线垂直。

十、锥齿轮传动简介

1. 锥齿轮的传动特点、分类和应用

（1）锥齿轮的传动特点

锥齿轮的轮齿分布在圆锥体上,其齿形从大端向小端逐渐收缩,如图 13-5 所示。

锥齿轮传动相当于一对做纯滚动的圆锥摩擦轮机构,两锥齿轮的锥顶相交于一点。与圆柱齿轮相似,锥齿轮有分度圆锥、齿顶圆锥、齿根圆锥等。

锥齿轮传动用于传递两相交轴间的运动和动力。在一般的机械传动中,两轴间多采用 90°的夹角。

（2）锥齿轮的分类

按齿形不同,锥齿轮分为直齿、斜齿和曲齿三种。图 13-27 所示为斜齿和曲齿锥齿轮。

图 13-27　斜齿和曲齿锥齿轮

（3）锥齿轮传动的应用

汽车上将锥齿轮传动应用于传动轴与差速器的连接中,改变了传动轴与后驱动轴的运动方向。为了使后驱动轴传动平稳,结构更紧凑,传递更大的动力,选用曲齿锥齿轮。

2. 锥齿轮传动的主要参数和几何尺寸

（1）传动比 i

传动比与两轮转速和齿数有关:

$$i = \frac{n_1}{n_2} = \frac{z_2}{z_1}$$

（2）模数 m 及其他参数

直齿锥齿轮的各参数都以大端为准,大端的模数 m 和压力角 α 为标准值。标准模数见表 13-5。标准压力角 $\alpha = 20°$,齿顶高系数 $h_a^* = 1$,顶隙系数 $c^* = 0.2$。

（3）直齿锥齿轮的正确啮合条件

直齿锥齿轮的正确啮合条件与直齿圆柱齿轮相同,即

$$m_1 = m_2 = m$$

$$\alpha_1 = \alpha_2 = \alpha$$

（4）几何尺寸计算

图 13-28 所示为等顶隙锥齿轮传动,其几何尺寸计算公式见表 13-6。

表 13-5　直齿锥齿轮的标准模数　　　　　　　　　　　　　　　　　　　　mm

标准模数	…2、2.25、2.5 、2.75、3、3.25、3.5、3.75、4、4.5、5、5.5、6、6.5、7、8、9、10、11、12、14、16、18、20…

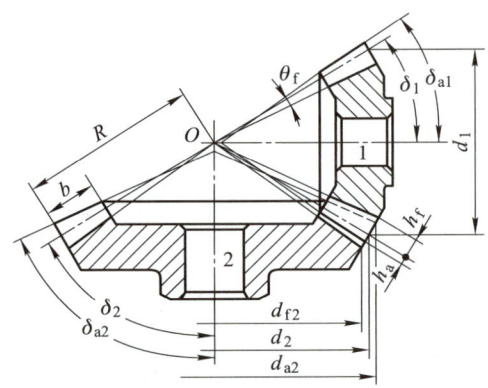

图 13-28　等顶隙锥齿轮传动

表 13-6　标准直齿锥齿轮传动几何尺寸计算公式

名称		符号	计算公式
基本参数	模数	m	按表 13-10 选取
	压力角	a	标准值 $\alpha=20°$
	齿数	z	按规定选取
	齿顶高系数	h_a^*	标准值 $h_a^*=1$
	顶隙系数	c^*	标准值 $c^*=0.2$
几何尺寸	分度圆锥角	δ	$\delta_1=\operatorname{arccot} i$，$\delta_2=90°-\delta_1$
	分度圆直径	d	$d_1=mz_1$，$d_2=mz_2$
	齿顶高	h_a	$h_a=h_a^* m=m$
	齿根高	h_f	$h_f=(h_a^*+c^*)m=1.2m$
	齿高	h	$h=h_a+h_f=2.2m$
	齿顶圆直径	d_a	$d_{a1}=d_1+2h_a\cos\delta_1$，$d_{a2}=d_2+2h_a\cos\delta_2$
	齿根圆直径	d_f	$d_{f1}=d_1-2h_f\cos\delta_1$，$d_{f2}=d_2-2h_f\cos\delta_2$
	锥距	R	$R=\dfrac{d_1}{2\sin\delta_1}=\dfrac{d_2}{2\sin\delta_2}$
	齿宽	b	$b\leqslant R/3$,取整数
	齿根角	θ_f	$\theta_f=\arctan(h_f/R)$
	顶锥角	δ_a	$\delta_{a1}=\delta_1+\theta_f$，$\delta_{a2}=\delta_2+\theta_f$
	根锥角	δ_f	$\delta_{f1}=\delta_1-\theta_f$，$\delta_{f2}=\delta_2-\theta_f$

第2节　齿轮系及其应用

在大多数机械及汽车传动中，很少仅仅应用一对齿轮来传递运动和扭矩，一般都是由一系列互相啮合的齿轮组成传动系统，将主动轴和从动轴连接起来，以获得更大的传动比，这一系列齿轮组成的传动系统称为齿轮系。齿轮系的应用非常广泛，如图 13-29 所示的多级减速箱，机床的主轴箱、进给箱、滑板箱、挂轮箱。图 13-30 所示为汽车变速箱。

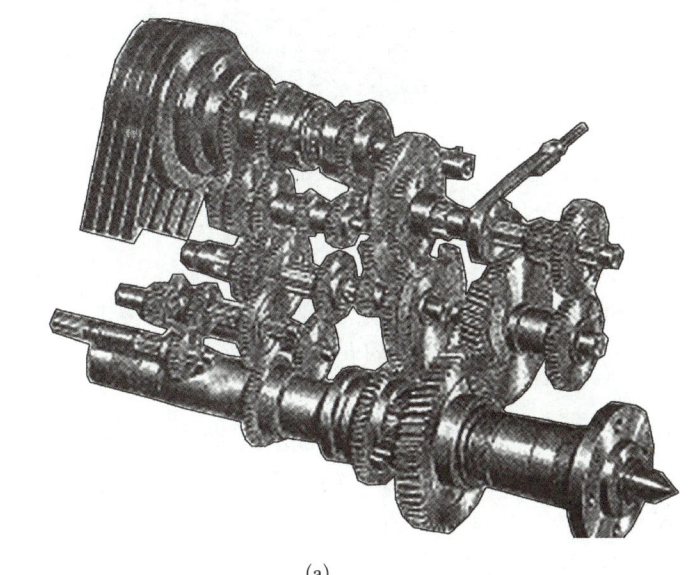

(a)

(b)

图 13-29　多级减速箱

图 13-30   汽车变速箱

一、齿轮系的传动特点

1. 可获得大的传动比

在机械传动中,为了使传动装置的结构紧凑,一般单级齿轮的传动比不超过 5。而大多数传动系统需要得到更大的传动比,可通过采用多级齿轮传动来实现。

2. 实现变速、换向传动

采用齿轮系传动,可满足金属切削机床、汽车等机械需要多种不同转速和转向的要求,如汽车的前进与倒退,机床主轴、光杠和丝杠的正反向的转动。

3. 用于运动的合成或分解

应用行星齿轮系的特点,可以将输入的两个运动合成为一个输出运动,也可以将输入的一个运动分解为两个输出运动。例如汽车转弯时,要求后面两个轮子的转动速度不相等,后桥的差速器机构就是利用这个原理制成的。

二、齿轮系的类型

齿轮系按照传动中齿轮的轴线是否固定分为两大类:定轴齿轮系和行星齿轮系。本节讨论各种齿轮系的基本知识,主要是传动比的计算方法。齿轮系的传动比是指输入轴的角速度与输出轴的角速度之比,以及确定输出轴的转动方向。

1. 定轴齿轮系

在齿轮系运转中,如果所有齿轮的几何轴线相对于机架的位置都是固定不动的,则该齿轮系称为定轴齿轮系。图 13-31 所示为各齿轮的几何轴线相互平行的平面定轴轮系。图 13-32 所示为各齿轮的几何轴线不都相互平行的空间定轴齿轮系。

2. 行星齿轮系

在齿轮系运转中,至少有一个齿轮的几何轴线相对于机架的位置是变化的,且绕某一固定轴线回转,该齿轮系称为行星齿轮系。如图 13-33 所示,小齿轮的轴线绕大齿轮的轴线做圆周运动,其位置是不断变化的。几何轴线做圆周运动的齿轮称为行星轮;与其啮合的中心齿轮称为中心轮;支承行星轮的构件称为行星架,常称为系杆。

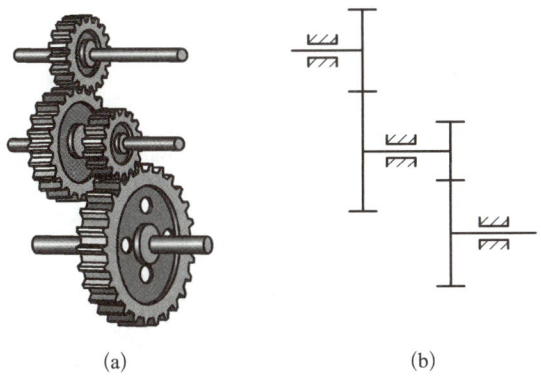

(a)

(b)

图 13−31　平面定轴齿轮系

图 13−32　空间定轴齿轮系

图 13−33　行星齿轮系

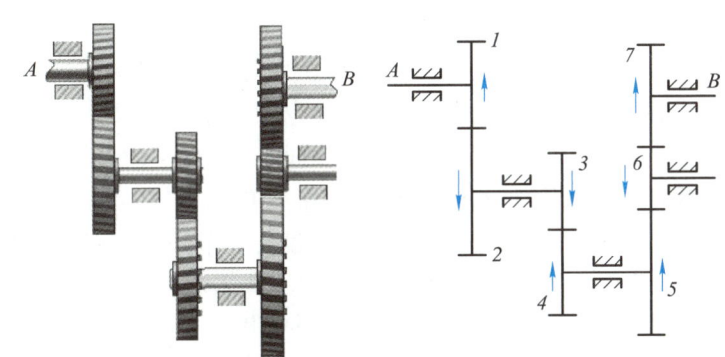

图 13−34　平面定轴齿轮系

三、定轴齿轮系的传动比计算

1. 平面定轴齿轮系的传动比计算

图 13−34 所示的平面定轴齿轮系是由四对定轴齿轮传动连接而成的。

一对圆柱齿轮的传动比为

$$i_{12}=\frac{\omega_1}{\omega_2}=\frac{n_1}{n_2}=\mp\frac{z_2}{z_1}$$

外啮合时,主动轮与从动轮的转动方向相反,规定传动比 i 取"−"号,图中用相反方向的箭头表示;内啮合时,主动轮与从动轮的转动方向相同,规定传动比 i 取"+"号,图中用相同方向的箭头表示。

图 13−34 中各对齿轮的传动比为

$$i_{12}=\frac{\omega_1}{\omega_2}=\frac{n_1}{n_2}=-\frac{z_2}{z_1}$$

$$i_{34}=\frac{n_3}{n_4}=-\frac{z_4}{z_3}$$

$$i_{56}=\frac{n_5}{n_6}=-\frac{z_6}{z_5}$$

动画

定轴轮系

$$i_{67} = \frac{n_6}{n_7} = -\frac{z_7}{z_6}$$

将上面四式的两边分别相乘得出：

$$i_{17} = \frac{n_1}{n_2} \frac{n_3}{n_4} \frac{n_5}{n_6} \frac{n_6}{n_7} = \left(-\frac{z_2}{z_1}\right) \left(-\frac{z_4}{z_3}\right) \left(-\frac{z_6}{z_5}\right) \left(-\frac{z_7}{z_6}\right)$$

$$i_{17} = \frac{n_1}{n_2} \frac{n_3}{n_4} \frac{n_5}{n_7} = (-1)^4 \frac{z_2 z_4 z_7}{z_1 z_3 z_5} = \frac{z_2 z_4 z_7}{z_1 z_3 z_5}$$

由上面可得出以下结论：

该定轴齿轮系的传动比等于组成齿轮系各对啮合齿轮传动比的连乘积，也等于各对啮合齿轮中的从动轮齿数的连乘积与主动轮齿数的连乘积之比；首末两轮转向取决于齿轮外啮合的次数，"+"表示两轮转向相同，"-"表示两轮转向相反。

平面定轴齿轮系传动比的正负还可以在图上根据主、从动轮的转向关系，依次画上箭头来确定。如图 13-34 所示，齿轮 7 与齿轮 1 的转向相同，所以传动比取正号。

图 13-34 中齿轮系的齿轮 6 同时与齿轮 5 和齿轮 7 啮合，即它既是前一级传动的从动齿轮，又是后一级传动的主动齿轮，齿轮 6 的齿数在定轴齿轮系的传动比计算式的分子与分母中同时出现，被约去。所以齿轮 6 的齿数不影响传动比，但是会改变齿轮外啮合的次数，从而改变传动比的正负号。这种齿轮称为惰轮或介轮。

平面定轴齿轮系的传动比可以归纳出以下的通式，用"1"代表第一级主动齿轮，用"k"代表最末级的从动齿轮，"m"代表齿轮外啮合的次数。得出：

$$i_{1k} = \frac{n_1}{n_k} = (-1)^m \frac{z_2 z_4 z_6 \cdots z_k}{z_1 z_3 z_5 \cdots z_{k-1}} = (-1)^m \frac{\text{所有从动齿轮齿数连乘积}}{\text{所有主动齿轮齿数连乘积}}$$

例 13-4　如图 13-34 所示，已知 $z_1 = 20, z_2 = 30, z_3 = 15, z_4 = 30, z_5 = 40, z_6 = 15, z_7 = 60$，求该齿轮系的传动比。假设 $n_1 = 2\,000$ r/min，求 n_7。如果齿轮 1 的转向如图中所示，则齿轮 7 的转向如何？

解：$i_{17} = \frac{n_1}{n_7} = (-1)^4 \frac{z_2 z_4 z_6 \cdots z_k}{z_1 z_3 z_5 \cdots z_{k-1}} = (-1)^4 \frac{z_2 z_4 z_7}{z_1 z_3 z_5} = \frac{30 \times 30 \times 60}{20 \times 15 \times 40} = 4.5$

$n_7 = n_1 / i_{17} = 2\,000$ r/min$/4.5 \approx 444.4$ r/min

2. 空间定轴齿轮系的传动比计算

空间定轴轮系指含有锥齿轮、蜗轮蜗杆的齿轮系，如图 13-35 所示。其传动比的计算公式仍然应用平面定轴齿轮系传动比的计算公式，但是传动比的正负号及各轮的转向不能用 $(-1)^m$ 确定，只能用画箭头的方法确定，如图 13-35 所示。

例 13-5　某汽车变速器的定轴齿轮系靠滑移齿轮与不同的齿轮啮合，可以使输出轴得到四种不同的转速与转向。图中输入轴与输出轴在同一轴线上，但两轴独立转动，只有当输出轴上的三挡滑移齿轮的内齿轮与输入轴齿数为 z_2 的齿轮相啮合时，输入轴才与输出轴连成一体。各齿轮的齿数分别为 $z_1 = 15, z_2 = 17, z_3 = 20, z_4 = 27, z_5 = 30, z_6 = 27, z_7 = 22, z_8 = 15, z_9 = 12$，当输入轴的转速为 2 000 r/min 时，分别求出四个挡位的转速。

解：（1）图 13-36 为第一挡齿轮啮合传动图，最右侧上中下三个齿轮 z_5、z_{10}、z_9 之间啮合为低速挡。其齿轮传动路线为 $z_1 \rightarrow z_6 \rightarrow z_9 \rightarrow z_{10} \rightarrow z_5 \rightarrow$ 输出轴，得：

$$i_{15} = \frac{n_1}{n_5} = (-1)^3 \frac{z_6}{z_1} \frac{z_{10}}{z_9} \frac{z_5}{z_{10}} = -\frac{27}{15} \times \frac{30}{12} = -4.5$$

$$n_{出} = n_5 = \frac{n_1}{i_{15}} = \frac{2\,000}{-4.5} \text{ r/min} = -444.4 \text{ r/min}$$

负号表示输出轴 n_5 与输入轴 n_1 的转向相反，用于汽车倒车时的挂轮。

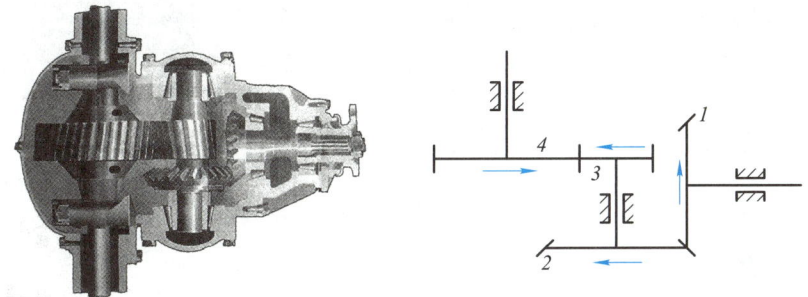

图 13-35　空间定轴齿轮系

（2）图 13-37 为第二挡齿轮啮合传动图，其齿轮传动路线为 $z_1 \rightarrow z_6 \rightarrow z_8 \rightarrow z_4 \rightarrow$ 输出轴，得：

$$i_{14} = \frac{n_1}{n_4} = (-1)^2 \frac{z_6}{z_1} \frac{z_4}{z_8} = \frac{27}{15} \times \frac{27}{15} \approx 3.24$$

$$n_{出} = n_4 = \frac{n_1}{i_{14}} = \frac{2\,000}{3.24} \text{ r/min} \approx 617 \text{ r/min}$$

正号表示输出轴 $n_{出}$ 与输入轴 n_1 的转向相同。

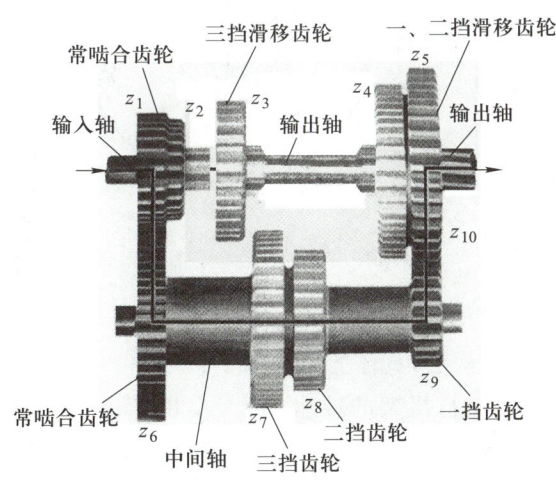

图 13-36　第一挡齿轮啮合传动图

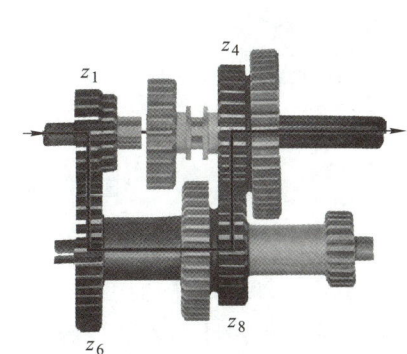

图 13-37　第二挡齿轮啮合传动图

（3）图 13-38 为第三挡齿轮啮合传动图，其齿轮传动路线为 $z_1 \rightarrow z_6 \rightarrow z_7 \rightarrow z_3 \rightarrow$ 输出轴，得：

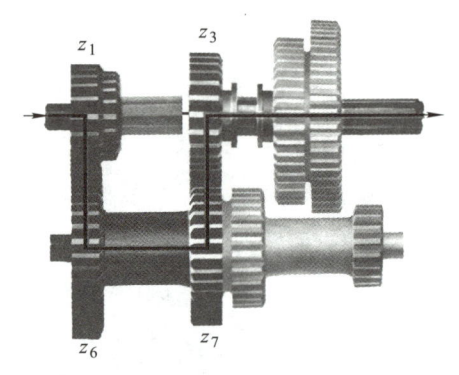

$$i_{13} = \frac{n_1}{n_3} = (-1)^2 \frac{z_6 z_3}{z_1 z_7} = \frac{27}{15} \times \frac{20}{22} \approx 1.64$$

$$n_{出} = n_3 = \frac{n_1}{i_{13}} = \frac{2\,000}{1.64}\ \text{r/min} \approx 1\,219\ \text{r/min}$$

正号表示输出轴 $n_{出}$ 与输入轴 n_1 的转向相同。

（4）当如图 13-36 所示的输出轴上的三挡滑移齿轮的内齿轮与输入轴齿数为 z_2 的外齿轮相啮合时，输入轴才与输出轴连成一体，输入轴的转速直接从输出轴传出，即

$$n_{出} = n_5 = n_1 = n_{入} = 2\,000\ \text{r/min}$$

正号表示输出轴 $n_{出}$ 与输入轴 n_1 的转向相同。

图 13-38　第三挡齿轮啮合传动图

四、行星齿轮系的传动比计算

行星齿轮系应用于汽车上的自动变速挡的变速箱中。

如图 13-39 所示的行星齿轮系中，齿轮 2 由构件 H 支承，转动时除绕固定几何轴线 O_2 转动（自转）外，还随轴线 O_2 绕固定的几何轴线 O_1 转动（公转），故称其为行星轮。支持行星轮的构件称为行星架，与行星轮相啮合且几何轴线固定不动的齿轮 1、3 称为中心轮。行星架 H 与中心轮 1、3 的轴线必须重合，否则行星齿轮系不能转动。

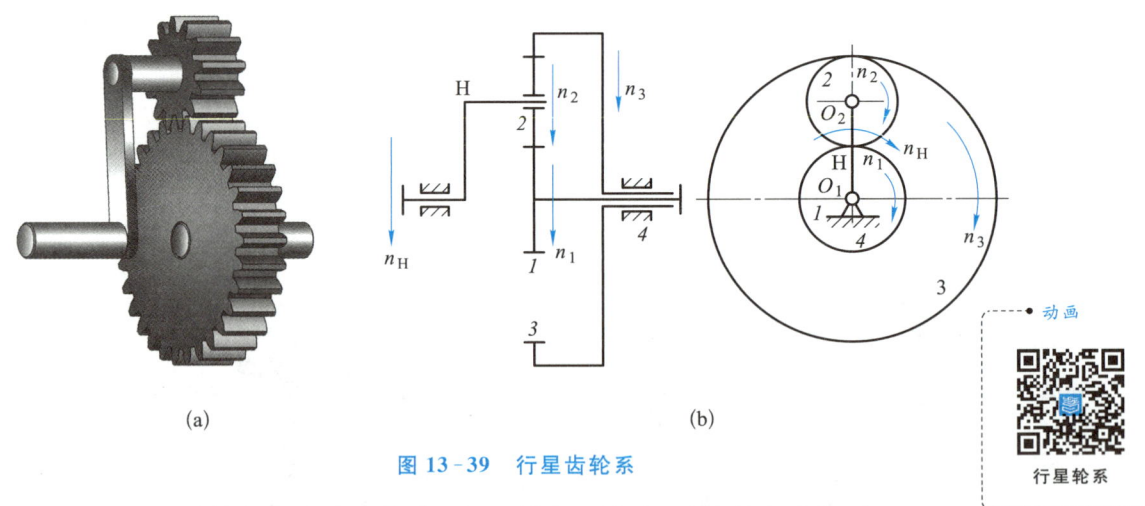

(a)　　　　　　　　　　　　　　　(b)

图 13-39　行星齿轮系

行星轮系

最常用来计算行星齿轮系传动比的是转化机构法，具体的方法如下：

假想给图 13-39 所示行星齿轮系加上一个与行星架的转速 n_H 大小相等、方向相反的公共转速（$-n_H$），则行星架 H 的转速变为 0，静止不动，而各构件的相对运动关系没有变化。所有齿轮的轴线位置都固定不动，得到了假想的定轴轮系，如图 13-40 所示，这种假想的定轴轮系称为行星齿轮系的转化齿轮系。

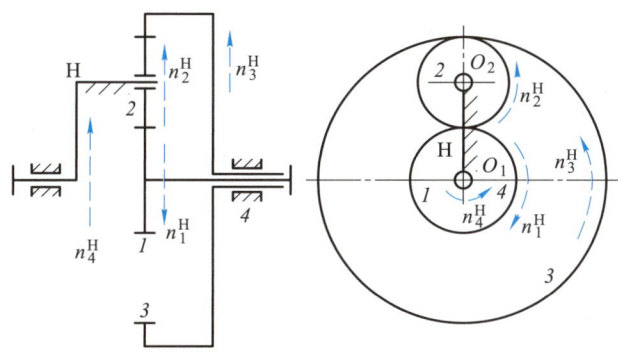

图 13-40　转化齿轮系

转化齿轮系中各构件的转速见表 13-7。

表 13-7　转化齿轮系各构件的转速

构件	行星齿轮系的转速	转化齿轮系的转速
中心轮 1	n_1	$n_1^H = n_1 - n_H$
行星轮 2	n_2	$n_2^H = n_2 - n_H$
中心轮 3	n_3	$n_3^H = n_3 - n_H$
行星架 H	n_H	$n_H^H = n_H - n_H = 0$
机架 4	n_4	$n_4^H = n_4 - n_H$

转化齿轮系中，1、3 两轮的传动比可根据定轴轮系传动比的计算方法得出：

$$i_{13}^H = \frac{n_1^H}{n_3^H} = \frac{n_1 - n_H}{n_3 - n_H} = (-1)^1 \frac{z_2 z_3}{z_1 z_2} = -\frac{z_3}{z_1}$$

行星轮系的传动比可以归纳出以下的通式，用"1"代表第一级主动齿轮，用"k"代表最末端的从动齿轮，得出：

$$i_{1k}^H = \frac{n_1^H}{n_k^H} = \frac{n_1 - n_H}{n_k - n_H} = \pm \frac{\text{从 1 轮到 } k \text{ 轮之间啮合齿轮中所有从动轮齿数的连乘积}}{\text{从 1 轮到 } k \text{ 轮之间啮合齿轮中所有主动轮齿数的连乘积}}$$

使用公式需注意以下事项：

（1）转速 n_1、n_k、n_H 是代数量，代入公式时必须带入正负号。假定某一个方向为正号，与其相反的方向取负号。

（2）公式右边齿数连乘积之比的正、负号按转化齿轮系中 1 轮与 k 轮的转向关系确定。

（3）待求构件的实际转向由计算结果的正负号确定。

例 13-6　如图 13-39 所示的行星齿轮系，已知 $z_1 = z_2 = 19$，$z_3 = 57$，$n_1 = 120$ r/min。

求：（1）当 $n_3 = 70$ r/min（与 n_1 转向相反）时，n_H 为多少？

（2）当 $n_3 = 0$ 时，n_H 为多少？i_{12} 为多少？

解：（1）当 $n_3 \neq 0$ 时，求 n_H

$$i_{13}^H = \frac{n_1^H}{n_3^H} = \frac{n_1 - n_H}{n_3 - n_H} = (-1)^1 \frac{z_3}{z_1}$$

$$\frac{120 - n_H}{-70 - n_H} = (-1)^1 \times \frac{57}{19}$$

所以 $n_H = -22.5$ r/min

n_H 转向与 n_1 转向相反。

（2）当 $n_3 = 0$ 时，求 n_H、i_{12}

$$\frac{120 - n_H}{0 - n_H} = (-1)^1 \times \frac{57}{19}$$

所以 $n_H = 30$ r/min

n_H 的转向与 n_1 转向相同。

为了求得 i_{12}，需要先求得 n_2。

$$i_{12}^H = \frac{n_1^H}{n_2^H} = \frac{n_1 - n_H}{n_2 - n_H} = (-1)^1 \frac{z_2}{z_1}$$

$$\frac{120 - 30}{n_2 - 30} = (-1)^1 \times \frac{19}{19}$$

$$n_2 = -60$$

$$i_{12} = \frac{n_1}{n_2} = \frac{120}{-60} = -2$$

注意：行星齿轮系 $i_{12} = \frac{n_1}{n_2} \neq -\frac{z_2}{z_1}$。

例 13-7   图 13-41 所示的行星齿轮系，H 为输入轴，齿轮 1、4 为输出构件。已知齿数 $z_1 = 60$，$z_2 = 30$，$z_3 = z_4 = 20$，$n_H = 500$ r/min，$n_4 = 100$ r/min，且 n_H 与 n_4 转向相反。求 n_1 和 i_{H1}。

解： 该齿轮系中齿轮 2、3 为行星齿轮，齿轮 1、4 为中心轮，H 为行星架。

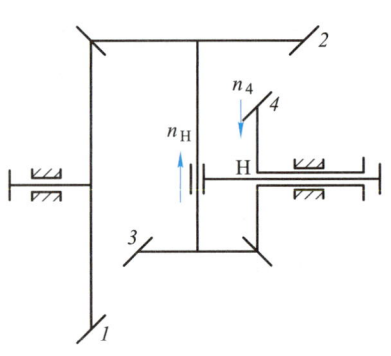

图 13-41   行星齿轮系

$$i_{14}^H = \frac{n_1^H}{n_4^H} = \frac{n_1 - n_H}{n_4 - n_H} = +\frac{z_2 z_4}{z_1 z_3}$$

等式右边的正号，是在转化齿轮系中用箭头的方法确定的。设 n_H 的转向为正，则 n_4 的转向为负，代入数据得：

$$\frac{n_1 - (+500)}{-100 - (+500)} = +\frac{30 \times 20}{60 \times 20}$$

所以 $n_1 = 200$ r/min

n_1 的转向与 n_H 转向相同。

故

$$i_{H1} = \frac{n_H}{n_1} = \frac{500}{200} = 2.5$$

第3节　蜗杆传动

一、蜗杆传动的组成和特点

1. 蜗杆传动的组成

蜗杆传动由蜗轮、蜗杆和机架组成，如图 13-42 所示。蜗杆传动中的蜗轮与蜗杆所在的两轴呈空间 90°交错状态，用以传递空间 90°交错轴的运动和动力。图 13-43 所示的电风扇的摆头装置采用了蜗杆传动。

图 13-42　蜗杆传动

图 13-43　电风扇中的蜗杆传动

动画

蜗杆传动

2. 蜗杆传动的特点

蜗杆传动只能以蜗杆为主动件，蜗轮为从动件，做减速传动。单头蜗杆每转动一转，蜗轮仅转过一个齿。所以，蜗杆传动具有以下特点：

（1）传动比大，一般为 8~80。传动平稳，结构紧凑，体积小。

（2）具有自锁功能，只能蜗杆带动蜗轮，反之不能传动。

（3）滑动速度大，摩擦发热严重，传动效率较低，仅为 0.7~0.9。

（4）蜗轮常选用青铜作为材料，制造成本高。

常用的蜗杆有圆柱形的阿基米德蜗杆，即蜗杆的横截面内的齿形为阿基米德螺旋线，蜗杆的轴向剖面齿形为直线，如图 13-44 所示。

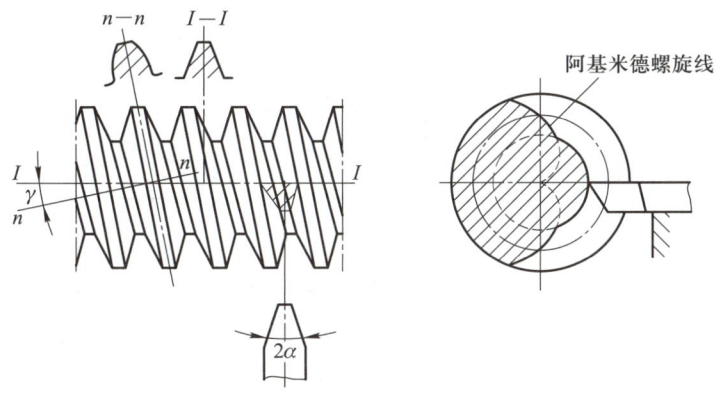

图 13-44　阿基米德蜗杆

二、蜗杆传动的基本参数

由于蜗轮与蜗杆呈空间交错状态，为了分析蜗杆传动的基本参数，取经过蜗杆的轴线并与蜗轮的轴线相垂直的剖面作为主平面来研究，如图 13 - 45 所示。在主平面内，蜗杆的形状相当于齿条，蜗轮相当于渐开线齿轮。

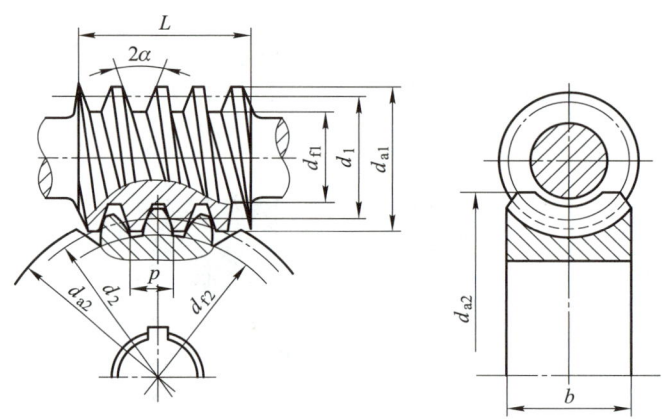

图 13 - 45　蜗杆传动的基本参数

1. 模数
蜗杆的模数指轴向模数，用 m_x 表示；蜗轮的模数指端面模数，用 m_t 表示。

2. 压力角 α
蜗杆的压力角指轴向压力角，用 α_x 表示；蜗轮的压力角指端面压力角，用 α_t 表示。

3. 蜗杆的导程角和蜗轮的螺旋角
蜗杆的导程角指蜗杆的分度圆螺旋线的切线与端平面之间的夹角，用 γ 表示，如图 13 - 46 所示；蜗轮的螺旋角指蜗轮的分度圆轮齿的旋向与轴线间的夹角，用 β 表示。

4. 蜗杆的直径系数
将蜗杆的分度圆柱沿端面展开，即可得到图 13 - 46 所示的展开图，图中 p_x 为轴向齿距，γ_1 为导程角，z_1 为蜗杆的头数，按几何关系可得出：

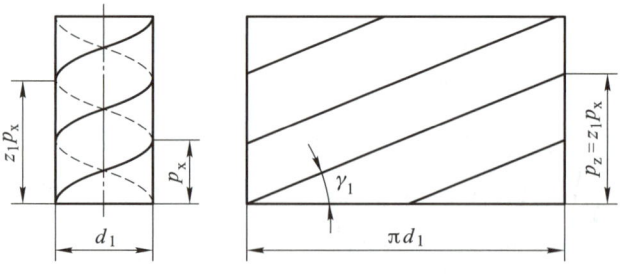

图 13 - 46　导程角 γ_1 与轴向齿距 p_x

$$\tan \gamma_1 = \frac{z_1 p_x}{\pi d_1} = \frac{z_1 \pi m}{\pi d_1} = \frac{z_1 m}{d_1}$$

令　$q=\dfrac{z_1}{\tan\gamma_1}$，称 q 为蜗杆的直径系数，所以

$$d_1=m\,\dfrac{z_1}{\tan\gamma_1}=mq$$

得出：
$$q=\dfrac{d_1}{m}$$

（1）蜗杆的直径系数 q 是蜗杆的分度圆直径 d_1 与轴向模数 m 的比值。

（2）值得提示的是，蜗杆的分度圆计算公式与直齿圆柱齿轮的分度圆计算公式不同。

（3）常用蜗杆的直径系数 q 的取值为 18、16、12.5、11.2、10、9.8。计算时需参考相关标准资料。

5. 蜗杆的齿顶高系数

蜗杆的齿顶高系数为 $h_a^*=1$，顶隙系数为 $c^*=0.2$。

三、蜗杆传动的几何尺寸计算

1. 蜗杆传动的传动比

$$i=\dfrac{n_1}{n_2}=\dfrac{z_2}{z_1}$$

蜗杆的头数 z_1 通常取 1～4，头数越少，越容易自锁，效率越低；头数越多，加工越困难，效率越高。

2. 蜗杆传动的几何尺寸

蜗杆传动的几何尺寸计算见表 13-8。

表 13-8　蜗杆传动的几何尺寸计算

名称	符号	计算公式		说明
		蜗杆	蜗轮	
中心距	a	$a=(d_1+d_2)/2$		
模数	m	$m=m_x$		$m=m_t$
齿顶高	h_a	$h_{a1}=h_a^*m$	$h_{a2}=h_a^*m$	$h_a^*=1$
齿根高	h_f	$h_{f1}=(h_a^*+c^*)\,m$	$h_{f2}=(h_a^*+c^*)\,m$	$c^*=0.2$
全齿高	h	$h_1=h_{a1}+h_{f1}$	$h_2=h_{a2}+h_{f2}$	
分度圆直径	d	$d_1=mq$	$d_2=mz_2$	
蜗杆齿顶圆直径	d_{a1}	$d_{a1}=d_1+2h_{a1}$		
蜗轮喉圆直径	d_{a2}		$d_{a2}=d_2+2h_{a2}$	
齿根圆直径	d_f	$d_{f1}=d_1-2h_{f1}$	$d_{f2}=d_2-2h_{f2}$	
蜗杆分度圆导程角	γ	$\tan\gamma=z_1m/d_1$		
蜗轮分度圆螺旋角	β		$\beta=\gamma$	
齿距	p	$p_x=p_t=\pi m$		

例 13-8 某卷帘门的升降机构采用蜗杆传动,已知蜗杆为单头,蜗轮的齿数为 40,电动机的转速为 1 440 r/min,电动机与蜗杆直接相连,蜗轮带动卷帘门的滚筒直径为 200 mm,蜗杆传动的传动比和卷帘门的提升速度分别是多少?

解:(1)蜗杆传动的传动比

$$i_{12} = \frac{n_1}{n_2} = \frac{z_2}{z_1} = \frac{40}{1} = 40$$

(2)蜗轮的转速

$$n_2 = n_1/40 = \frac{1\,440}{40}\ \text{r/min} = 36\ \text{r/min}$$

(3)卷帘门的提升速度

$$v = \pi n_2 d = 3.14 \times 36 \times 200\ \text{mm/min} \approx 22.6\ \text{m/min}$$

四、蜗杆传动的正确啮合条件

蜗杆与蜗轮正确啮合时,必须同时满足蜗杆的轴向模数与蜗轮的端面模数相等,蜗杆的轴向压力角与蜗轮的端面压力角相等,蜗杆的导程角与蜗轮的螺旋角相等,且均为标准值。

即

$$\alpha_x = \alpha_t = \alpha$$
$$m_x = m_t = m$$
$$\gamma = \beta$$

五、蜗轮转向的判断

在蜗杆传动中,由于蜗杆为主动件,蜗轮的转向可由蜗杆的转向和蜗杆螺旋线方向用左、右手定则来判断,即对左旋蜗杆用左手,对右旋蜗杆用右手。弯曲四指表示蜗杆转向,大拇指的相反方向即为蜗轮啮合点圆周速度 v_2 的方向,圆周速度 v_2 的方向确定后,便可确定蜗轮的转向 n_2,如图 13-47 所示。

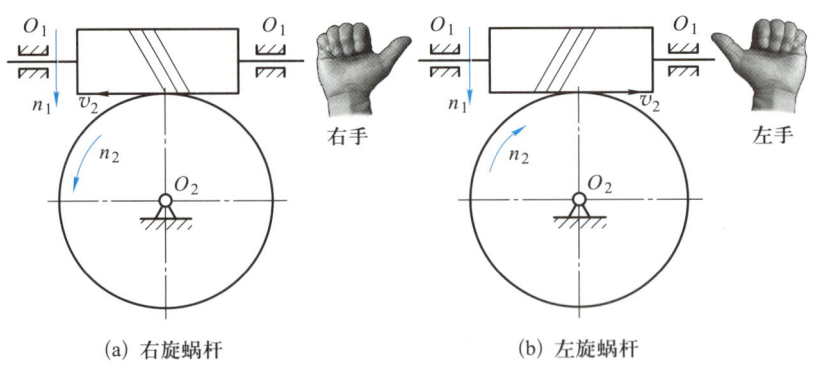

(a)右旋蜗杆　　　　　　　　　　(b)左旋蜗杆

图 13-47　蜗轮转向的判断

六、蜗杆传动的失效形式、润滑与散热

1.蜗杆传动的失效形式

蜗杆传动的失效形式和齿轮相似,有疲劳齿面点蚀、胶合、磨损、轮齿折断等。由于蜗杆传

动的滑动速度较大、发热量大、蜗杆磨损较严重,所以,一般开式传动的失效形式主要是由于润滑不良,润滑油不清洁、失效而造成磨损;一般润滑良好的闭式传动的失效形式主要是胶合。

2. 蜗杆传动的润滑

润滑对蜗杆传动具有特别重要的意义。由于蜗杆传动摩擦产生的热量较大,所以要求工作时具有良好的润滑条件。润滑的主要目的在于减摩与散热,提高蜗杆传动的效率,防止胶合及减少磨损。蜗杆传动的润滑方式主要有油浴润滑和喷油润滑。蜗杆传动的润滑油黏度和润滑方式的选择见表 13-9。

表 13-9　蜗杆传动的润滑油黏度和润滑方式

滑动速度/(m/min)	≤2	2～5	5～10	>10
润滑油黏度/(mm²/s)	680	460	320	220
润滑方式	油浴润滑		油浴或喷油润滑	喷油润滑

3. 蜗杆传动的散热

由于蜗杆传动的摩擦大,传动效率低,所以工作时发热量大。在闭式传动中,如果不能及时散热,会使传动装置及润滑油的温度不断升高,致使润滑条件恶化,最终导致胶合等齿面损伤失效。一般应当控制箱体的平衡温度 $t < 75 \sim 85\,℃$,如果超过这个限度,应提高箱体的散热能力。可考虑采取以下的散热措施:在箱体的外壁增加散热片;在蜗杆轴端安装风扇进行人工通风,如图 13-48 所示;在箱体的油池内装蛇形冷却水管;采用压力喷油循环润滑等。

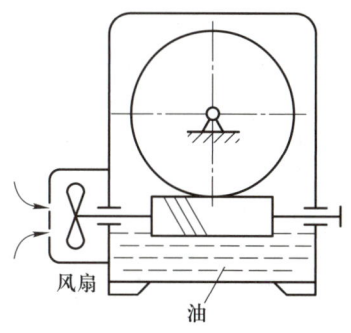

图 13-48　蜗杆传动的风扇散热

七、蜗杆传动的材料选择和拆装

1. 蜗杆传动的材料选择

选择两种不同的材料制造蜗杆和蜗轮,是防止产生胶合的最有效方法。通常选用 45、40Cr 钢经过调质处理或高频齿面淬火制造蜗杆;选用铸造青铜制造蜗轮齿圈,如铸铝铁青铜 ZCuAl10Fe3 或铸锡磷青铜 ZCuSn10P1;齿芯部分选用铸铁以降低成本。对不重要的蜗杆传动,也可以选用铸铁做蜗轮。

2. 蜗杆传动的拆装

由于蜗杆的齿面嵌入蜗轮的凹弧齿面中,安装蜗杆传动时应先装入蜗轮,再装入蜗杆,最后装入蜗杆两端的滚动轴承;拆卸时的顺序正好和安装的顺序相反。轴承的安装一定要到位,这样才能防止蜗杆在传动中出现窜动现象。

练　习

1. 渐开线有哪些特性?圆柱齿轮传动最主要的特点是什么?

2. 直齿圆柱齿轮的基本参数有哪些？主要参数与几何尺寸之间有何关系？

3. 标准齿轮有何特点？

4. 渐开线直齿圆柱齿轮的正确啮合条件是什么？

5. 为什么应用展成法加工齿轮的精度和效率比仿形法加工齿轮的高？齿轮不发生根切的最少齿数是多少？

6. 闭式齿轮传动常见的失效形式有哪些？齿轮传动的精度分为哪四项？测量公法线长度的目的是什么？

7. 为什么润滑油的高度和润滑脂的填充量都有限制？过多或过少有何影响？

8. 一对标准直齿圆柱齿轮传动的模数为 $m = 8$ mm，齿数 $z_1 = 22$，传动比 $i = 4$，试求这对标准直齿圆柱齿轮的各部分几何尺寸。并分别选择圆柱齿轮的结构。

9. 今测得一标准直齿圆柱齿轮的齿顶圆直径 $d_a = 207.9$ mm，齿根圆直径 $d_f = 171.89$ mm，齿数 $z_1 = 24$。试求该齿轮的模数和齿顶高系数。

10. 某标准直齿圆柱齿轮传动的中心距为 120 mm，模数 $m = 2$ mm，传动比 $i = 4$，试求两齿轮的齿数及几何尺寸。

11. 标注图 13-49 所示的定轴齿轮系中蜗轮 6 的转向。

12. 图 13-50 所示为钟表指针机构，S、M、H 分别为秒、分、时针。已知各轮齿数 $z_2 = 60$，$z_3 = 8$，$z_4 = 64$，$z_5 = 28$，$z_6 = 42$，$z_8 = 64$，试求 z_1 和 z_7（提示：注意分针与时针的传动关系）。

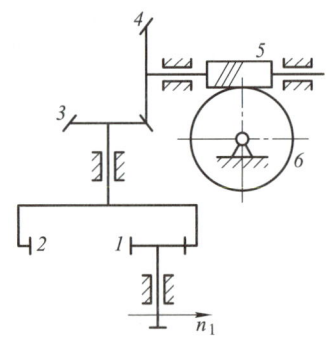

图 13-49　定轴齿轮系

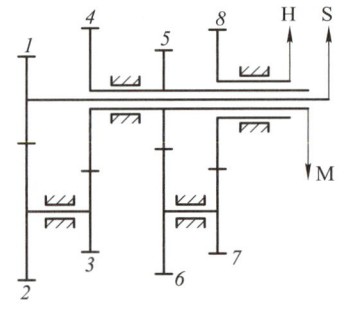

图 13-50　钟表指针机构

13. 图 13-51 所示为齿条运行机构，已知各轮齿数 $z_1 = 18$，$z_2 = 32$，$z_3 = 21$，齿轮的模数 $m = 3$ mm。如果主动轮 1 的转速 $n_1 = 60$ r/min，试求齿条 4 的运行速度。

14. 蜗杆传动与齿轮传动相比较，有何突出的特点？为什么蜗轮常采用青铜作为材料？

15. 蜗杆传动的直径系数与蜗杆的头数有何关系？

16. 一对蜗杆传动的蜗杆头数 $z_1 = 1$，$z_2 = 28$，$m = 6$ mm，如果蜗杆的转动速度为 960 r/min，则蜗轮的喉圆直径 d_{a2} 和转速分别为多少？

17. 某厂生产的普通圆柱蜗杆传动减速器，已知模数 $m = 5$ mm，蜗杆的分度圆直径 $d_1 = 90$ mm，蜗杆的头数 $z_1 = 1$，蜗轮的齿数 $z_2 = 62$，试计算蜗杆、蜗轮的几何尺寸。

18. 试判断图 13-52 所示蜗杆传动中蜗杆或蜗轮的转向,或轮齿的螺旋线方向,并标注在图上。

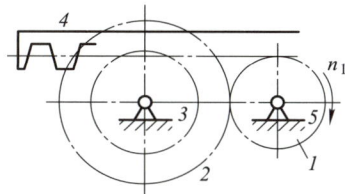

图 13-51　齿条运行机构

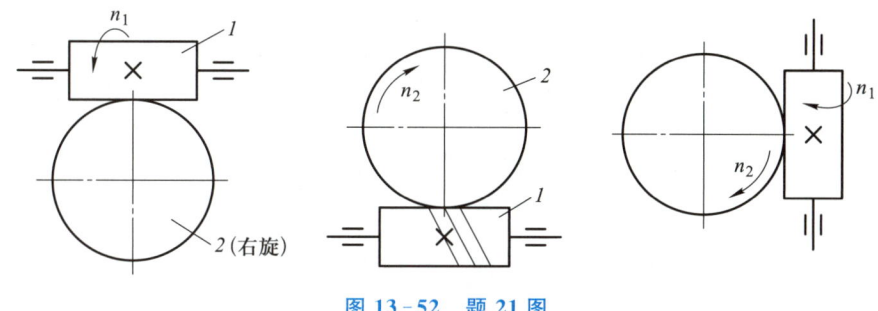

图 13-52　题 21 图

第十四章

轴与轴承

　　轴与轴承是机器的支承零部件,是组成机器不可缺少的重要零件之一。传动零部件只有被支承起来才能正常工作,支承传动零部件的零件称为轴。轴的主要功用是支承回转零部件,使其具有确定的位置,并传递运动和扭矩。支承轴转动的零件称为轴承。轴承的主要功用是保持轴的旋转精度,减少轴与支承件之间的摩擦与磨损。

第1节　轴

　　轴是机械设备中应用最多和最重要的零件之一,其作用是支承并固定轴上的零件,一起传递运动和扭矩。

一、轴的分类

1. 按照轴线的形状分类

　　(1) 直轴　直轴的轴线为一直线,直轴又分为光轴和阶梯轴,如图 14-1 所示。直轴在机器中应用最广。

　　(2) 曲轴　曲轴一般由主轴颈、连杆轴颈、曲柄、平衡块、前端和后端等组成。它通过连杆将活塞的往复直线运动转变为圆周旋转运动,为汽车行驶提供动力。图 14-2 所示为汽车内燃机曲轴。

　　(3) 软轴　由几层紧贴在一起的钢丝构成,可将扭矩灵活地传递到任意位置,如图 14-3 所示的建筑工地上用的振捣器挠性钢丝软轴。

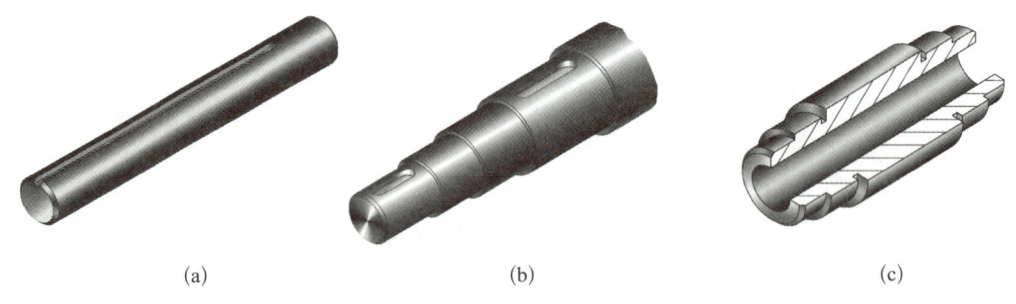

(a)　　　　　　　　　　(b)　　　　　　　　　　(c)

图 14-1　直轴

2. 按轴承受的载荷分类

　　(1) 转轴　工作时既承受弯矩又承受扭矩的作用。大部分轴都属于转轴,如图 14-4 所示的减速器中的转轴、汽车变速器中的轴。

图 14-2 内燃机曲轴

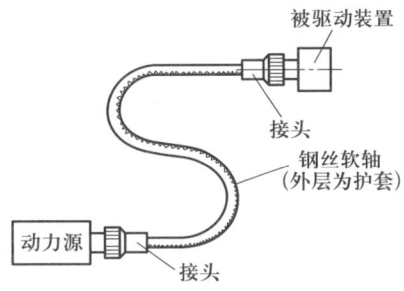

图 14-3 振捣器挠性钢丝软轴

(a)

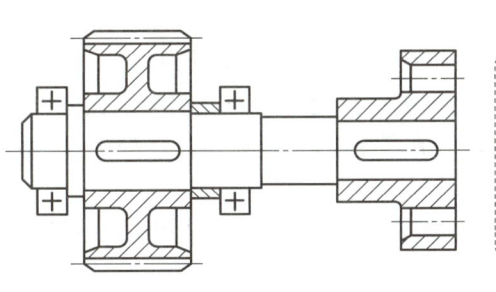

(b)

图 14-4 转轴

（2）**传动轴** 工作时只承受扭矩的作用，如图 14-5 所示的载重汽车底盘的传动轴、汽车转向盘的传动轴。

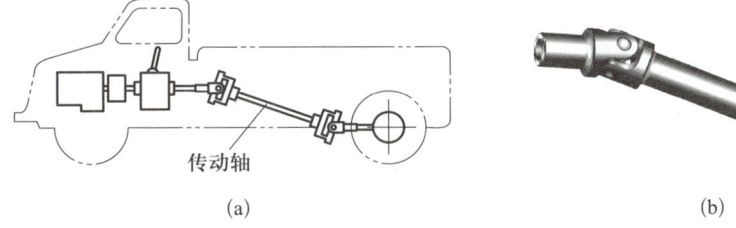

(a)　　　　　　　　　　　　　　　　　　(b)

图 14-5 传动轴

（3）**心轴** 工作时只承受弯矩作用，如图 14-6 所示的火车轮轴、自行车前轮轴。

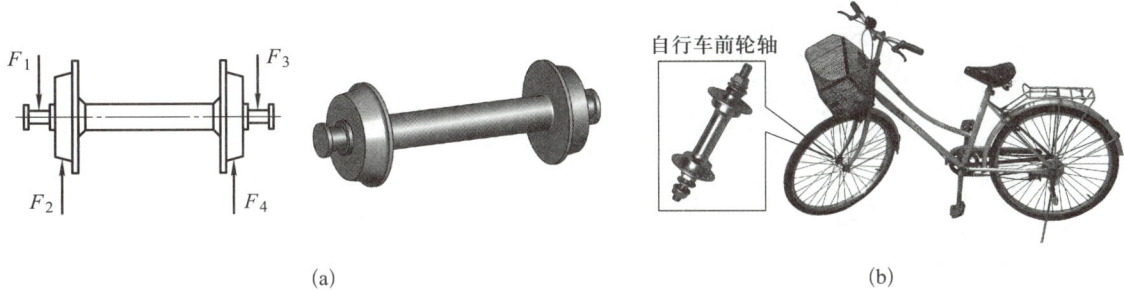

(a)　　　　　　　　　　　　　　　　　　(b)

图 14-6 心轴

二、轴的材料

由于轴在工作中受到交变应力的作用,疲劳断裂是轴的主要失效形式,所以,轴的材料应当具有较好的强度、韧性,足够的抗疲劳能力,较小的应力集中敏感性,良好的机械加工性能。常用作轴的材料有优质碳素结构钢、合金结构钢和球墨铸铁。

1. 优质碳素结构钢

优质碳素结构钢具有较好的综合力学性能,价格低廉,对应力集中的敏感性较低,应用最广的是 45 钢。一般用途的轴,可进行调质或正火处理;对于受力较小的或不太重要的轴,可以使用 Q235、Q275 钢等。

2. 合金结构钢

对于要求强度较高、尺寸较小或有其他特殊要求的轴,应采用合金结构钢材料,常用 40Cr 或 35SiMn、40CrNi 钢等进行热处理。合金结构钢比碳素结构钢具有较高的力学性能,热处理的变形小,但对应力集中敏感性强,一定要经过热处理,价格也较高。

3. 球墨铸铁

球墨铸铁具有较强的吸振性能,对应力集中不敏感,耐磨,价格低廉,常应用于铸造外形复杂的轴,如内燃机的曲轴。

轴的常用金属材料的力学性能见表 14-1。

表 14-1　常用金属材料的力学性能

材料牌号	热处理	毛坯直径/mm	硬度/HBW	抗拉强度 R_m/MPa	屈服强度 R_{eL}/MPa	应用说明
Q235～Q275				370～540	235～275	用于不重要的轴
35	正火	≤100	149～187	520	270	用于一般的轴
	调质	≤100	156～207	560	300	
45	正火	≤100	170～217	600	300	用于强度高、韧性好的重要轴
	调质	>100～300	162～217	580	360	
		≤200	217～255	650	800	
40Cr	调质	25	≤207	1 000	800	用于强度高、冲击不大的重要轴
		≤100	241～286	750	550	
		>100～300		700	500	
35SiMn	调质	25	≤229	900	750	可代替 40Cr
		≤100	229～286	800	520	
		>100～300	217～269	750	450	
40MnB	调质	25	≤207	1 000	800	可代替 40Cr
		≤200	241～286	750	500	

三、轴的结构

1. 阶梯轴

常用轴的结构呈中间大、两头小的阶梯形状,称为阶梯轴或台阶轴,如图 14-7 所示。阶梯轴结构方便安装、拆卸,又能满足强度要求,应用最为广泛。

按各段轴所起的作用不同,将阶梯轴分为轴头、轴颈、轴身三部分。其中,支承齿轮、带轮、联轴器等传动件的轴段称为轴头,支承轴承的轴段称为轴颈,连接轴头与轴颈的轴段称为轴身

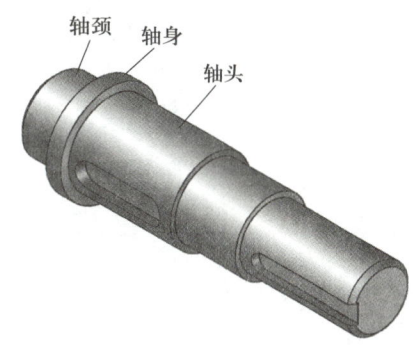

图 14-7　阶梯轴

2. 轴与轴上零件的连接结构

由于装配和固定零件的需要,需要在轴上设置轴肩、轴环、键槽、倒角等结构。轴径变化处的台阶称为轴肩,两轴段之间凸出的中间圆环称为轴环,安装传动件开出的轴向长槽称为键槽,轴端的倒棱称为倒角。

(1)周向固定　常用轴上周向固定的方法有普通平键、花键、销、过盈等连接形式。

(2)轴向固定　常用轴上轴向固定的方法有轴肩、轴环、套筒、圆螺母、弹性挡圈、轴端压板、紧定螺钉、过盈配合、销等,如图 14-8 所示。

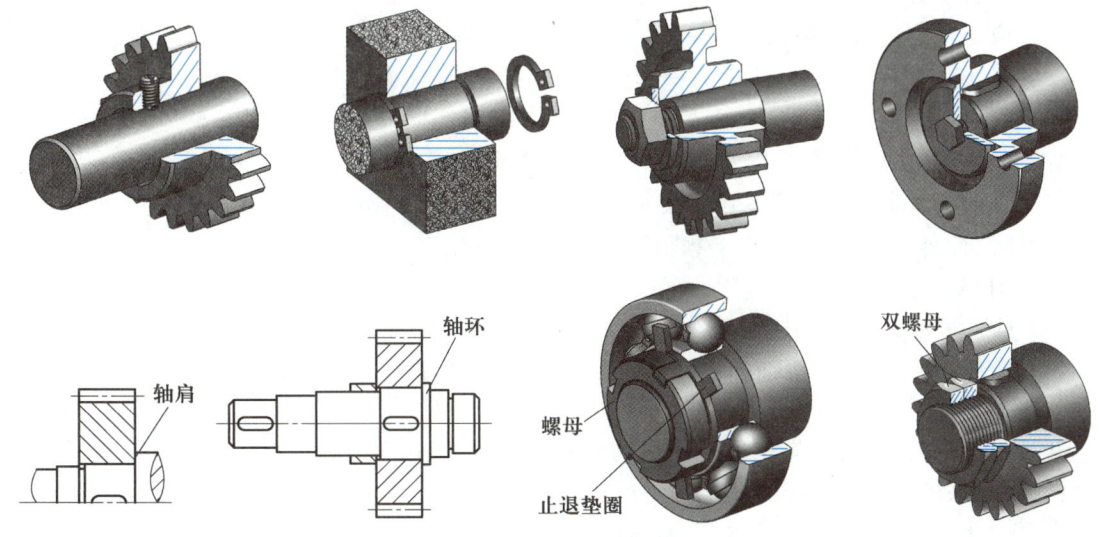

图 14-8　轴向固定的方法

为了定位可靠,使零件能紧靠定位面,轴肩的过渡圆角半径 r 应小于轴上零件的倒角 C_1 或圆角半径 R。轴肩高度 $h=R$(或 C_1)$+(0.5\sim2)$mm,轴环宽度 $b=1.4h$,如图 14-9所示。与滚动轴承相配合处的 h 值和 b 值,应参考轴承标准规定的安装尺寸。

3. 轴的加工要求

轴的形状应简单便于加工。轴上磨削和车螺纹的轴段应分别设计出砂轮越程槽和螺纹退刀槽,如图 14-10 所示。

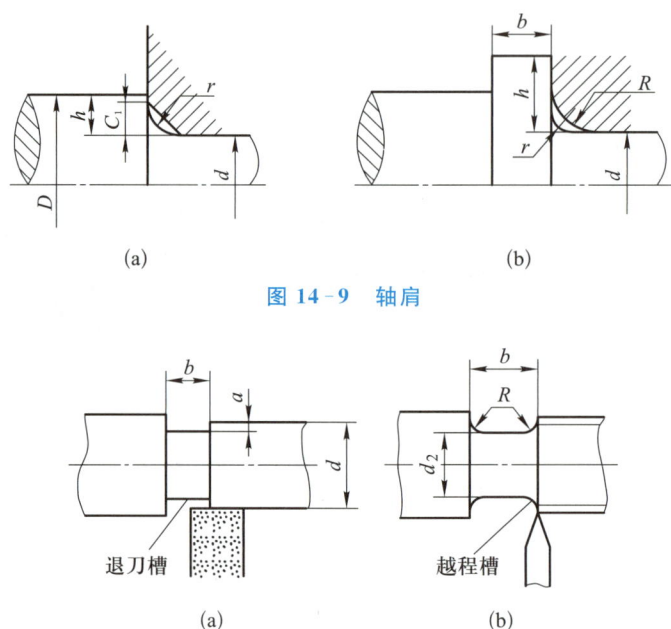

图 14-9　轴肩

退刀槽　　　　　　　越程槽

(a)　　　　　　　　　(b)

图 14-10　砂轮越程槽和螺纹退刀槽

轴上沿长度方向开有几个键槽时,应安排在同一条直线上。同一根轴上所有圆角半径和倒角的大小应尽可能一致。轴端和各轴段端都应有 45°倒角。

四、轴的设计简介

1. 轴的失效形式

常见轴的失效形式主要有:由于抗疲劳强度不够而引起轴的断裂和由于刚度不够而引起轴的弯曲变形,此外,也有因为严重磨损而造成的烧轴现象。

2. 设计轴的基本要求

(1) 具有足够的强度、刚度和振动稳定性,保证正常工作的能力。

(2) 具有合理的结构,使轴上零件的定位可靠,便于装拆,加工方便。

3. 轴的设计

开始设计轴时,通常已知轴所传递的功率和转速,然后按照材料力学的圆轴受扭转剪切强度条件的要求,来求得轴的最小直径。

$$\tau = \frac{T}{W_{n}} = \frac{9\,550 \times 1\,000 P}{0.2 d^{3} n} \leqslant [\tau]$$

式中　τ　——轴的切应力,MPa;

　　　T　——轴的扭矩,N·mm;

　　　W_{n}　——轴的抗扭截面系数,圆截面 $W_{n} = 0.2 d^{3}$;

　　　P　——轴传递的功率,kW;

　　　d　——轴径,mm;

　　　n　——轴径的转速,r/min;

[τ]——许用切应力,MPa。

由此得出轴的最小直径为

$$d \geqslant \sqrt[3]{\frac{9\,550 \times 1\,000}{0.2[\tau]}} \sqrt[3]{\frac{P}{n}} = A\sqrt[3]{\frac{P}{n}}$$

式中,A 的值由轴的材料和承载情况确定,见表 14-2。

表 14-2 常用轴的材料[τ]和 A 值

轴的材料	Q235	35	45	40Cr、42SiMn
[τ]/MPa	12~20	20~30	30~40	40~52
A	160~135	135~118	118~107	107~98

所求得轴的最小直径为轴的端部直径,其余各段阶梯直径按轴肩或轴环的标准要求,依次逐渐增大。

轴的直径是否满足强度要求,在各段直径确定之后,按照扭矩、弯矩的合成作用做最后的校核。一般情况下,都能达到使用要求。

第 2 节　轴　承

轴承是机器用以支承轴运动的零件。为了保证轴的正常工作精度,应当减小轴与轴承之间的摩擦和磨损。按照轴与轴承之间的摩擦性质不同,轴承分为滑动轴承和滚动轴承两大类。

一、滑动轴承

滑动轴承的轴与轴承之间的摩擦为滑动摩擦。按结构不同,滑动轴承分为整体式和剖分式两种,如图 14-11、图 14-12 所示的滑动轴承。

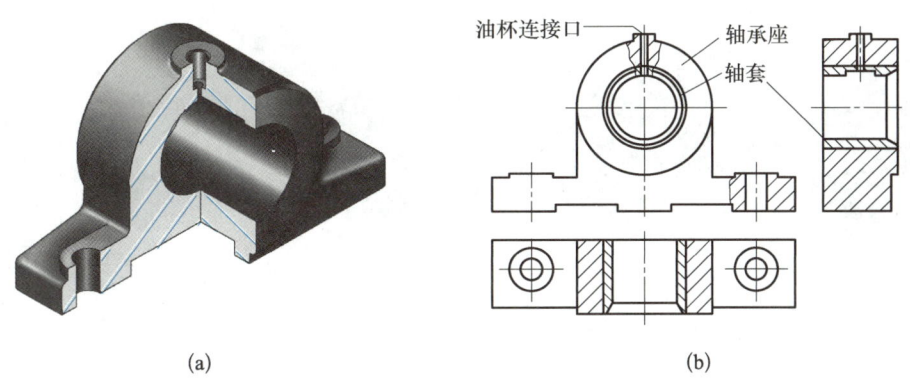

油杯连接口　　轴承座　　轴套

(a)　　　　　　　　　　(b)

图 14-11　整体式滑动轴承

应用于汽车上的滑动轴承主要有曲柄与连杆、曲轴与机体的连接处。滑动轴承具有工作平稳、回转精度高、无噪声、耐冲击、承载能力大、径向尺寸小的特点,在汽轮机、内燃机、精密机床、重型机械中得到了广泛的应用。

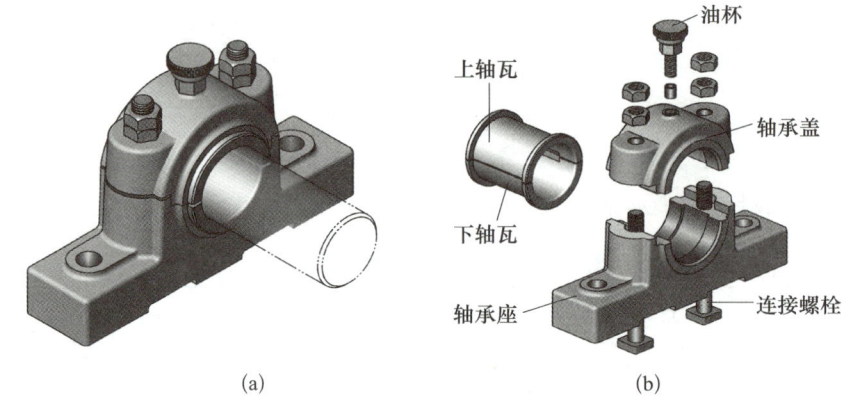

(a)　　　　　　(b)

图 14-12　剖分式滑动轴承

1. 整体式滑动轴承

如图 14-11 所示,整体式滑动轴承的结构呈整体式。轴承座通常采用铸铁材料,为了减少滑动面的摩擦,通常在接触面镶入青铜套,并注入充分的润滑油。其结构较为简单,价格低廉,但轴的拆装需要轴或轴承座轴向移动;轴承磨损后,径向间隙无法调整。整体式滑动轴承适用于轻载、低速的工作场合。

2. 剖分式滑动轴承

如图 14-12 所示,剖分式滑动轴承的结构由上、下两个部分组成,并用螺栓连接而成。其结构较为复杂,但可以将轴安装后,再完成滑动轴承的装配。其特点是安装方便,轴承磨损后,径向间隙可以调整,能保证传动的精度。剖分式滑动轴承适用于重载、高速的工作场合。

3. 滑动轴承的轴瓦

轴瓦是滑动轴承与轴直接接触的重要零件,起到减少摩擦、支承转动轴的作用,要求轴瓦具有一定的强度和刚度,并在轴瓦的上部非承载区开出油沟,使润滑油能顺利地流入接触面。轴瓦的结构也分为整体式和剖分式两种,如图 14-13 所示。

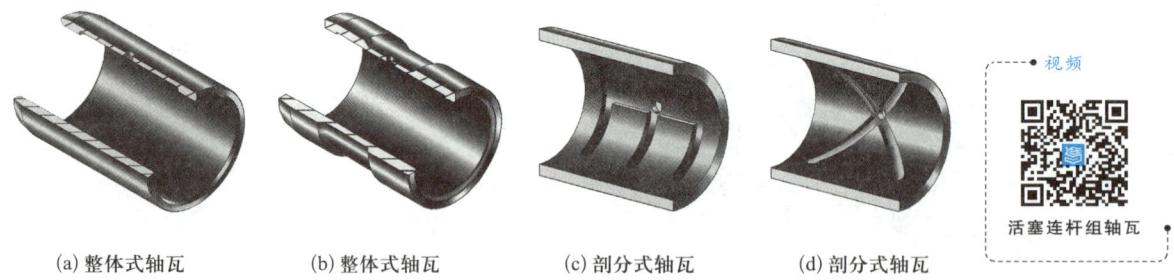

(a) 整体式轴瓦　　(b) 整体式轴瓦　　(c) 剖分式轴瓦　　(d) 剖分式轴瓦

● 视频

活塞连杆组轴瓦

图 14-13　整体式与剖分式轴瓦

4. 轴瓦的材料

滑动轴承的材料一般选用容易造型且稳定性好的铸铁,与轴相接触的轴瓦需要具备较低的摩擦因数,较好的耐磨损性、导热性和磨合性,并具有足够的强度。

轴瓦常选用铸造青铜或黄铜合金作为材料,重要的轴瓦选用轴承合金,即由锡、铅、锑和铜元素组合而成,也称为巴氏合金。

5. 滑动轴承的拆装

整体式滑动轴承装配前,需要对轴和轴承进行试装,在转动灵活、精度满足要求后,才能正常安装。注入足够的润滑剂后,方可开车试机;剖分式滑动轴承试装时,用调整垫片的数量来微调轴与轴承之间的间隙。并对轴瓦做必要的刮削检查,使接触斑点达到规定的要求。

滑动轴承组的安装,应保证各滑动轴承的中心线在一条直线上。可用吊线的方法或光学准直仪来找正。

拆卸剖分式滑动轴承应先拆去上盖,移出轴后再拆去轴承座。

二、滚动轴承

滚动轴承由内圈、滚动体、保持架和外圈组成,轴与轴承之间被滚动体隔离开。工作时滚动体在内圈与外圈之间滚动,轴与轴承之间处于滚动摩擦状态。内圈与外圈都做出滚道,滚动体在滚道内自由运动,保持架起均匀隔离滚动体的作用。轴安装在转动的内圈上,外圈安装在固定的支座内。常用的滚动轴承如图 14-14 所示。

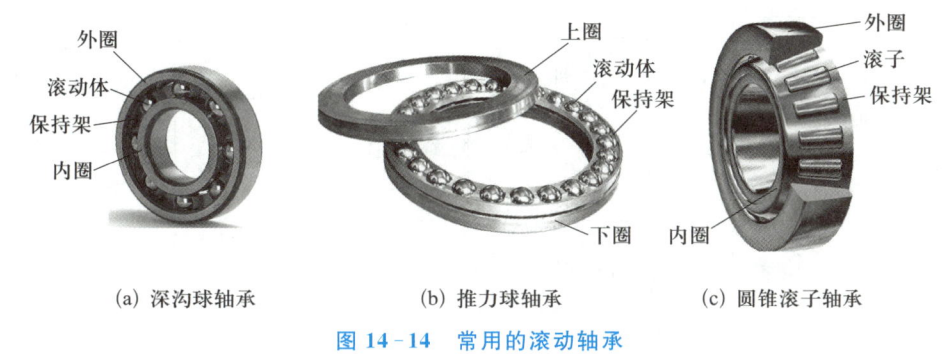

|(a) 深沟球轴承|(b) 推力球轴承|(c) 圆锥滚子轴承|

图 14-14　常用的滚动轴承

滚动轴承是标准件,起动时摩擦阻力小,维护、更换方便。在汽车变速器中,各轴与箱体的连接支承大多采用圆锥滚子轴承或球轴承,输出轴与箱体间采用滚针轴承,汽车车轮的轮毂与车桥间的连接采用圆锥滚子轴承。滚动轴承在机械设备上的应用十分广泛,是不可缺少的重要零件。

1. 滚动轴承的分类

(1) 按承受载荷的方向不同分类

① 深沟球轴承　深沟球轴承也称向心轴承,主要承受径向载荷。

② 推力球轴承　推力球轴承也称推力轴承,只能承受轴向载荷。

③ 圆锥滚子轴承　圆锥滚子轴承也称向心推力轴承,既能承受径向载荷,同时又能承受轴向载荷。

(2) 按滚动体的形状不同分类

① 球轴承　轴承的滚动体为球形。

② 滚子轴承　轴承的滚动体为滚子。滚子的形状有圆柱形和圆锥形,相应的轴承称为圆柱滚子轴承和圆锥滚子轴承。

2. 滚动轴承的代号

滚动轴承的不同类型和尺寸很多,为了便于识别、生产和选用,国家标准 GB/T 272—2017 规定,一般的滚动轴承代号由基本代号、前置代号和后置代号构成。

（1）基本代号

基本代号表示轴承的基本类型、结构和尺寸,是轴承代号的基础。除滚针轴承外,基本代号都由类型代号、尺寸系列代号和内径代号构成。

① 类型代号

滚动轴承的类型代号用数字或大写的拉丁字母表示,见表 14 - 3。滚动轴承的类型代号表示滚动轴承的基本结构特点。

表 14 - 3 滚动轴承的类型代号

代号	轴承类型	结构简图	代号	轴承类型	结构简图
0	双列角接触球轴承	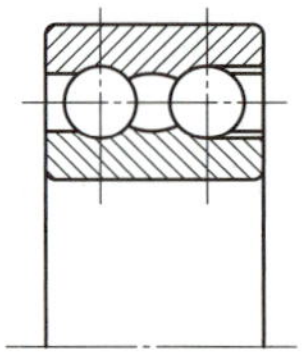	5	推力球轴承	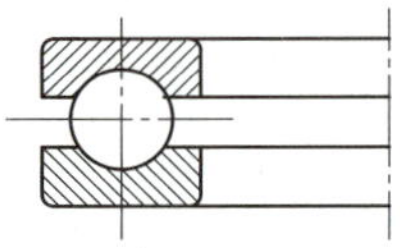
1	调心球轴承	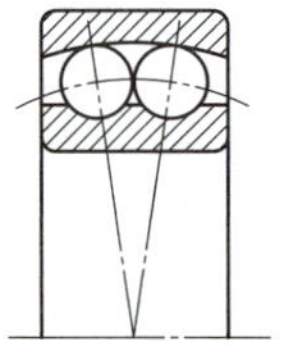	6	深沟球轴承	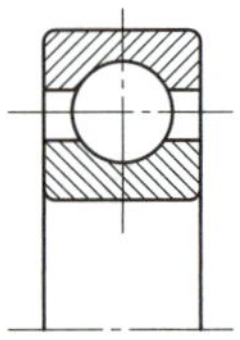
2	调心滚子轴承	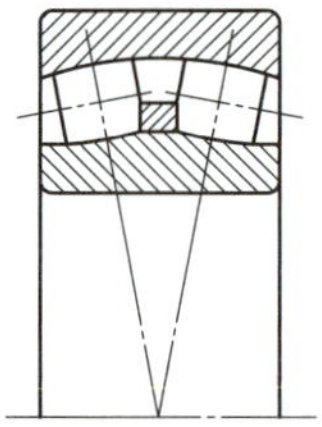	7	角接触球轴承	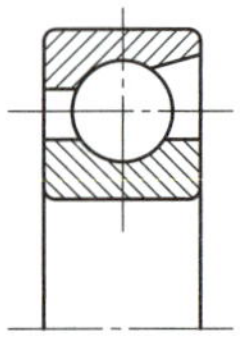
2	推力调心滚子轴承	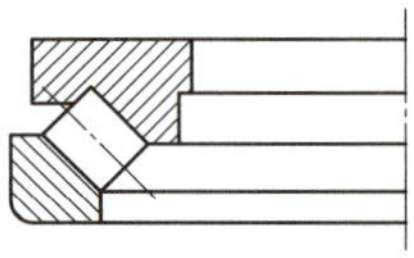			
3	圆锥滚子轴承	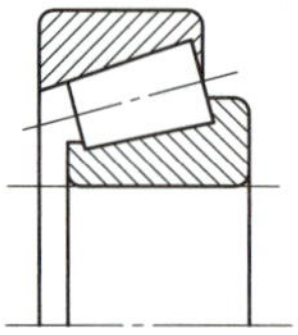	8	推力圆柱滚子轴承	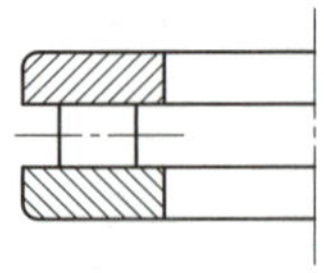
4	双列深沟球轴承	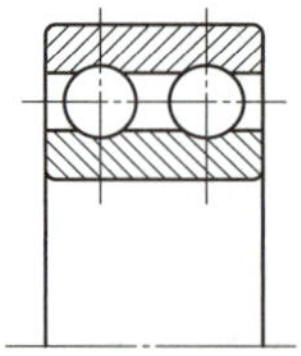	N	外圈无挡边圆柱滚子轴承	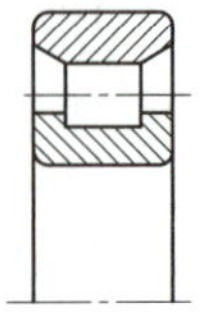

② 尺寸系列代号

轴承的尺寸系列代号由轴承宽（高）度系列代号和直径系列代号组成。它们分别用一位数字表示，宽度系列代号在前，直径系列代号在后，见表 14-4。

表 14-4 尺寸系列代号

直径系列代号	向心轴承								推力轴承			
	宽度系列代号								高度系列代号			
	8	0	1	2	3	4	5	6	7	9	1	2
	尺寸系列代号											
7	—	—	17	—	37	—	—	—	—	—	—	—
8	—	08	18	28	38	48	58	68	—	—	—	—
9	—	09	19	29	39	49	59	69	—	—	—	—
0	—	00	10	20	30	40	50	60	70	90	10	—
1	—	01	11	21	31	41	51	61	71	91	11	—
2	82	02	12	22	32	42	52	62	72	92	12	22
3	83	03	13	23	33	—	—	—	73	93	13	23
4	—	04	—	24	—	—	—	—	74	94	14	24
5	—	—	—	—	—	—	—	—	—	95	—	—

直径系列代号中的 1、2、3、4 分别表示特轻、轻、中、重，即同一内径尺寸的轴承中使用不同的滚动体而引起的外形尺寸变化，滚动体越大，承受的载荷也越大；宽度系列代号中的 0、1、2、3 分别表示窄、正常、宽、特宽，宽度依次增加，即内径和外径都相同的轴承，配有不同宽度尺寸，宽度越大，承受的载荷也越大。当宽度系列代号为 0 时，在代号中可不标出，但对于调心滚子轴承和圆锥滚子轴承应当标出。

③ 内径代号

用两位数字来表示滚动轴承的内径大小。一般情况下两位数字为滚动轴承内径值的五分之一，见表 14-5。

表 14-5 内径代号

轴承公称内径 mm	内 径 代 号	示 例
0.6~10（非整数）	用公称内径毫米数直接表示，在其与尺寸系列代号之间用"/"分开	深沟球轴承 617/0.6 $d=0.6$ mm 深沟球轴承 618/2.5 $d=2.5$ mm
1~9（整数）	用公称内径毫米数直接表示，对深沟及角接触球轴承直径系列 7、8、9，内径与尺寸系列代号之间用"/"分开	深沟球轴承 625 $d=5$ mm 深沟球轴承 618/5 $d=5$ mm 角接触球轴承 707 $d=7$ mm 角接触球轴承 719/7 $d=7$ mm

续表

轴承公称内径 mm		内　径　代　号	示　　例
10~17	10	00	深沟球轴承　6200　$d=10$ mm
	12	01	调心球轴承　1201　$d=12$ mm
	15	02	圆柱滚子轴承　NU 202　$d=15$ mm
	17	03	推力球轴承　51103　$d=17$ mm
20~480(22,28,32 除外)		公称内径除以 5 的商数,商数为个位数,需在商数左边加"0",如 08	调心滚子轴承　22308　$d=40$ mm 圆柱滚子轴承　NU 1096　$d=480$ mm
≥500 以及 22,28,32		用公称内径毫米数直接表示,但在与尺寸系列之间用"/"分开	调心滚子轴承　230/500　$d=500$ mm 深沟球轴承　62/22　$d=22$ mm

例如,基本代号为 23208 的滚动轴承的含义是:调心滚子轴承,宽度系列为特宽,直径系列为轻型,内径为 08×5 mm$=40$ mm。

（2）前置代号

前置代号用字母表示,放在基本代号的左侧,表示成套轴承的分部件,如 L 表示可分离轴承的内圈或外圈。

（3）后置代号

后置代号为补充代号。当轴承的结构形状、尺寸公差、技术要求有改变时,在基本代号的右侧相距半个汉字的宽度用字母或数字表示。

后置代号分为八组内容,如常用的第一组表示轴承的结构,以角接触球轴承的接触角为例,代号 B 表示公称接触角 $\alpha=40°$;代号 AC 表示公称接触角 $\alpha=25°$;代号 C 表示公称接触角 $\alpha=15°$。第五组表示轴承的公差等级,按精度由低到高依次代号为:P0、P6、P6x、P5、P4、P2。P0 为普通级,可不必标出。标注时用"/"与前面的数字分开。

例 14-1　说明滚动轴承代号 62308、72211AC、LN303/P6x 的含义。

解:（1）62308

6 表示深沟球轴承,2 表示宽度系列为宽型,3 表示直径系列为中型,08 表示内径为 8×5 mm$=40$ mm。

（2）72211AC

7 表示角接触球轴承,2 表示宽度系列为宽型,2 表示直径系列为轻型,11 表示轴承内径为 11×5 mm$=55$ mm,AC 表示公称接触角为 $25°$。

（3）LN303/P6x

L 表示可分离轴承的外圈,N 表示单列圆柱滚子轴承,宽度系列为 0 没有标出,3 表示直径系列为中型,03 表示轴承内径为 17 mm,P6x 表示轴承公差精度等级为 P6x 级。

3. 滚动轴承的拆装

滚动轴承与轴和支座为过渡配合连接,安装时需要用外力将轴承压入,一般用手锤或压力机。当用手锤安装时,为防止手锤直接冲击损坏滚动轴承,需要垫上紫铜棒,手锤通过紫铜棒把力传递给滚动轴承。安装内圈时,只能垫套筒击打内圈或使用专用胎具,不能通过击打外圈来安装内圈,如图 14-15 所示;安装外圈时,也不能通过击打内圈来安装外圈。此外,应注意在轴承的四周均匀用力,以防轴承歪斜,出现偏差。成批的安装,可以采用热膨胀的原理将轴承加热到90°左右,使内圈膨胀后立即套入轴颈。

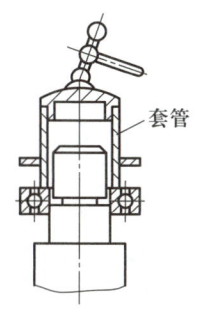

套管

图 14 - 15　用手锤安装轴承

图 14 - 16　专用拆卸器

安装推力球轴承时,由于两个座圈中有一个内圈的直径比标准值大 0.5 mm,故应当把这个内圈安装在固定不动的支座内。

滚动轴承拆卸的注意事项与安装相同。滚动轴承的拆卸有专用拆卸器,如图 14 - 16 所示,可方便、可靠、迅速地拆卸。

4. 滚动轴承的润滑

常用的滚动轴承润滑剂有润滑油和润滑脂两种。选择润滑油还是润滑脂来润滑,要取决于滚动轴承的转动速度。

(1)当滚动轴承的轴颈速度 $v < 4 \sim 5$ m/s 时,可选用润滑脂润滑。润滑脂润滑的优点是一次填充可以运转较长的时间,且润滑脂不容易流失。值得注意的是,填充润滑脂不是越多越好,过多的润滑脂会成为转动的阻力而被甩出,并容易变质。一般只要填满空间的 1/3～1/2 即可。

(2)当轴颈的速度较高时,应选用润滑油润滑。润滑油润滑的优点是液体的摩擦阻力小,而且具有散热和冷却的功能。润滑的方式可采用浸油、飞溅润滑。浸油润滑的油面高度要低于最下方滚动体的中心,以免油面过高造成过度搅动润滑油,使油液发热。

练 习

1. 转轴、心轴、传动轴的区别是什么?

2. 为什么轴的材料一般选择中碳钢,而不选择高碳钢或低碳钢?

3. 为什么轴的结构大多是阶梯形的?

4. 转轴的承载能力与传动轴有何不同? 何为轴颈?

5. 轴上零件的轴向和周向固定方法各有何特点? 为什么轴环和轴肩的应用较多?

6. 滑动轴承与滚动轴承相比,各有何特点? 为什么滚动轴承的应用更为普遍?

7. 为什么滑动轴承的油沟要开在非承载区?

8. 读懂常用滚动轴承的代号含义,如 62303、71322、32214/P6。

9. 装拆滚动轴承应当注意哪些问题?

10. 为什么圆锥滚子轴承比深沟球轴承和其他轴承的应用更广泛?

11. 为什么脂润滑的用油量最多只能占到空间的 1/2?

第十五章

联轴器与离合器

联轴器与离合器用于连接两轴,使其共同转动以传递运动和扭矩。在机器工作时,联轴器始终保持两轴的接合状态,而离合器可随时完成两轴的接合或分离。联轴器一般安装在电动机、变速器、工作机之间的轴的连接。手动挡变速器中,离合器一般安装在变速器前,用于改变发动机与变速器之间的分离与接合;对于自动挡变速器,有单向离合器以及多片离合器与变速器的控制机构相配合。

第1节 联 轴 器

汽车上常用的联轴器是底盘上连接后桥驱动器的万向联轴器,及转向盘与转向器间的双万向联轴器。常用联轴器的类型、结构与特点如下:

一、刚性联轴器

刚性联轴器的结构简单、成本低,要求两轴的轴线严格在同一条直线上,不能有轴线的偏移。

1. 套筒联轴器

套筒联轴器如图15-1所示,两轴用套筒经键或销连接在一起。其结构简单、径向尺寸小,占用空间小,但对轴的同心度要求较高。用键连接的套筒联轴器传递的扭矩较大,而用销连接的套筒联轴器传递的扭矩较小。销连接的套筒联轴器需要将轴和套筒联轴器固定后一起装配,销与孔之间选用圆柱销过渡配合。

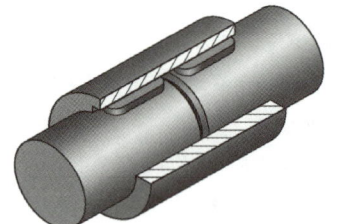

图 15-1 套筒联轴器　　　　　　　　图 15-2 凸缘联轴器

2. 凸缘联轴器

凸缘联轴器如图15-2所示,两轴用键与半凸缘联轴器连接,再用螺栓把两半凸缘联轴器连接在一起。其结构简单、可传递较大的扭矩,但径向尺寸相对较大,对轴的同心度要求较高。常应用在电动机输出轴与减速器的连接上。

二、可移式刚性联轴器

可移式刚性联轴器可以补偿两轴间的位移。

1. 十字滑块联轴器

十字滑块联轴器如图 15-3 所示。其结构简单,径向尺寸小,传动时允许两轴存在较大的径向偏差,但滑块有一定的离心力。十字滑块联轴器适用于低速、扭矩不大、有径向偏差的场合。

2. 万向联轴器

万向联轴器如图 15-4 所示。其结构简单,径向尺寸小,传动时允许两轴的角偏移达到 45°。但是,当主动轴做等角速度转动时,从动轴做变角速度转动,只有采用两个万向联轴器组成一对传动,且角偏移相等时,从动轴才能得到等角速度的转动。

图 15-3 十字滑块联轴器

图 15-4 万向联轴器

三、挠性联轴器

挠性联轴器是靠联轴器内弹性元件的弹性变形来补偿轴线偏移、缓冲吸振的联轴器。

1. 弹性套柱销联轴器

如图 15-5 所示,弹性套柱销联轴器上有锥端的柱销 2 固定于半联轴器 1 上,其上安装的橡胶弹性套 3 伸入半联轴器 4 上的孔中,实现两轴的连接。该联轴器的弹性套具有一定的弹性,能补偿两轴线较小的偏移。其特点是结构简单,安装方便,更换容易,尺寸小,重量轻。适用于冲击载荷不大的中、小功率传动轴中,如铣床主电动机与主轴箱的连接,用于消除振动对加工表面粗糙度的影响。

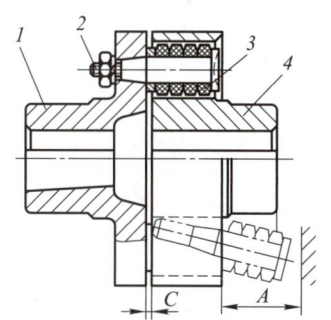

图 15-5 弹性套柱销联轴器

2. 弹性柱销联轴器

如图 15-6 所示,弹性柱销联轴器中连接两半联轴器的是凸缘孔中的尼龙柱销,尼龙柱销做成鼓形,靠尼龙柱销来传递扭矩和补偿轴线偏移。其特点是结构简单,制造容易,装拆、更换方便,耐磨性好。适用于转矩较大的中、低速传动轴。

3. 蛇形弹簧联轴器

如图 15-7 所示,蛇形弹簧联轴器由两个带外齿圈的半联轴器 1、3 和置于其齿间的一组蛇形板簧 2 组成,每一个齿圈上有 50~100 个齿,齿间的弹簧为 1~3 层,为方便安装分成 6~8 段。蛇形弹簧联轴器的补偿轴线偏移能力强,适用于大功率的传动。

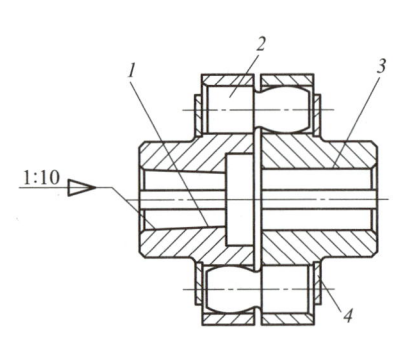

1—左半联轴器;2—柱销;3—右半联轴器;4—垫圈。

图 15-6　弹性柱销联轴器

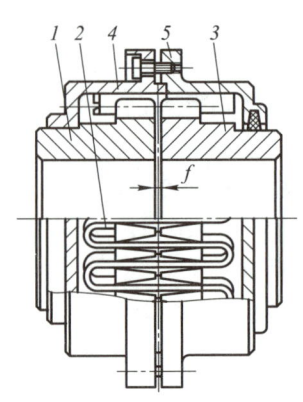

1—左半联轴器;2—蛇形弹簧;3—右半联轴器;
　　4—左外壳;5—右外壳。

图 15-7　蛇形弹簧联轴器

四、联轴器的拆装

　　联轴器的安装需要将两半联轴器与轴分别固定后,再把两个半联轴器连接在一起,连接时应保持两轴同心,对准凸凹台阶,并将端面靠齐,尽量减少径向偏差,最后再固定。圆柱销的套筒联轴器安装,需要把套筒和轴相配合后,再安装圆柱销,注意圆柱销两头不要露出联轴器的外面。安装后联轴器应运转自如,没有松紧不匀的现象。

　　拆卸联轴器时注意防止损伤结合表面,拆卸顺序与安装顺序相反。

第 2 节　离 合 器

　　离合器在汽车上应用于变速器与发动机间的动力连接,以便在运行过程中随时切换挡位。常用的离合器是单片或多片摩擦离合器。

　　离合器应满足接合、分离方便,迅速可靠,接合时冲击振动小,耐磨性好,并且有良好的散热性能。

• 视频

离合器

一、牙嵌离合器

　　牙嵌离合器如图15-8所示,靠离合器端面牙形的啮合来实现两轴的合与分,其工作可靠、接合与分离迅速、平稳,动作准确,操作容易、省力,结构简单、维护方便。牙嵌离合器用于低速场合,控制机器的运动与停止,或改变转向。常用的牙嵌离合器齿形为矩形、梯形或三角形,如图15-9所示。

二、摩擦离合器

　　摩擦离合器如图15-10所示,靠离合器上的内、外摩擦片间的摩擦力来传递扭矩,分单摩擦片和多摩擦片两种。单摩擦片离合器的结构简单,散热好,但尺寸较大,传递的扭矩较小;多摩擦片离合器由内、外摩擦片交错排列组合,结构较为复杂,外径尺寸较小,传递的扭矩较大。摩擦离合器适合于空间尺寸较小而传递扭矩较大、频繁起动的传动中。

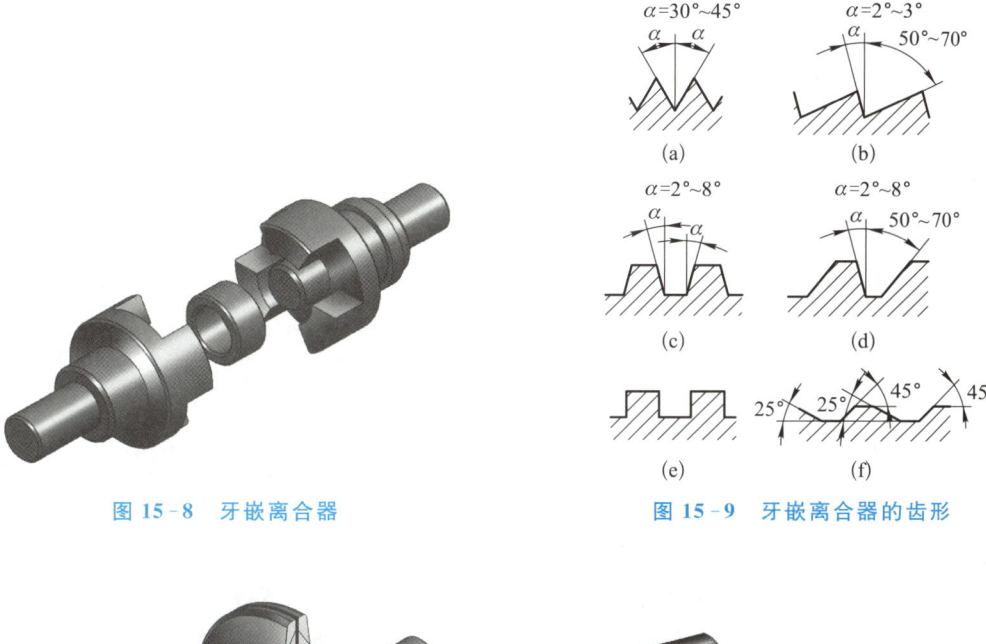

图 15-8　牙嵌离合器

图 15-9　牙嵌离合器的齿形

图 15-10　摩擦离合器

 练　习

1. 选用联轴器的类型要考虑几个方面的因素?
2. 联轴器与离合器的主要区别在哪里? 能否用离合器代替联轴器使用?

·视频

工匠担当、兼济天下——大国工匠 高凤林

第四篇 〉 液压传动

　　液压传动与气压传动都是利用流体(气体或液体)作为工作介质来传递运动与动力和控制信号的传动方式,是继机械传动、电气传动之后的第三大传动形式。气压传动的动力传递介质是取之不尽的空气,具有节能、高效、无污染、成本低的优点;液压传动的动力传递介质是液压油,具有传递功率大、无级调速、运动速度稳定、容易实现自动化的特点。

　　汽车上的液压制动系统、动力转向系统、自动变速器的液控部分、自卸货车的举升系统、液压汽车吊车等都采用液压传动方式。

● 拓展阅读

工程理论、奉献精神 ●

第十六章

液压传动的基本知识

在生产中,液压传动的应用很广泛。图 16-1 所示的汽车起重机和自动卸货汽车,都是液压传动应用的典型实例。汽车的内燃机驱动液压系统中的液压油泵,把机械能转换成液压能,通过液压油缸顶起汽车的货箱或吊起货物。

1—驾驶室;2—吊车底座;3—支撑腿;4—液压缸;5—伸缩臂;6—钢丝绳;7—大臂。

图 16-1　液压传动在汽车上的应用

与常用的机械传动汽车吊车所不同的是,液压传动需要将内燃机的机械传动通过液压泵转换成液压油的运动和动力,再靠液压油推动汽车吊车吊钩的移动。其中有能量的转换过程,涉及液压传动的工作原理、组成和流体工作介质的基本知识。

第1节　液压传动的工作原理、组成、传动特点及图形符号

一、液压传动的工作原理

图 16-2 所示为磨床工作台液压传动的工作原理图。

液压泵在电动机的带动下旋转,油液从油箱经过滤器被吸入液压泵,液压泵输出的压力油进入节流阀,调节压力油液流量,再经换向阀进入液压缸,控制活塞带动工作台做左右直线运动。

当换向阀的手柄右移时,阀芯右移,油液从阀的进油口 P 进入,由阀的出油口 A 进入液压缸的左腔,工作台向右移动;回油从液压缸的右腔流出,进入阀芯的 B 口,从阀的回油口 T 直接流回油箱。当换向阀的手柄左移时,阀芯左移,油液从阀的进油口 P 进入,由阀的出油口 B 流出,进入液压缸的右腔,工作台向左移动;回油从液压缸的左腔流出,进入阀的 A 口,从阀芯的回油口 T 直接流回油箱。通过改变换向阀的阀芯位置,使工作台的运动方向发生了变化。当换向阀的手柄在中位时,阀芯位置正好挡住进油口 P 和回油口 T,液压油无法进入换向阀,液压缸的油液也不能经过换向阀流回油池,工作台处于停止不动的位置。

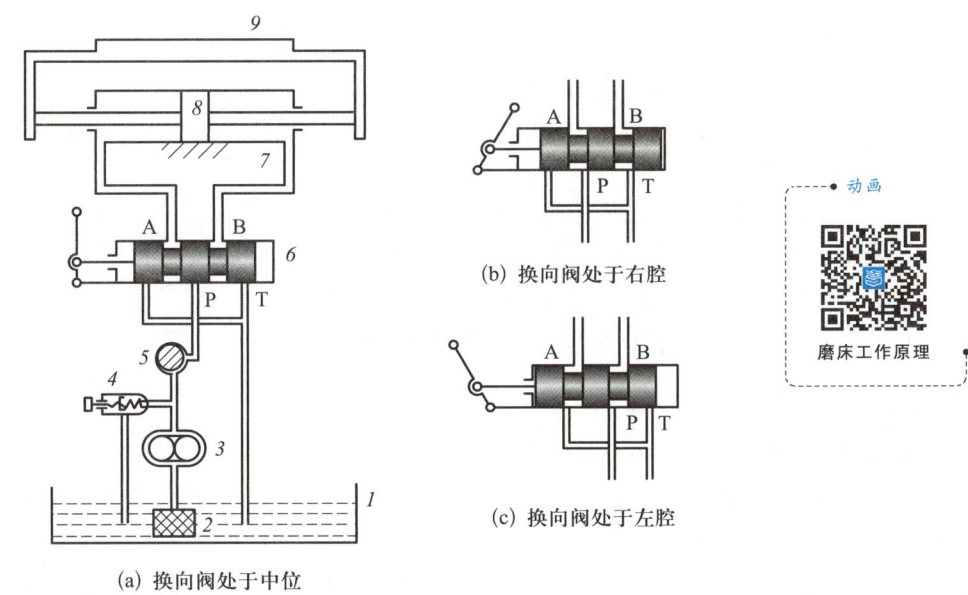

1—油箱;2—过滤器;3—液压泵;4—溢流阀;5—节流阀;6—换向阀;7—液压缸;8—活塞;9—工作台。

图 16-2　磨床工作台液压传动的工作原理图

当节流阀口开大时,进入液压缸的油量增大,工作台的移动速度加快;当节流阀口关小时,进入液压缸的油量减小,工作台的移动速度也随之变慢。克服工作台的负载所需要的压力由溢流阀控制,为了克服工作台移动时所产生的各种阻力,液压缸需要产生足够大的推力,这个推力是由液压缸中的油液压力产生的。克服的阻力越大,液压缸的油液压力越高;反之,压力越小,即压力决定于负载。

二、液压传动的组成

一个完整的液压传动系统由以下四个部分组成:

1. 动力部分

动力部分是把机械能转换成液压能的动力装置。其作用是向液压传动系统提供压力油。常用的动力装置为各种液压泵,液压泵是液压传动系统的心脏部分。

2. 执行部分

执行部分是把液压能转换成机械能,以驱动工作机构的执行装置。常用的执行装置为各种形式的液压缸和液压马达。

3. 控制部分

控制部分是控制调节液压传动系统中油液的压力、流速、流量和活塞运动方向的装置。常用的控制装置有压力阀、调速阀、流量阀和换向阀。

4. 辅助部分

辅助部分是将前面三个部分连接在一起组成一个系统,保证液压传动系统正常工作的辅助装置,是液压传动系统不可缺少的组成部分,具有储油、过滤、测量和密封的作用。常用的辅助装置有过滤器、管件、密封件、热交换器、油箱等。

三、液压传动的特点

与机械传动相比较,液压传动具有以下特点:

(1) 液压传动主要应用于直线传动,可在大范围内实现无级调速,调速范围达 1∶2 000,且可以在运行中调换速度。

(2) 液压缸的推力大,传递运动均匀、平稳,传动装置结构紧凑,重量轻。

(3) 易于实现自动化控制,具有过载保护功能,使用寿命长。

(4) 液压传动对油温的变化比较敏感,影响传动的平稳性。

(5) 液压传动系统容易产生泄漏,不能保证严格的传动比,同时还污染环境。

四、液压传动系统的图形符号

如图 16-3 所示,用一些简单的图形符号(详见 GB/T 786.1—2021),简化地表示了图 16-2 所示的磨床工作台液压传动系统的工作原理。图 16-2 具有直观性强、容易理解等优点,但难以绘制。而图 16-3 便于阅读、分析、设计和绘制,所以在液压传动系统中得到广泛的应用。这些图形符号只表示液压元件的功能,不表示元件的结构和参数,并以静止状态或零位状态来表示。

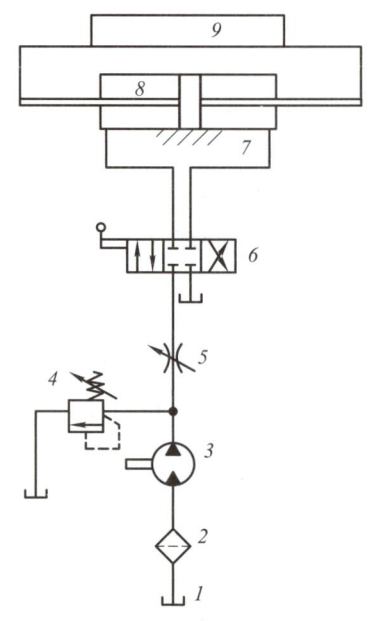

1—油箱;2—过滤器;3—液压泵;4—溢流阀;5—节流阀;6—换向阀;7—液压缸;8—活塞;9—工作台。

图 16-3   用图形符号表示液压传动系统的工作原理

第 2 节　液压传动的基本参数

一、压强 p

在图 16-2 所示的液压传动系统中,活塞单位面积上所受到的作用力称为压强。液压传动中所说的压力,实际上就是压强。压强的大小为

$$p = \frac{F}{A}$$

式中　p——液体的压力,MPa;

　　　F——作用在液体表面的外力,N;

　　　A——液体表面承压面积,mm^2。

在液压传动系统中的密闭容器内,由外力作用所产生的压力,通过液体等值不变地传递到液体各点,称为静压力传递原理,这就是帕斯卡原理。

此外,液体的不可压缩性和流动连续性与帕斯卡原理是构成液压传动的两个特性和一个原理,是液压传动的理论基础。

图 16-4 所示的手动液压千斤顶是维修人员野外急修汽车的常用设备。小小的千斤顶是如何手动顶起上吨重汽车的呢? 如图 16-5 所示,当小活塞上加一外力时,小液压缸内产生一定的压力,根据帕斯卡原理这个压力将等值传递到液体中的所有各点,即大液压缸中也有相等的压力。该压力与大液压缸活塞面积的乘积为克服汽车重力产生的推力,推力的大小与两液压缸活塞面积的比值有关。假设大液压缸活塞面积是小液压缸活塞面积的 10 倍,若在小液压缸活塞上增加 2 kN 的力,则大液压缸活塞将产生 20 kN 的向上推力,从而托起整台汽车。

图 16-4　手动液压千斤顶

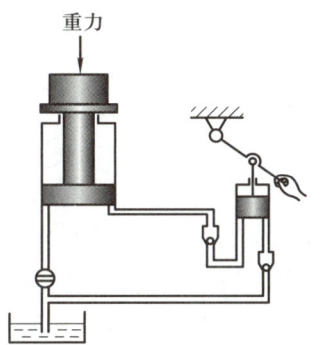

图 16-5　千斤顶的顶起过程

动画

千斤顶

在液压传动中,通常把压力分为几个等级,见表 16-1。

表 16-1　压力分级

	低压	中压	中高压	高压	超高压
p/MPa	0～2.5	>2.5～8	>8～16	>16～32	>32

一般在液压传动系统的铭牌上都标注额定的压力值,是指在正常情况下,按试验标准规定系统能连续工作的最高压力。

二、流量 q

流量为单位时间内流过某管道截面的液体的体积,即

动画

流量

$$q = \frac{V}{t} = Av$$

式中　V ——液体的体积,L;

　　　t ——时间,s;

　　　A ——活塞有效面积,mm^2;

　　　v ——活塞移动速度,m/s;

　　　q ——流量,m^3/s 或 L/s。

从上式可以得出,活塞的移动速度 v 取决于进入液压缸液体的流量 q,而与液体的压力大小无关。流量 q 越大,活塞的移动速度 v 越快;流量 q 越小,活塞的移动速度 v 越慢。

三、功率 P

功率指单位时间内所做的功,即

$$P = pq$$

式中　P ——功率,kW;

　　　p ——液体的压力,MPa;

　　　q ——流量,m^3/s 或 L/s。

从上式可以得出,液压传动的功率 P 等于液体的压力 p 与流量 q 的乘积。压力 p 和流量 q 是液压传动中两个最基本、最重要的参数。

四、液体的压力损失

由于液体具有黏性,在管道中流动时,油液分子之间以及油液与管壁之间的黏附力会阻滞油液的流动,这种阻力称为液阻。为了克服液阻,必然要消耗能量,这样就会造成流动液体的能量损失。在液压传动中,能量的损失主要表现为液压油的压力降低,称其为压力损失。

压力损失分为沿程压力损失和局部压力损失两类。

沿程压力损失是指液体在沿等截面的直管流动时,克服液体内因各质点间的运动速度不同而产生的内摩擦力,和液体与管壁间存在的外摩擦力,导致消耗一部分能量来抵消这两种阻力造成的压力损失。

局部压力损失是指液体流过截面形状及大小突然变化的管道区间,或弯曲部分时所产生的压力损失。

压力损失会造成液压传动系统中油液发热、泄漏增加、功率损耗,因此,应尽量减少液阻,以减小压力损失。

常用的减少压小损失的措施如下:

（1）缩短管道的长度，减少管道的弯曲，尽量避免管道截面的突然变化。

（2）减小管道内壁的表面粗糙度值，使其尽可能光滑，选用适当黏度的油液。

（3）选用足够大的管道通流面积，适当地限制油液流速。

此外，油液在流动中不同程度上存在着泄漏，也会造成流量的损失。流量损失使液压泵输出的流量不能全部进入执行元件，影响了执行元件的运动速度。

泄漏分为内泄漏和外泄漏两种。内泄漏是元件内部高、低压区间的泄漏，外泄漏是液压系统内部向外部的泄漏。为了保证系统中流量的稳定，计算流量时加入流量损失系数，常用的流量损失系数为 1.1～1.3。

 **练习**

1. 液压传动的工作原理是什么？液压传动装置由哪四部分组成？

2. 液压传动中的压力、流量的含义是什么？

3. 液体流动时产生的压力损失有几种？有哪些减少压力损失的措施？

4. 液压千斤顶的小活塞直径为 20 mm，大活塞直径为 50 mm，需要在小活塞上施加多大的压力才能顶起 30 kN 的重物？如果手的最大用力只有 200 N，那么需要通过什么机构来产生更大的作用力？

5. 油液的泄漏是不可避免的，可以通过哪些措施来减少泄漏？

第十七章

液压元件

液压传动系统是由液压元件组合而成的。液压元件包括动力元件、控制元件、执行元件和辅助元件四大类。

第1节　动 力 元 件

液压泵是液压传动系统的动力元件，其作用是将电动机的机械能转换成液压油的压力能，向液压传动系统提供具有一定的压力和流量的液压油。作为系统的动力源，液压泵是一种能量转换装置。

常将电动机、过滤器、液压泵、溢流阀、压力表和油箱组成液压泵站，如图 17-1 所示。液压泵的图形符号如图 17-2 所示。

图 17-1　液压泵站

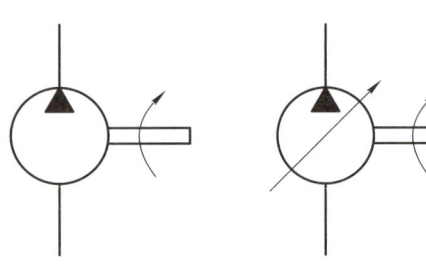

(a) 单向定量泵　　(b) 单向变量泵

图 17-2　液压泵的图形符号

动画

液压泵工作原理

一、液压泵的工作原理

图 17-3 所示为液压泵的工作原理，电动机带动凸轮 1 做顺时针转动，由于凸轮圆周上各点到转动中心的距离不等，所以在凸轮 1 和弹簧 3 的作用下，柱塞 2 在缸体的柱塞孔内左、右往复移动，缸体与柱塞之间构成可变容积的密封工作腔。当柱塞 2 右移时，工作腔容积变大，形成局部真空，油液在大气压力的作

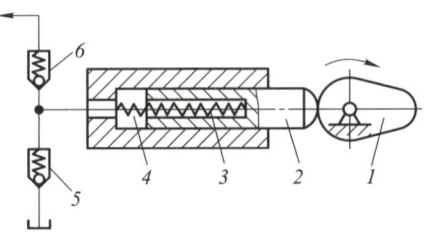

1—凸轮；2—柱塞；3—弹簧；4—密封工作腔；5、6—单向阀。

图 17-3　液压泵的工作原理

用下经过单向阀 5 进入工作腔内,这是液压泵的吸油过程;当柱塞 2 左移时,单向阀 5 关闭,工作腔容积变小,油液受到挤压,经过单向阀 6 压入系统,这是液压泵的压油过程。随着凸轮的不停转动,液压泵不断地完成吸油和压油的过程。

由此可得出,液压泵是依靠密封工作腔容积变化的原理来工作的,所以称其为容积式液压泵。液压泵正常工作必要的条件如下:

(1)具有周期性变化的密封容积。

(2)具有配流装置,能完成吸油和压油功能。

(3)油箱必须与大气相通。

按结构形式的不同,液压泵分为齿轮泵、叶片泵、柱塞泵、螺杆泵;按流量能否调节,液压泵分为定量泵和变量泵;按输出油的方向不同,液压泵分为单向泵和双向泵。

二、液压泵的种类

1. 齿轮泵

齿轮泵以外啮合的齿轮泵应用最广。

图 17-4 所示为外啮合齿轮泵的外形图和工作示意图。齿轮泵内有一对相互啮合的少齿数外齿轮,齿轮密封在泵体的工作腔内,啮合线把啮合齿轮分为互不相通的两个区域。当齿轮按工作示意图中的方向旋转时,左方的吸油腔由于相互啮合的轮齿逐渐脱开,齿槽空间逐渐增加,密封工作腔容积逐渐增大,形成部分真空,油箱中的油液在外界大气压力的作用下,经吸油管进入吸油腔将齿槽充满。随着齿轮的转动,油液被带到右方的压油腔内,由于齿轮的逐渐啮合,密封工作腔的容积不断减小,油液被挤出来,从压油口进入压力管路供液压系统使用。两个齿轮的旋转方向不变、转速不变,齿轮的流量保持不变,称为定量泵。

齿轮泵的结构简单,尺寸较小,工作可靠,价格低廉,应用较广。但是,早期齿轮泵的最大压力仅能达到 2.5 MPa,所以经常应用在压力要求不高的工作场合。经过几十年的发展,高压齿轮泵已经能达到32 MPa的压力,给齿轮泵的应用拓展出更大的空间。

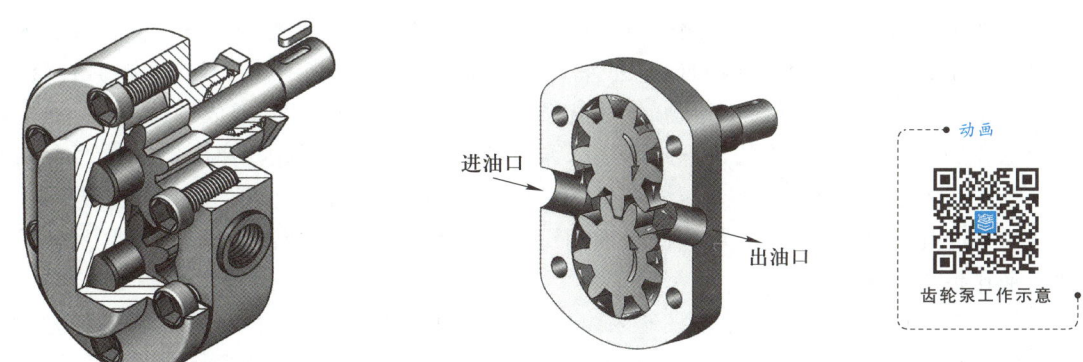

进油口

出油口

动画

齿轮泵工作示意

图 17-4　外啮合齿轮泵的外形图和工作示意图

2. 叶片泵

图 17-5 所示为叶片泵的外形图和工作示意图,它主要由具有圆形内表面的定子 1、与定子有一定偏心距的转子 3 和装在转子径向槽中可自由滑动的叶片 2 所组成,在定子 1、转子 3、叶

片 2 和两侧配油盘之间形成多个密封的工作空间。当转子做顺时针旋转时,左侧的吸油腔叶片间的工作空间逐渐增大,吸入油箱的油液;右侧的压油腔的叶片逐渐压进滑槽内,工作空间逐渐缩小,油液从压油口压出。在吸油腔与压油腔之间有一段封油区,把吸油腔和压油腔隔开。转子每转一周,每个工作空间完成一次吸油和压油的过程,称此叶片泵为单作用叶片泵。

动画

叶片泵工作原理

(a) 叶片泵外形图   (b) 工作示意图

1—定子;2—叶片;3—转子。

图 17-5   叶片泵的外形图和工作示意图

叶片泵的结构比齿轮泵复杂,但其工作压力较高,最高可达 30 MPa,且工作平稳,噪声小,寿命较长。叶片泵广泛应用于机械制造设备的中、低压液压系统中。汽车动力转向助力器就是以叶片泵作为动力,来减轻驾驶员的操作疲劳的。

单作用叶片泵的定子和转子的中心不重合,有一个偏心距。如果在运转中可以改变偏心距,就能改变输出的油量,定量叶片泵就变成了变量叶片泵。

双作用叶片泵的定子内表面为椭圆形,定子和转子的中心重合,转子每转一周,每个工作空间完成二次吸油和压油的过程,称其为双作用叶片泵。双作用叶片泵油液排量大,只能作为定量泵使用,但其结构较复杂,制造比较困难。

3. 柱塞泵

柱塞泵也是利用密封容积变化的原理来完成吸油和压油的过程的。图 17-6 所示为单个柱塞泵的工作原理图。柱塞泵内的柱塞在弹簧的作用下和偏心轮接触,偏心轮做顺时针转动时,柱塞做上下运动。当柱塞做向下运动时,柱塞顶面上的空间逐渐增大,形成局部真空,油液在大气压力的作用下,推开进油阀的钢珠弹簧进入泵体内;当柱塞做向上运动时,柱塞顶面上的密封容积逐渐减小,泵体内的油液受到压缩产生一定的压力,油液推开出油阀的钢珠弹簧进入液压传动系统。偏心轮每转动一圈,完成一次吸油和压油的过程。偏心轮连续转动,单柱塞泵就可以不断地向液压传动系统供油。

柱塞泵实际上是由多个单柱柱塞泵组成的,按柱塞与转子的位置不同,柱塞泵分为径向柱塞泵和轴向柱塞泵两种,径向柱塞泵结构示意图和轴向柱塞泵的工作原理图如图 17-7 所示。径向柱塞泵的柱塞分布在转子的径向方向,柱塞与转子轴互相垂直;轴向柱塞泵的柱塞分布在转子的轴向方向,柱塞与转子轴相互平行。

柱塞泵的结构小,工作压力高,工作压力可达 12~40 MPa,是目前液压传动系统中最常用的高压油泵。通过改变径向柱塞泵的定子与转子间的偏心距,可以改变油泵的油液输出量,定量径

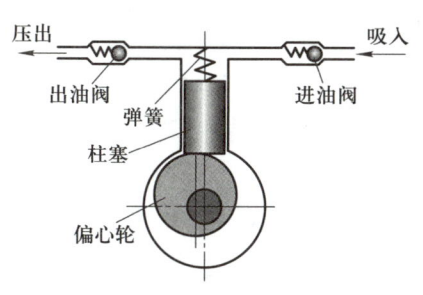

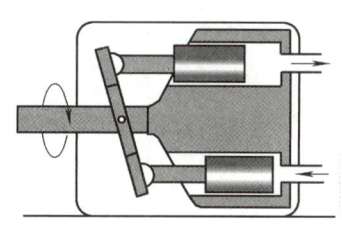

(a) 径向柱塞泵　　　　　　　(b) 轴向柱塞泵

图 17-6　单个柱塞泵的工作原理图　　图 17-7　径向柱塞泵结构示意图和轴向柱塞泵的工作原理图

向柱塞泵就变成变量径向柱塞泵。

4. 螺杆泵

图 17-8 所示为双螺杆泵的工作原理图，螺杆的啮合线把主动螺杆和从动螺杆的螺旋槽分割成多个相互隔离的密封工作腔。随着主动螺杆的转动，这些密封工作腔一个接一个地在左端形成，不断地从左端向右端移动，并在右端消失。形成密封工作腔的容积逐渐增大，并吸油，随后密封工作腔的容积逐渐缩小，并压油。吸油口

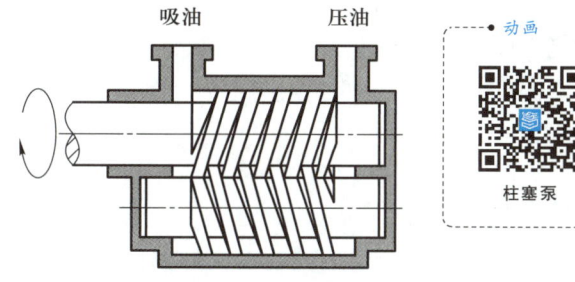

图 17-8　双螺杆泵的工作原理图

与压油口之间的距离越长，密封越好，泵的额定压力就越高。

螺杆泵的结构简单、紧凑，体积小、重量轻，运转平稳、噪声小。但是螺杆的形状复杂，加工较困难。螺杆泵一般应用于精密机床的液压传动中。

三、液压泵的选择

选择液压泵的主要原则是：满足液压系统的工作要求，确定泵的输出流量、工作压力和结构形式。常用液压泵的性能比较见表 17-1。

表 17-1　常用液压泵的性能比较

类型性能	外啮合齿轮泵	双作用叶片泵	柱塞泵	螺杆泵
输出压力	低压	中压	高压	低压
流量调节	不能	不能	能	能
输出油液脉动	很大	很小	一般	最小
自吸特性	好	较差	差	好
对油污染敏感性	不敏感	较敏感	很敏感	不敏感
噪声	大	小	大	最小

四、液压泵的使用

使用液压泵应当注意以下几点：

（1）液压泵启动前，必须在液压泵内充满油液。避免在油温过低或过高的情况下工作，油温过低，黏度过大，吸油困难；油温过高，黏度下降，润滑不好，加剧发热，容易出现烧结。

（2）液压泵的吸油口和出油口的过滤器应及时清洗，防止污物阻塞导致吸油不畅，造成压力不足，噪声过大。

（3）液压泵的吸油管应远离回油管，避免回油口靠近吸油区。

第2节　控 制 元 件

●视频

ABS工作原理

液压传动系统的控制元件是液压控制阀，液压控制阀能够调整液压传动系统的压力、油液流动速度、流量和改变油液流动的方向，从而控制执行元件的输出动力或力矩、运动的方向、速度和动作的顺序，满足工作机械所设定的动作和功能要求，如转向系的转向、自动变速的工作和 ABS 工作。

液压控制阀按其作用不同分为压力控制阀、方向控制阀和流量控制阀三大类。

一、压力控制阀

压力控制阀是对液压传动系统的整体或局部压力进行调节的控制阀，包括调压、减压、增压、卸荷等控制。常用的压力控制阀有溢流阀、减压阀、顺序阀。

1. 溢流阀

溢流阀的主要作用是调定或限制液压系统的最大工作压力。溢流阀的原理是通过溢流的方法使系统中多余的油液流回油箱，防止系统压力过载。常用的溢流阀有直动式和先导式溢流阀，如图 17-9 所示。

(a) 直动式溢流阀　　　　(b) 先导式溢流阀

图 17-9　直动式和先导式溢流阀

直动式的溢流阀的工作原理和图形符号如图 17-10 所示，它由阀芯、弹簧、调压螺钉和阀体组成。当液压系统的压力较低时，左侧的阀芯被弹簧力推到左端，进油阀口 P 被堵住，油液被堵在溢流阀外；当液压系统的压力超过预定的弹簧力时，阀芯 P 被油液顶开，部分油液经过溢流阀的回油口 T 溢流回油箱。当阀芯受力平衡处于某个位置不动时，系统压力基本保持不变，溢流阀起到溢流稳压的作用。

先导式溢流阀的工作原理图和图形符号如图 17-11 所示。

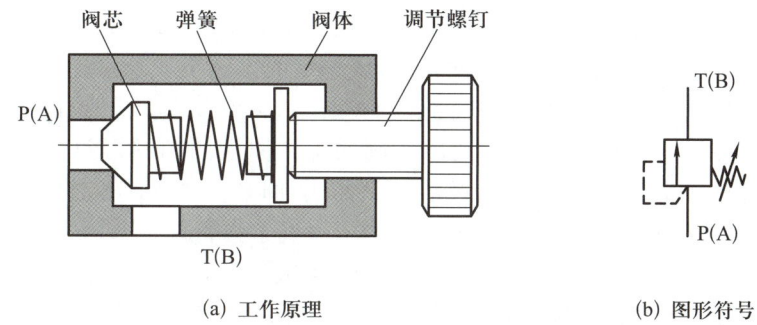

（a）工作原理　　　　　　　　　　　（b）图形符号

图 17-10　直动式溢流阀的工作原理和图形符号

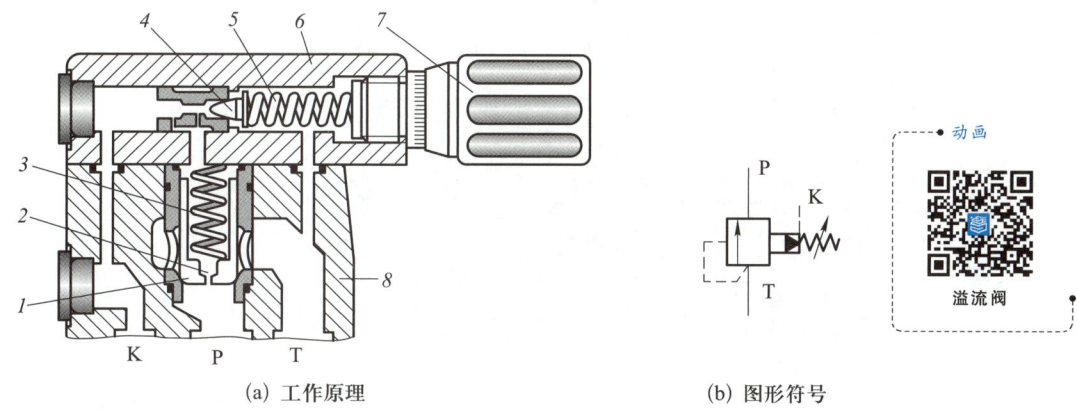

（a）工作原理　　　　　　　　　　　（b）图形符号

1—主阀阀芯；2—阻尼孔；3—主阀弹簧；4—先导阀阀芯；5—先导阀弹簧；6—先导阀；7—调压手轮；8—主阀。

图 17-11　先导式溢流阀

　　与直动式溢流阀的结构相比较，先导式溢流阀增加了一个先导阀，它由先导阀和主阀组成。当先导式溢流阀仅起溢流稳压作用时，远程控制口 K 可以关闭。在工作时，进油口 P 处的油液经主阀阀芯的轴向阻尼孔 2 进入主阀阀芯上部和先导阀阀芯 4 的左侧。当液压系统压力较低时，作用在先导阀阀芯 4 上的液压力小于先导阀弹簧 5 的作用力，先导阀不打开，阻尼孔 2 中的油液处于静止状态，则作用在主阀阀芯 1 上、下两个方向的液压力相等，主阀阀芯在主阀弹簧 3 的作用下处于最下端位置，此时，主阀阀口是关闭的。当进油口压力升高到使先导阀打开时，油液便通过阻尼孔 2 经先导阀流向回油口 T。由于阻尼孔 2 的阻尼作用，油液在主阀阀芯 1 上、下两腔产生压力差，主阀阀芯在压力差的作用下上移，打开主阀阀口，实现溢流，并维持进油压力基本稳定。调整手轮的位置，可以改变先导阀上先导阀弹簧 5 的弹簧压力，从而设定溢流阀溢流压力值。

　　先导式溢流阀比直动式溢流阀的结构复杂，但压力波动小，比较稳定，适用于中、高压的液压传动系统中。

　　溢流阀可以用作溢流、安全、卸荷和背压阀使用。

2. 减压阀

　　减压阀的主要作用是降低液压系统中某一个局部油液的压力，使这个局部得到的压力比整个液压系统设定的压力低，以满足不同执行元件的工作压力要求。根据控制的压力不同，减压阀分为定值减压阀、定差减压阀、定比减压阀。

　　定值减压阀用于维持出口压力为一个不变的固定值,定差减压阀用于维持进、出口之间的压力差不变,定比减压阀用于维持进、出口之间压力成一定的比例不变。

　　定值减压阀在液压系统中应用最为广泛,简称减压阀。常用的减压阀也分为直动式减压阀和先导式减压阀。图 17-12 所示为直动式减压阀的工作原理图和图形符号。直动式减压阀的结构由阀芯、弹簧、调节螺钉和阀体组成,进油口 P 与出油口 A 常通,出油口有一小孔通到阀芯左侧,油液可通过小孔进入阀体左腔。当出油口的压力低于弹簧调定的压力时,阀芯在弹簧的作用下处于左部,进油口全开,减压阀处于非工作状态(不减压),即出口油液压力等于进口油液压力。当出油口的压力升高到大于弹簧设定的压力值时,阀芯在出油口压力的作用下向右移动,阀口关小,节流作用增强,使出油口压力减小,经过短暂的动态过程,阀芯处在新的平衡位置不动,保持出油口的压力在某个低压值不变,减压阀进入稳定的工作状态(减压状态)。

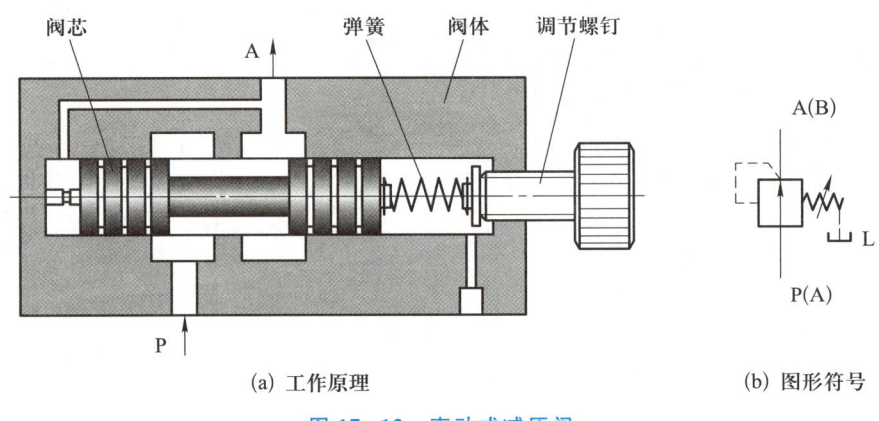

(a) 工作原理　　　　　　　(b) 图形符号

图 17-12　直动式减压阀

3. 顺序阀

　　顺序阀的作用是利用油路中压力的变化来控制阀门的开、关,实现各部分油路的顺序动作。顺序阀的外形图、工作原理图和图形符号如图 17-13 所示,其中,1 为泄油口,2 为阀芯,3 为阀芯端头,常态下进油口与出油口不通。

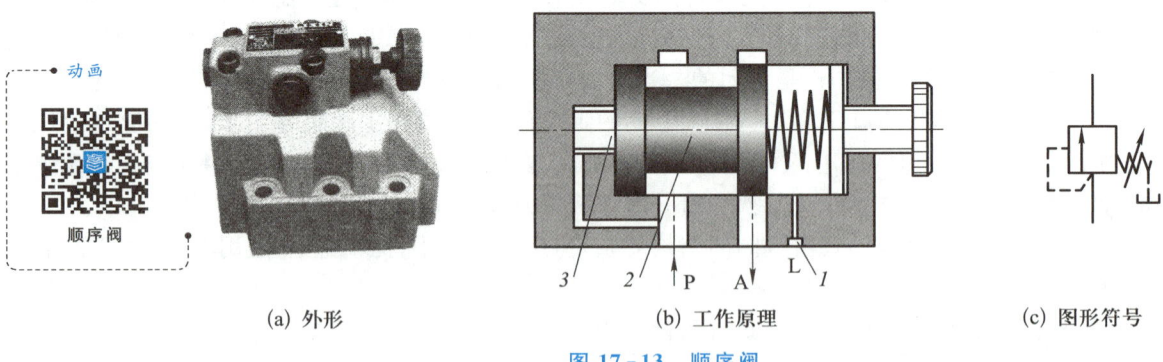

(a) 外形　　　　　　　(b) 工作原理　　　　　　　(c) 图形符号

图 17-13　顺序阀

　　顺序阀的工作原理与溢流阀相似,主要区别是溢流阀的出油口接油箱,而顺序阀的出油口接执行元件;顺序阀的内泄漏油必须用专用的泄漏口接回油箱。

　　溢流阀、减压阀、顺序阀性能比较见表 17-2。

表 17−2 溢流阀、减压阀、顺序阀性能比较

	溢流阀	减压阀	顺序阀
作用	调定液压系统的工作压力	调定系统内各段油路不同压力	用各油路压力变化控制执行元件顺序动作
符号	T P	A P L	A P
油路	常闭	常通	常闭
回油	出口接油箱	出口接油路	出口接油路

二、方向控制阀

方向控制阀是控制油液流动方向的控制阀,包括单向阀和换向阀两种。

1. 单向阀

单向阀的作用是允许油液只向一个方向流动,不允许油液向相反的方向流动。常用的单向阀分为普通单向阀和液控单向阀,如图 17−14 所示。两种单向阀的内部结构基本相同,主要由阀体、阀芯和弹簧组成。P_1 为进油口,P_2 为出油口,油液只能从进油口 P_1 流向出油口 P_2,不能倒流;所不同的是,液控单向阀比普通单向阀多一个远程控制口 K,在远程控制口 K 上的细直杆作用下,能够直接推开钢珠,使进油口 P_1 与出油口 P_2 相通。

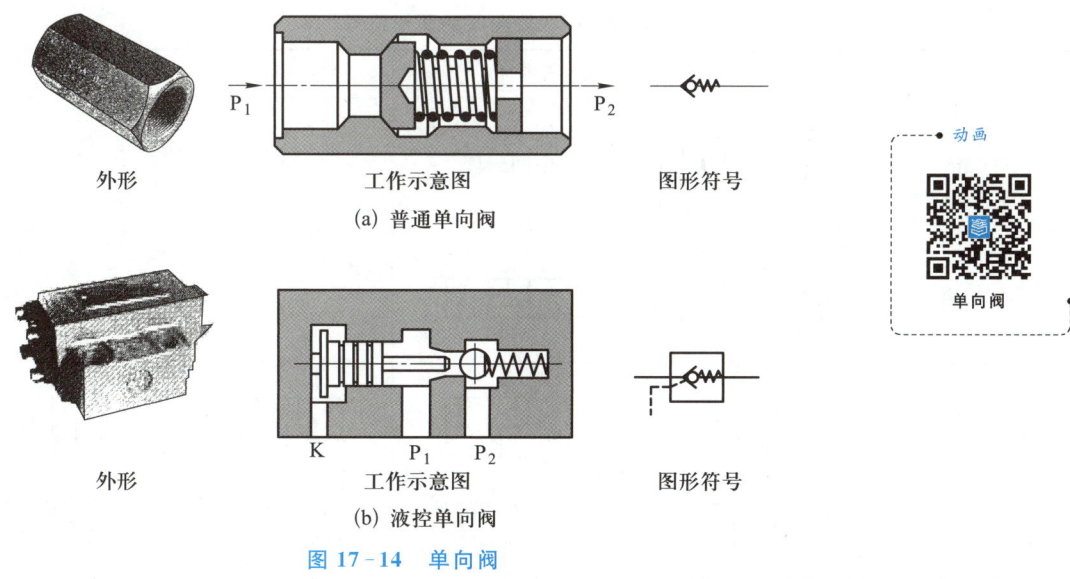

外形　　　　工作示意图　　　　图形符号
(a) 普通单向阀

外形　　　　工作示意图　　　　图形符号
(b) 液控单向阀

图 17−14 单向阀

动画

单向阀

2. 换向阀

换向阀的作用是利用阀芯与阀体相对位置的改变来控制油路的接通或关闭，从而达到控制液压执行元件的启动、停止或变换运动方向的目的。换向阀按阀芯的运动方式不同分为滑阀式和转阀式两种。在一般的液压传动系统中，滑阀式换向阀使用较多。按阀芯工作位置的可变化数目和油液的进、出通路数目将滑阀式换向阀分为"几位几通"阀。

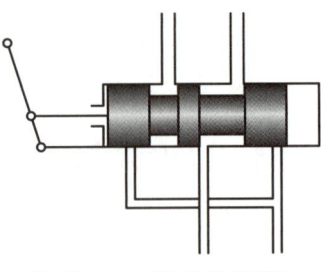

图 17-15 "三位四通"阀

动画

三位四通阀换向原理

图 17-15 所示为常用的"三位四通"阀，表示阀芯可变换三个不同的位置，即中位、左位和右位，阀体的进、出油口有四个通路，三位四通阀阀芯的左、中、右三个位置如图 17-16 所示。

阀芯在左位时，进油口和右侧出油管路相通，回油口和左侧出油管路相通；阀芯在中位时，进油口被封闭，油液无法进入油缸，因此油缸静止不动；阀芯在右位时，进油口和左侧出油管路相通，右侧回油口和右侧出油管路相通，改变了进出液压缸两腔的油液方向。

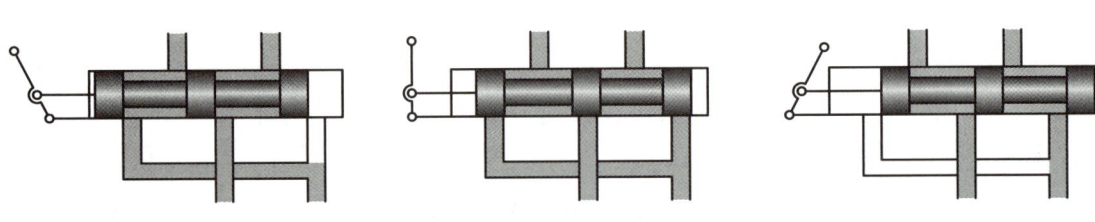

(a) 阀芯位于左位　　　　　(b) 阀芯位于中位　　　　　(c) 阀芯位于右位

图 17-16 三位四通阀阀芯的左、中、右三个位置

换向阀的图形符号用一个方框表示换向阀的一个工作位置，二位用两个方框，三位用三个方框。方框内的箭头表示油路相通路线，⊥表示油路不相通，见表 17-3。

表 17-3 换向阀的图形符号

通路数	二位	三位		
二通	A/P 常断　A/P 常通	中间封闭	中间加压	中间卸压
三通	A/PT 常断　A/PT 常通	A/PT		
四通	AB/PT	AB/PT	AB/PT	AB/PT
五通	AB/T₁PT₂	AB/T₁PT₂	AB/T₁PT₂	AB/T₁PT₂

换向阀的阀芯位置分为多种操作控制方式,如图 17-17 所示。常用的控制方式有手动、机动和电磁控制式。

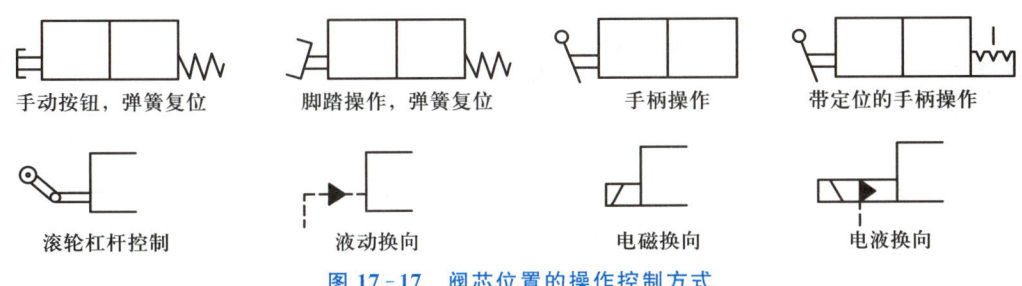

手动按钮,弹簧复位　　脚踏操作,弹簧复位　　手柄操作　　带定位的手柄操作

滚轮杠杆控制　　液动换向　　电磁换向　　电液换向

图 17-17　阀芯位置的操作控制方式

三、流量控制阀

流量控制阀的主要作用是控制液压系统的流量。流量控制阀是依靠改变节流口的大小,来调节执行元件的运动速度。常用的流量控制阀有普通节流阀和调速阀。

1. 普通节流阀

普通节流阀是液压传动系统中最简单的流量控制阀,通过改变阀口的过流面积或通路的长度,进而控制和改变通过阀口的流量,以调节执行元件的运动速度,如图 17-18 所示。

节流口是流量控制阀的重要组成部分,常见的节流口结构形式如图 17-19 所示。

针阀式节流口和轴向三角槽式节流口是通过调节针阀或轴向三角槽的轴向位移来改变通流面积的,偏心槽式节流口是通过旋转阀芯来改变通流面积的。普通节流阀用于常温和负载不大的场合。

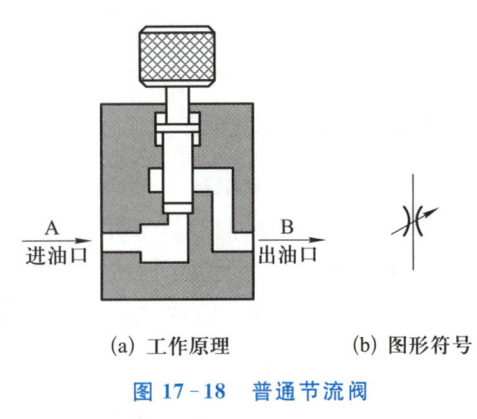

A 进油口　　B 出油口

(a) 工作原理　　　(b) 图形符号

图 17-18　普通节流阀

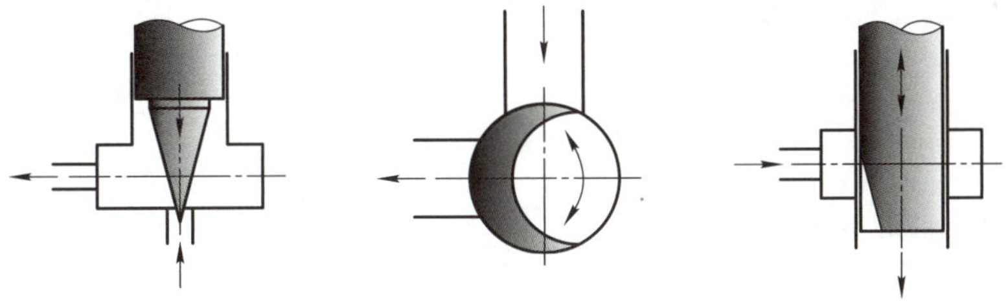

(a) 针阀式节流口　　(b) 偏心槽式节流口　　(c) 轴向三角槽式节流口

图 17-19　节流口结构形式

2. 调速阀

调速阀是将节流阀和定差减压阀串接而成的。定差减压阀可以维持节流阀前后的压差保持不变,克服负载波动对节流阀的影响,所以调速阀能使执行元件的运动速度不因负载变化而变化。调速阀如图 17-20 所示。调速阀适用于对运动平稳性要求较高的液压系统中。

动画

调速阀

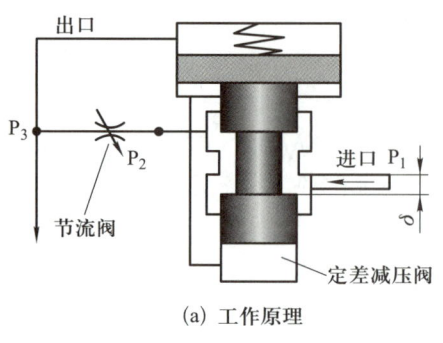

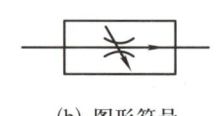

(a) 工作原理　　　　　　　　(b) 图形符号

图 17－20　调速阀

第3节　执 行 元 件

　　液压缸是液压传动系统中的执行元件,是完成液体的压力能转换成机械能的装置,主要用于实现传动系统执行元件的直线往复运动或摆动。液压缸结构简单,工作可靠,应用广泛。

　　常用的液压缸分为活塞式、柱塞式和摆动式液压缸三种。本书主要介绍活塞式液压缸。

一、活塞式液压缸的类型

1. 双活塞杆式液压缸

　　如图 17-21 所示的双活塞杆式液压缸,固定在活塞上的双活塞杆从液压缸两侧伸出,两活塞杆的直径相等,活塞两端的有效工作面积相等。当流入两腔的液压油的流量、压力一定时,活塞或缸体往返两个方向的运动速度和推力相等。

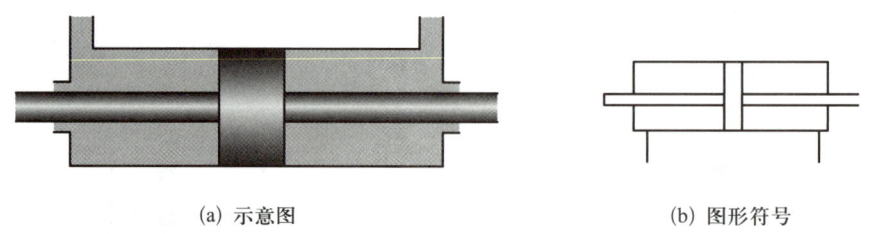

(a) 示意图　　　　　　　　　　(b) 图形符号

图 17-21　双活塞杆式液压缸

　　双活塞杆式液压缸的推力为

$$F = A_1(p_1 - p_2) = \frac{\pi}{4}(D^2 - d^2)(p_1 - p_2)$$

式中　A_1——活塞的有效工作面积,mm²;

　　　　D——活塞的直径,mm;

　　　　d——活塞杆的直径,mm。

　　如进入液压缸内的流量为 q,则工作台的运动速度为:$v = \dfrac{4q}{\pi(D^2 - d^2)}$。

2. 单活塞杆式液压缸

如图 17-22 所示的单活塞杆式液压缸,活塞上只有一端固定有活塞杆,活塞在压力油的作用下只能做单向推力运动,活塞两端的有效工作面积相差了一个活塞杆截面的面积。当有杆腔进油时,由于有效面积小,所以活塞速度大,推力小;当无杆腔进油时,由于有效面积大,所以活塞速度小,推力大。

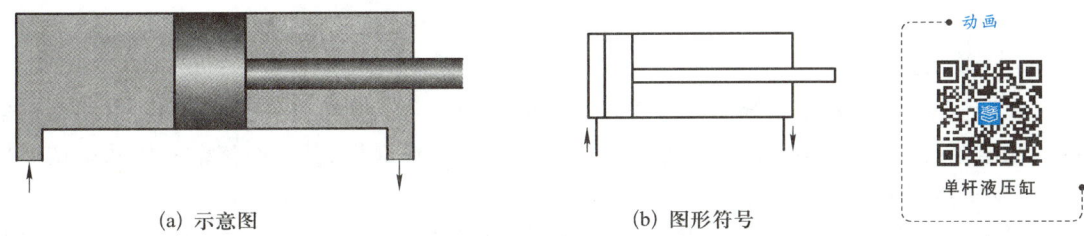

(a) 示意图　　　　　　　(b) 图形符号　　　　　　动画　单杆液压缸

图 17-22　单活塞杆式液压缸

当油液从单活塞杆式液压缸的左侧无杆腔进油时,活塞上产生向右的推力和速度为

$$F_1 = A_1 p_1 - A_2 p_2 = \frac{\pi}{4}\left[(p_1-p_2)D^2 + P_2 d^2\right]$$

$$v_1 = \frac{q}{A_1} = \frac{4q}{\pi D^2}$$

当油液从单活塞杆式液压缸的右侧有杆腔进油时,活塞上产生向左的推力和速度为

$$F_2 = A_2 p_1 - A_1 p_2 = \frac{\pi}{4}\left[(p_1-p_2)D^2 + P_1 d^2\right]$$

$$v_2 = \frac{q}{A_2} = \frac{4q}{\pi(D^2-d^2)}$$

式中　A_1、A_2——无杆腔和有杆腔活塞的有效工作面积,mm^2;

　　　D——活塞的直径,mm;

　　　d——活塞杆的直径,mm。

3. 差动式单活塞杆式液压缸

如图 17-23 所示的差动式单活塞杆式液压缸,活塞的左、右两腔同时通入压力油,这种连接方式称为差动连接。差动连接回油缸的压力油流回进油腔,增加了进油腔的流量,加快了活塞杆的移动速度,适用于要求推力不大,快进、快退的工作循环中。如果活塞杆的直径是活塞直径的

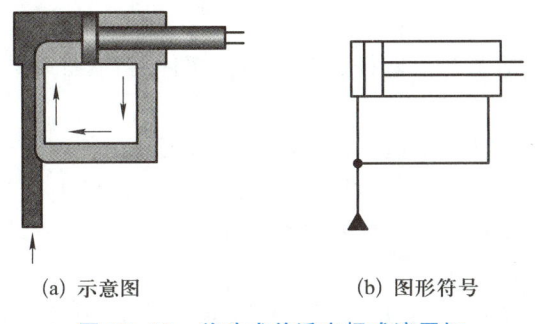

(a) 示意图　　　　　(b) 图形符号

图 17-23　差动式单活塞杆式液压缸

0.707,则快进与快退的速度相等。

活塞上产生向右的推力和速度为

$$F_3 = p_1(A_1 - A_2) = \frac{\pi}{4}[D^2 - (D^2 - d^2)]p_1 = \frac{\pi}{4}d^2p_1$$

$$v_3 = \frac{q}{A_1 - A_2} = \frac{4q}{\pi d^2}$$

4. 增压缸

在液压系统中,整个系统需要低压,而局部需要高压,为了节省一个高压泵,常用增压缸与低压大流量泵配合使用,使输出油压变为高压。这样只有局部是高压,而整个液压系统调整压力较低,减少了功率损耗。

增压缸的结构及工作原理图如图 17-24 所示,当左腔输入压力为 p_1、推动面积为 A_1 的大活塞向右移动时,从面积为 A_2 的小活塞右侧输出压力为 p_2,则 $p_2 = p_1 A_1 / A_2$,由此输出压力得到了提高。

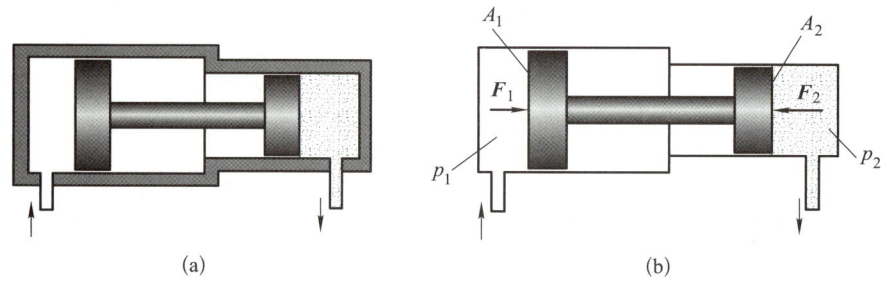

(a)　　　　　　　　　　　　　(b)

图 17-24　增压缸的结构及工作原理图

此外,还有图 17-25 所示的柱塞式液压缸和图 17-26 所示的伸缩缸。

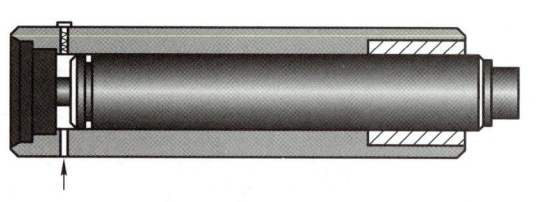

图 17-25　柱塞式液压缸

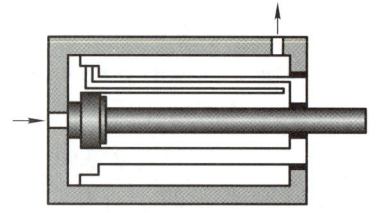

图 17-26　伸缩缸

二、液压缸的结构

液压缸由缸筒与缸盖、活塞与活塞杆、密封装置、缓冲装置、排气装置五个部分组成。

1. 缸筒与缸盖

缸筒与缸盖的连接要求紧密、不泄漏。常用的连接形式如下:

(1)法兰式,如图 17-27a 所示。法兰式连接的零件易加工、易装卸,但外形和重量较大。

(2)螺纹式,如图 17-27b 所示。螺纹式连接的外形小,重量轻,但端部结构较复杂,需要专用工具装卸。

(3)拉杆式,如图 17-27c 所示。拉杆式连接的通用性好,但外形和重量较大。

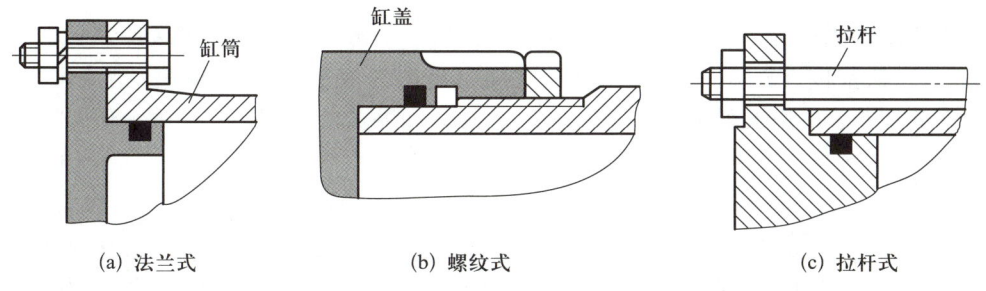

(a) 法兰式　　　　　　　(b) 螺纹式　　　　　　　(c) 拉杆式

图 17‑27　缸筒与缸盖的连接形式

2. 活塞与活塞杆

活塞与活塞杆之间常采用销连接和螺纹连接。销连接常用于双活塞杆液压缸,如图 17‑28a 所示;螺纹连接常用于单活塞杆液压缸,如图 17‑28b 所示。

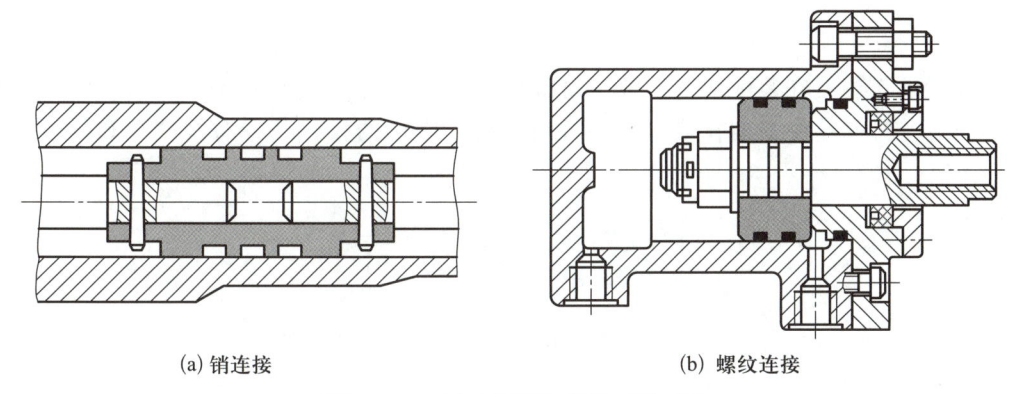

(a) 销连接　　　　　　　　　　　(b) 螺纹连接

图 17‑28　活塞与活塞杆的连接形式

3. 密封装置

密封装置的作用是避免油液泄漏而造成压力降低和油量损失。常用的密封装置有间隙密封和密封圈密封。间隙密封如图 17‑29a 所示,是利用活塞表面上的细小密封圆环槽与活塞缸之间形成油液阻力来阻止液压油泄漏的,其特点是结构简单,摩擦阻力小,但泄漏大,只能应用在低压高速场合;密封圈密封如图 17‑29b 所示,是利用橡胶或塑料的弹性作用使各种形式的密封圈贴紧配合表面来阻止液压油泄漏的,其特点是密封效果好,但运动阻力大。

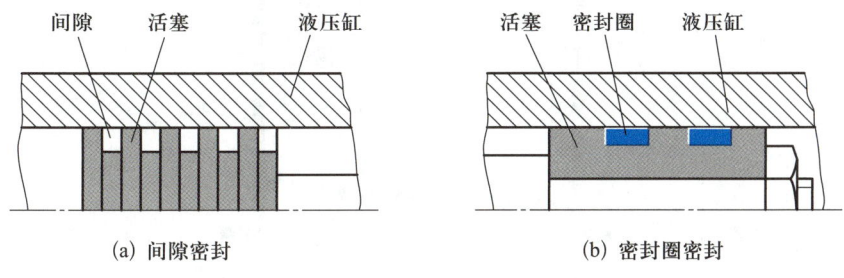

(a) 间隙密封　　　　　　　　　　(b) 密封圈密封

图 17‑29　密封装置

4. 缓冲装置

缓冲装置的作用是为了防止活塞运动到极限位置时与缸盖相撞。常用缓冲装置的结构如图17-30所示,当活塞接近缸盖时,活塞与缸盖之间密封的油液从活塞上的节流槽流出,由于节流槽的截面逐渐变小,活塞的运动速度越来越慢,起到缓和冲击的作用。

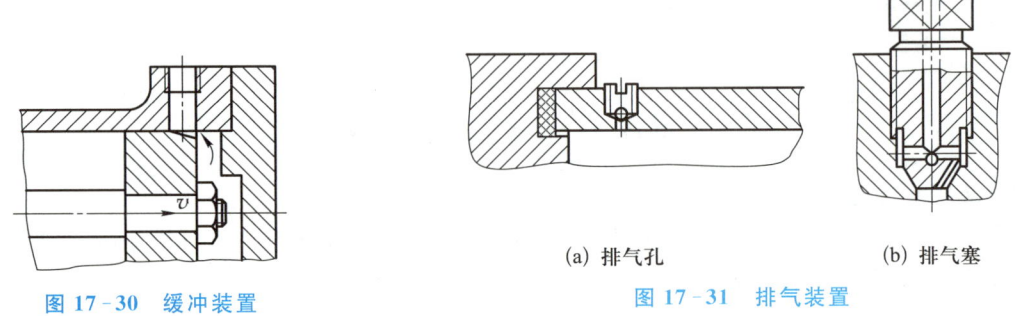

图 17-30　缓冲装置

(a) 排气孔　　(b) 排气塞

图 17-31　排气装置

5. 排气装置

排气装置的作用是在装配或维护液压设备后,排出管路和系统中的空气,保证液压系统能达到使用的压力。排气装置安装在液压缸的最高位置。常用的排气装置有排气孔和排气塞,如图17-31所示。

第4节　辅助元件

液压传动系统的辅助元件主要有油箱、滤清器、油管和管接头等。

一、油箱

油箱的主要作用是储油,向液压系统供油和接收回油,散发油液中的热量,释放混在油液中的气体,沉淀油液中的杂质。独立式油箱结构示意图如图17-32所示。

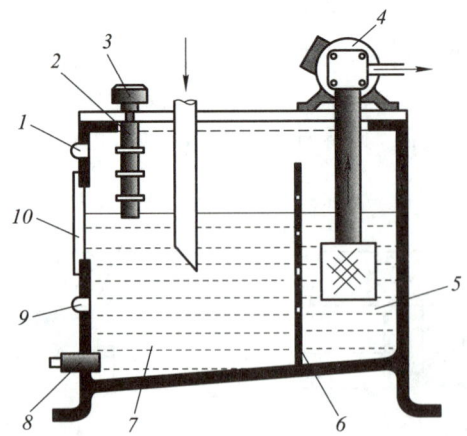

1—最高油位指示窗;2—注油用滤网;3—加油口;4—油泵;5—吸油区;
6—隔板;7—回油区;8—放油阀;9—最低油位指示窗;10—压板。

图 17-32　独立式油箱结构示意图

油箱一般由钢板焊接而成,也可采用铸铁铸造成形。为了使油箱能更好地散热,油箱的体积应当为油泵流量的 50 倍以上,这样能够保证在液压系统中,无论流量如何波动,油箱中的油面都保持一定的高度,使混入油液中的空气和杂质有足够的时间分离出来。

在液压传动系统中,也可以将床身或底座内的空间作为油箱使用,利用底座作为油箱使用时结构比较紧凑,回收漏油比较方便,但油温变化时容易引起热变形。液压泵装置的振动也会影响机械的工作性能。

二、滤清器

滤清器的作用是过滤油液中的杂质,保证油液清洁,系统管路畅通,液压元件工作正常。常用的滤清器有网式滤清器、线隙式滤清器、纸芯式滤清器和烧结式滤清器。

1. 网式滤清器

网式滤清器由金属或塑料圆筒制成,外包一层铜丝网,靠铜丝网来阻挡油液中的杂质被吸入油泵。这种滤清器的结构简单,通油能力大,但过滤精度低,一般安装在液压泵的吸油口。网式滤清器的铜丝网规格用"目"来表示,如 200 目网式滤清器表示每平方英寸的面积上有 200 个网孔。目数越大,铜丝网上孔的密度越大,孔的直径越小。网式滤清器的结构和图形符号如图 17-33a 所示。

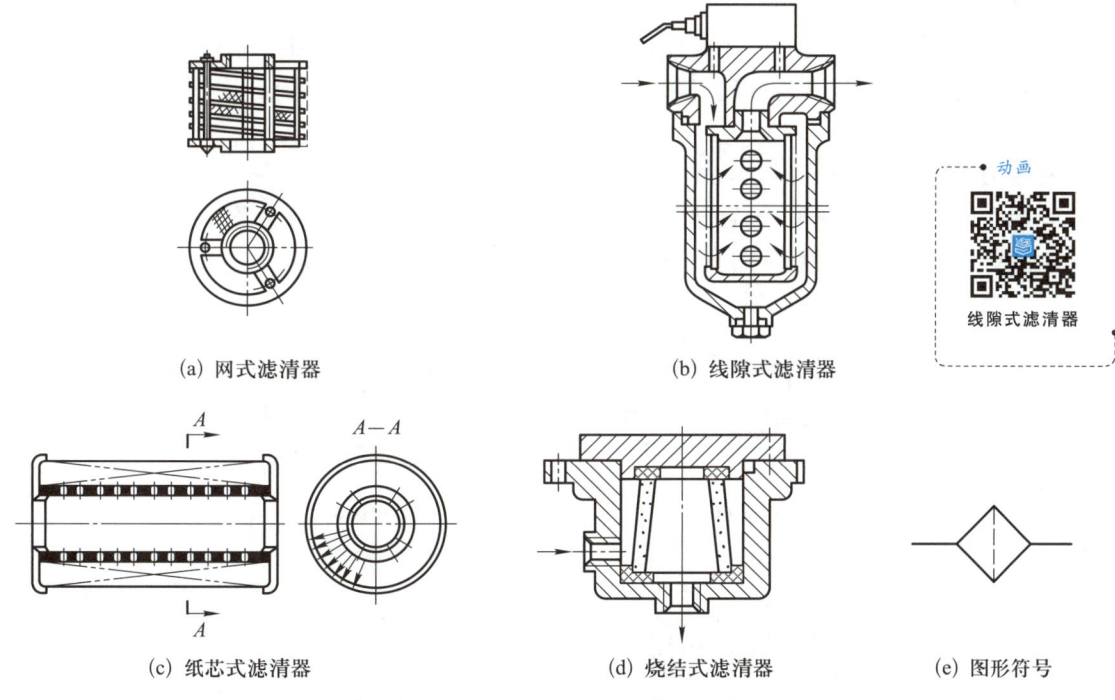

(a) 网式滤清器　　　　(b) 线隙式滤清器

动画

线隙式滤清器

(c) 纸芯式滤清器　　　(d) 烧结式滤清器　　　(e) 图形符号

图 17-33　滤清器的形式及图形符号

2. 线隙式滤清器

线隙式滤清器的滤芯由铜线或铝线在滤架上绕制而成,依靠线与线之间的微小间隙来过滤杂质。这种滤清器结构简单,过滤效果好,但不易清洗,一般用于中、低压系统,安装在液压泵之后、元件之前。线隙式滤清器的结构如图 17-33b 所示。

3. 纸芯式滤清器

纸芯式滤清器的滤芯用微孔滤纸制成。这种滤清器的过滤精度高,但容易堵塞,无法清洗,需要经常更换纸芯。纸芯式滤清器的结构如图 17-33c 所示。

4. 烧结式滤清器

烧结式滤清器的滤芯是用青铜粉末烧结成一定形状,并依靠颗粒间的间隙过滤杂质的。这种滤清器的过滤精度高,滤芯强度大,但通油能力低,用于过滤质量要求较高的液压系统。烧结式滤清器的结构如图 17-33d 所示。

三、油管和管接头

1. 油管

油管的作用是连接液压元件和输送油液。常用的液压油管有紫铜管、无缝钢管、尼龙管、高压橡胶管和塑料管。

紫铜管容易弯曲成形,特别是在淬火后更容易随意变形。紫铜管安装方便,管壁光滑、摩擦阻力小,但耐压低,价格高,适用于中、低压管路。

无缝钢管耐压强度高,适用于中、高压液压系统。但是,无缝钢管安装时不易弯曲成形,需要用弯管器或预先加热后再弯曲。

尼龙管能代替部分紫铜管,易弯曲,价格低,但寿命较短,适用于中、低压管路。

橡胶管吸振性能好,安装方便,但寿命较短,适用于有相对运动的液压元件之间的连接。橡胶管分为高、中压两种。

2. 管接头

管接头用于油管与油管、油管与液压元件之间的连接。管接头分为管端扩口式、焊接式、扣压式及高压软管接头,如图 17-34 所示。

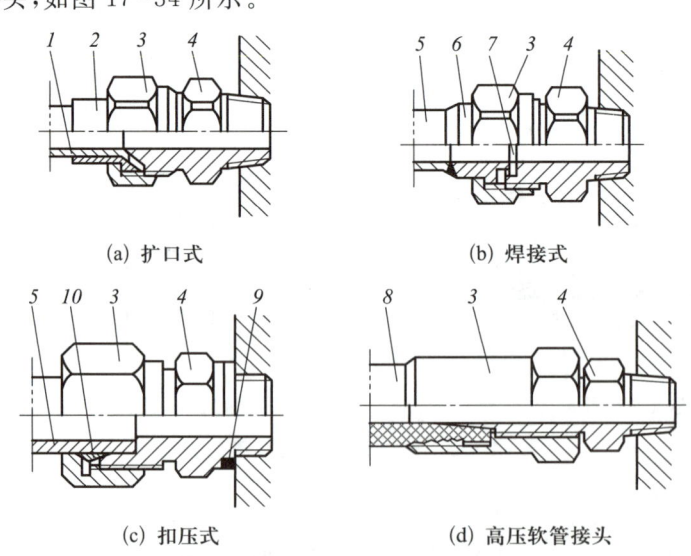

(a) 扩口式   (b) 焊接式

(c) 扣压式   (d) 高压软管接头

1—扩口薄管;2—管套;3—螺母;4—接头体;5—钢管;6—接管;7—密封垫;
8—橡胶软管;9—组合密封垫;10—夹套。

图 17-34　管接头的形式

图 17-34a 所示为扩口式管接头,它是将油管(铜管或钢管)的端部扩口成喇叭形状,插入接头用螺母拧紧。该接头容易扩口,安装与拆卸方便,能承受较大的压力,适用于 3.5～16 MPa 的中、低压场合,如空调的室内、外机的管路连接的接头。

图 17-34b 所示为焊接式管接头,它是将油管和管接头的一部分焊接起来,适用于连接管壁较厚的油管,用于压力较高的系统中,如汽车吊车的高压油泵的管路的接头。其缺点是焊接工作量大。

图 17-34c 所示为扣压式管接头,它是利用锥形卡套插入油管,再用螺母拧紧。这种管接头结构简单,工作可靠,拆卸方便,适用于 16～32 MPa 的高压系统中,如应用于铝塑管与管接头的连接。

图 17-34d 所示为高压软管接头,它是利用曲面和锥面压紧在管接头上。这种管接头装配方便,不必事先扩口或焊接,适用于 10 MPa 的高压系统中。但油管接头要用高精度冷拔钢管。

四、蓄能器

蓄能器是液压系统中的储能元件,用以储存多余的压力油液,并在需要时释放出油液提供给系统。

蓄能器有重锤式、弹簧式和充气式三类,常用的是充气式蓄能器。

充气式蓄能器结构如图 17-35 所示。它是利用压缩气体储存能量的,使用前先从充气阀向皮囊内充入一定的氮气,充气完毕后,将充气阀关闭,使气体封闭在皮囊内。当外部的油液压力高于蓄能器内的气体压力时,油液从蓄能器下部的进油口进入蓄能器,使皮囊受压储存液压能。当系统压力低于蓄能器内压力油的压力时,蓄能器内的压力油就流出蓄能器,并作为辅助与油泵同时向系统供油,满足短期大流量的需要。

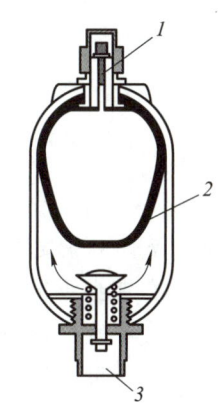

1—充气阀;2—气囊;3—充油口。

图 17-35 充气式蓄能器结构示意图

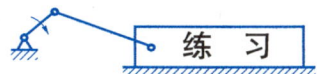

练 习

1. 常用的容积式液压泵分为哪几类?最高压力分别为多少?

2. 如果油箱完全封闭,不与大气相通,液压泵能否工作?

3. 外啮合齿轮泵的工作原理是怎样的?有何特点?

4. 控制阀有哪些共同点?应具备哪些基本要求?

5. 溢流阀反装后,会出现什么情况?

6. 先导式溢流阀的阻尼小孔起什么作用?如果将其堵塞或加大会出现什么情况?

7. 溢流阀、顺序阀、减压阀各有什么作用?它们在原理、结构和图形符号上有何异同点?

8. 说明三位四通换向阀中位机能的特点和适用场合。

9. 如图 17-36 所示,油路中各溢流阀的调定压力分别是 $p_A = 5$ MPa,$p_B = 4$ MPa,$p_C = 2$ MPa。在外载荷趋于无穷大时,图 a、图 b 油路的供油压力各为多少?

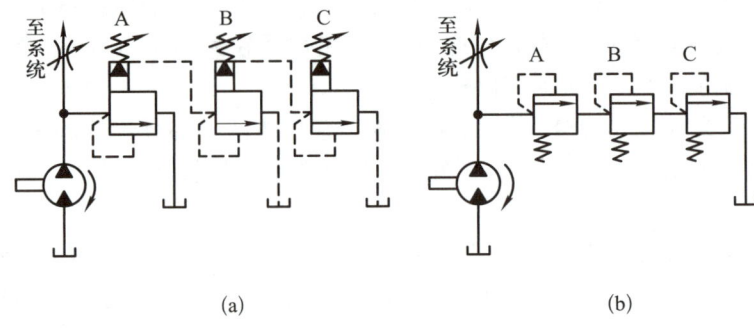

(a)   (b)

图 17-36   题 9 图

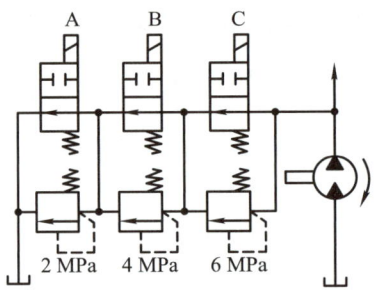

图 17-37   题 10 图

10. 三个溢流阀的调定压力如图 17-37 所示，试问泵的供油压力有几级？数值各为多少？

11. 油箱具有哪些功能？油箱的体积多大才够用？

12. 网式滤清器的规格"目"的含义是什么？

13. 蓄能器的作用是什么？汽车液压起重机的蓄能器何时发挥作用？

第十八章

液压基本回路

任何一种液压传动系统,不管其功能多么复杂,都是由一些基本回路组成的。液压基本回路是由液压元件组成、以液体为工作介质来完成特定功能的基本回路。常用的液压基本回路分为压力控制回路、方向控制回路、速度控制回路和顺序动作回路四大部分。熟悉并掌握基本回路的构成和特点,是分析、调整和使用整个液压传动系统的基础。

第1节　压力控制回路

压力控制回路利用控制阀对系统整体或系统中某一部分局部压力控制和调节,从而满足执行元件对作用力及动作的需要。压力控制回路包括调压、减压、增压、卸荷等多种回路。

一、调压回路

调压回路的功能是调定或限制液压系统的最高压力。调压回路一般由溢流阀来实现这一功能。

1. 单级调压回路

图 18-1 所示为单级调压回路,调节节流阀的开口大小,即可调节进入执行元件的流量,泵输出多余的流量将经过溢流阀溢流回油箱。工作中,当溢流阀的调定压力小于液压系统的压力时,溢流阀的阀芯被油液的压力顶开,常开的溢流阀保持了系统压力的基本恒定。每一个液压传动系统在油泵旁都配有这种单级调压回路,以确保液压系统的压力。

2. 多级调压回路

图 18-2a 所示为二级调压回路,该回路可实现

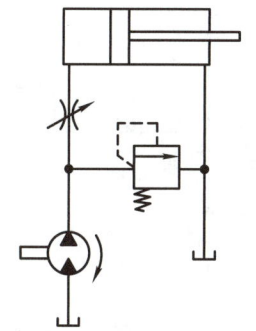

图 18-1　单级调压回路

两种不同的系统压力控制。由溢流阀 1 和溢流阀 2 各调一级,当二位二通电磁阀 4 处于图示位置时,系统压力由阀 1 调定;当阀 4 通电后处于低位时,系统压力由阀 2 调定。阀 2 的调定压力一定要小于阀 1 的调定压力,否则不能实现调压作用。

图 18-2b 所示为三级调压回路,与二级调压回路所不同的是,用三位四通换向阀代替二级调压回路中的二位二通换向阀,左右电磁铁通电时,分别控制溢流阀 2 和溢流阀 3 的启动,实现了系统的三级回路调压。阀 2 和阀 3 的调定压力一定要小于阀 1 的调定压力。

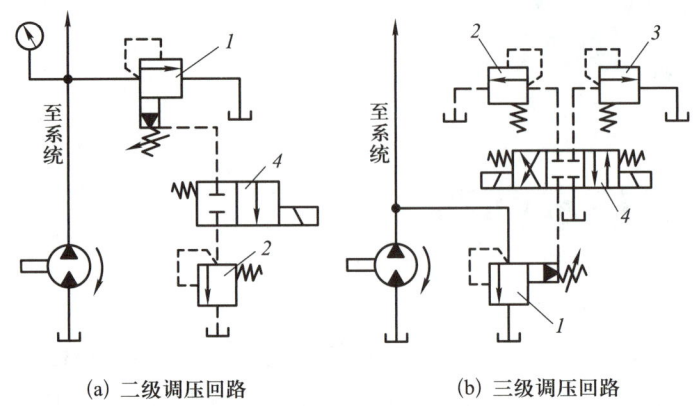

(a) 二级调压回路　　　　　(b) 三级调压回路

1—溢流阀;2,3—远程调压阀;4—换向阀。

图 18-2　多级调压回路

二、减压回路

减压回路的作用是使系统某一分支油路的压力低于系统调定的稳定工作压力。最常见的减压回路是在所需要的支路上串接定值减压阀。

1. 单向减压回路

图 18-3 所示为单向减压回路,溢流阀 1 调定为系统的较高压力,减压阀 2 为定值减压阀,减压阀的出口压力由单向阀来调定。当定值减压阀的出口压力大于单向阀的压力时,油液经过单向阀流入液压缸的左腔,活塞右移工作,实现单方向的减压。在出现意外事故时,单向阀 3 的作用是防止活塞左腔的油液回流,从而保持液压缸的压力稳定。

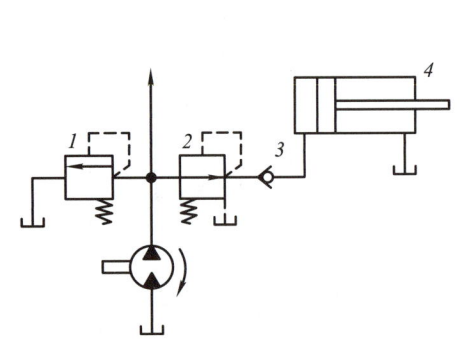

1—溢流阀;2—定值减压阀;3—单向阀;4—液压缸。

图 18-3　单向减压回路

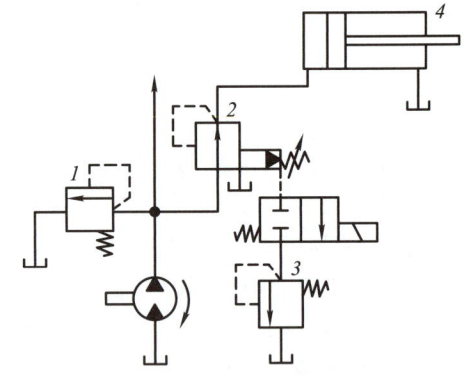

1—溢流阀;2—先导式减压阀;3—远程调压阀;4—液压缸。

图 18-4　二级减压回路

2. 二级减压回路

图 18-4 所示为二级减压回路,二级减压回路是在单向减压回路的基础上,把定值减压阀换成先导式减压阀 2,然后在遥控口上接上远程调压阀 3。液压泵的最大工作压力由溢流阀 1 调定。由当二位二通换向阀处于右位时,液压缸 4 的压力由远程调压阀 3 的调定压力来决定;当二位二通换向阀处于图示位置时,液压缸 4 的压力由先导式减压阀 2 的调定压力来决定。先导式减压阀 2 的压力必须高于远程调压阀 3。

三、增压回路

图 18-5 所示为增压回路,它是采用双作用增压缸的增压回路。当液压缸 4 的活塞杆向左运动遇到较大载荷时,系统压力升高,油液经过顺序阀进入双作用增压缸,增压缸无论向左或向右运动,都能输出高压油。只要换向阀不断往复运动,高压油就连续经单向阀 7 或 8 进入液压缸 4 的右腔,单向阀 5 或 6 则有效地隔开了增压器的高、低压油路。

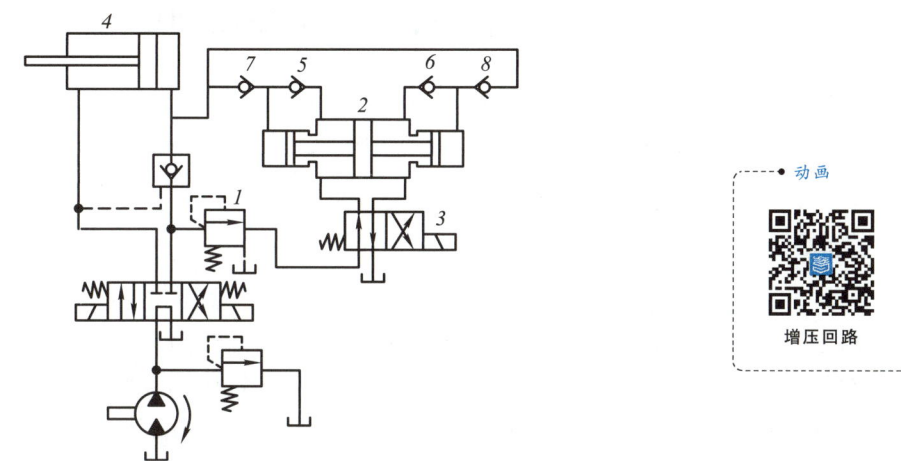

动画

增压回路

1—顺序阀;2—双作用增压缸;3—换向阀;4—液压缸;5、6、7、8—单向阀。

图 18-5　增压回路

四、卸荷回路

卸荷回路是在系统执行元件不需保压时,不启停液压泵而达到卸荷的目的。常用的液压泵卸荷,执行元件不需保压的卸荷方法有如下两种。

1. 换向阀中位机能的卸荷回路

图 18-6 所示为采用 M 型(或 H 型)中位机能换向阀实现卸荷的回路。当换向阀处于中位时,液压泵出口直通油箱,泵卸荷,但液压泵可继续工作。

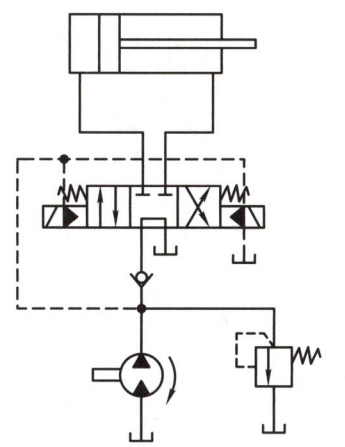

图 18-6　M 型中位机能换向阀的卸荷回路

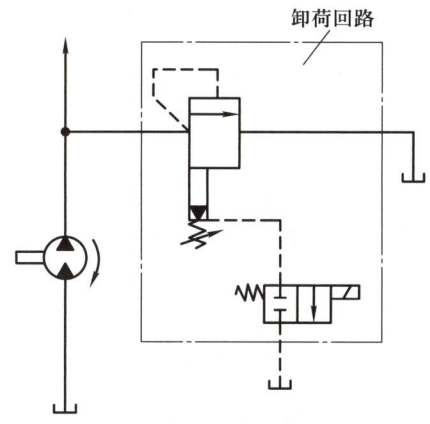

卸荷回路

图 18-7　电磁溢流阀的卸荷回路

2.电磁溢流阀的卸荷回路

图 18-7 所示为采用电磁溢流阀的卸荷回路。电磁溢流阀是带遥控口的先导式溢流阀与二位二通电磁阀的组合。当系统执行元件停止运动时,二位二通电磁阀通电,溢流阀阀芯上部弹簧腔内的油液经二位二通电磁阀流回油箱,此时溢流阀全开,液压泵输出的油经溢流阀流回油箱,实现液压泵的卸荷。

第2节   方向控制回路

在液压传动系统中,工作机械的启动、停止或改变运动的方向,都是利用控制执行元件液流的通、断及改变流动方向来实现的,实现这些功能的回路称为方向控制回路。常见的方向控制回路有换向回路和锁紧回路。

一、换向回路

1.电磁换向阀的换向回路

图 18-8 所示为行程开关控制三位四通电磁换向阀动作的换向回路。当 1YA 通电,电磁换向阀左位工作,液压缸左腔进油,活塞右移;当活塞杆右移碰到行程开关 2ST 时,1YA 断电,2YA 通电,电磁换向阀右位工作,液压缸右腔进油,活塞左移;当活塞杆左移碰到行程开关 1ST 时,1YA 通电,2YA 断电,电磁换向阀又左位工作,液压缸又左腔进油,活塞又右移。往复变换电磁换向阀的工作位置,自动改变活塞的移动方向。如果 1YA 和 2YA 都断电,电磁换向阀中位工作,液压油直接流回油箱。

电磁换向阀组成的换向回路操作方便,换向时间短,易于实现自动化。电磁换向阀组成的换向回路适用于小流量、平稳性要求不高的场合。

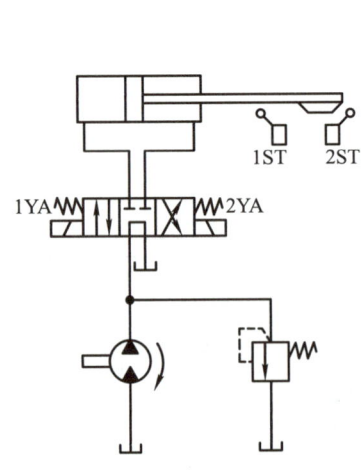

图 18-8   电磁换向阀的换向回路

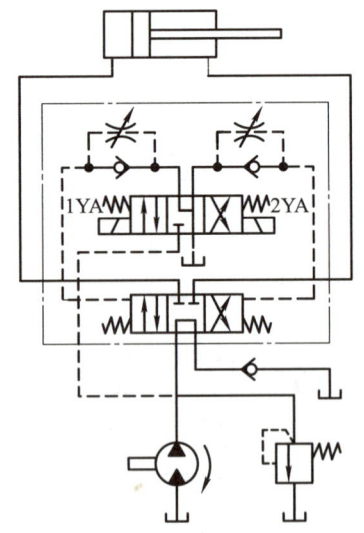

图 18-9   电液换向阀的换向回路

2.电液换向阀的换向回路

电液换向阀的换向回路由电磁换向阀和液动换向阀组成,如图 18-9 所示。电液换向阀的换向是靠电磁换向阀的换位,通过控制不同的液流方向来实现的。当三位四通电磁换向阀的左侧 1YA 通电,电磁换向阀的左位工作,控制压力油推动下面的液动换向阀的阀芯右移,液动换向阀的左位进入工作状态,油泵输出的液压油经过液动换向阀的左位进入液压缸的左腔,推动活塞右移;当 1YA 断电,2YA 通电,三位四通电磁换向阀换成右位工作,液动换向阀也换向,液压油经过液动换向阀的右位进入液压缸的右腔,推动活塞左移。

二、锁紧回路

液压锁锁紧回路是使液压缸的活塞杆能在任意位置上停留,且不会在受到外力作用下出现移动的回路。一般采用液压换向阀具有 M 型或 O 型的中位机能,都能执行活塞杆的锁紧。

如图 18-10 所示的液压锁锁紧回路,在三位四通换向阀与液压缸之间的进、出油口处,分别安装一个液控单向阀。当换向阀处于中位时,H 型的中位机能使得换向阀的进油口与出油口直接相通,油液全部流回油箱。由于液控单向阀的反向闭锁,使液压缸内的油液被密封在缸内,活塞杆被可靠地锁住;当换向阀处于左位或右位时,液压单向阀的 X_2 或 X_1 通入压力油,液压缸内的回油反向通过单向阀口,活塞可向右或向左移动。液控单向阀的反向闭锁的密封性很好,锁紧非常可靠。

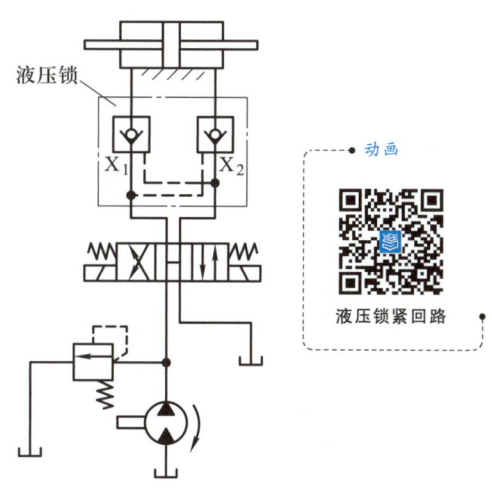

图 18-10　液压锁锁紧回路

动画
液压锁锁紧回路

第3节　速度控制回路

速度控制回路用于控制执行元件的运动速度。 速度控制回路包括调节执行元件工作行程的调速回路和快速运动回路。

一、调速回路

液压缸中活塞杆的运动速度 v 与液压缸内流体的流量 q 成正比,而与液压缸活塞杆的有效面积成反比。活塞杆的有效面积是固定不变的,只要改变输入液压缸中的流量 q,就能达到改变运动速度 v 的目的。调速的方法有三种,即节流调速、容积调速和容积节流调速。

1. 节流调速回路

节流调速回路是将节流阀串联在液压泵与液压缸之间,用它来控制进入液压缸的流量。按节流阀串联安装在进油口还是回油口的不同,节流调速回路分为进油节流调速回路和回油节流调速回路两种。

（1）进油节流调速回路

如图 18-11 所示,将节流阀串联安装在液压缸的进油口前,控制进入液压缸的流量,达到调速的目的,这种回路称为进油节流调速回路。

进油节流调速回路的结构简单,调节活塞的运动速度方便,可获得较大的推力,但速度较慢。进油节流调速回路适用于功率较小、载荷变化不大的液压系统中。

（2）回油节流调速回路

如图 18-12 所示,将节流阀串联安装在液压缸的出油口前,用于控制流出液压缸的流量,达到调速的目的,这种回路称为回油节流调速回路。

回油节流调速回路具有较大的背压,当载荷发生变化时可起缓冲作用,活塞的运动平稳性比进油节流调速回路要好,但回油容易发热。回油节流调速回路适用于功率不大、载荷变化较大或运动平稳性要求较高的液压系统中。

（3）旁油节流调速回路

如图 18-13 所示,将节流阀并联安装在液压缸的进、出油口,调节液压泵溢回油箱的流量,达到控制进入液压缸的流量的目的,称为旁油节流调速回路。

旁油节流调速回路适用于高速、重载、对速度平稳性要求不高的场合。

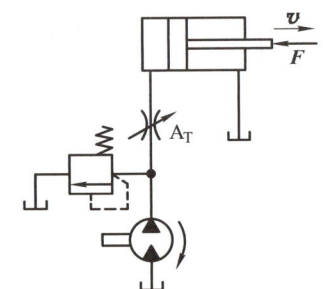　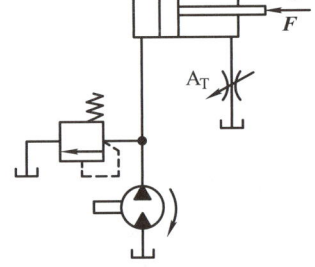　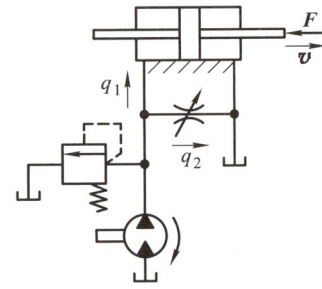

图 18-11　进油节流调速回路　　　图 18-12　出油节流调速回路　　　图 18-13　旁油节流调速回路

2. 容积调速回路

容积调速回路是指通过改变液压泵或液压马达的流量,来调节执行元件运动速度的回路。常用变量液压泵来根据液压缸的流量需求直接调节供油量的大小,使液压泵输出的液压油全部直接进入液压缸或液压马达,无节流和溢流损失。图 18-14 所示为变量泵容积调速回路。

容积调速回路具有效率高,发热少的特点,但是液压泵的结构复杂,价格较高。容积调速回路适用于大功率的调速系统。

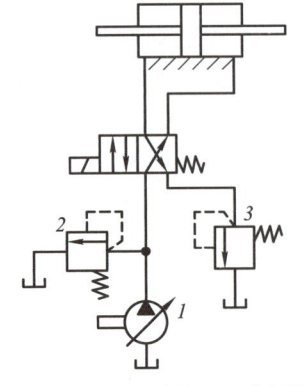　　　　　　　　　　　　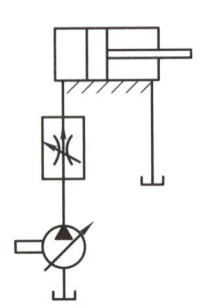

1—变量泵;2—调压溢流阀;3—背压溢流阀。

图 18-14　变量泵容积调速回路　　　　　　图 18-15　容积节流调速回路

3.容积节流调速回路

用变量液压泵和节流阀（或调速阀）配合进行调速的回路,称为容积节流调速回路。图 18-15所示为变量泵和调速阀组成的容积节流调速回路。调节调速阀节流口的开口大小,就能改变进入液压缸的流量,从而改变液压缸活塞的运动速度。如果变量泵的流量大于调速阀调定的流量,由于系统中没有设置溢流阀,多余的油液会使油液的压力升高,当达到变量泵设定的压力值后,泵的流量会随工作压力的升高而自动减少。

容积节流调速回路的变量泵输出流量与通过调速阀的流量相适应,所以效率高,发热少,液压缸的工作速度不受载荷变化的影响,运动较稳定。

二、快速运动回路

快速运动回路使执行元件在短时间内得到尽可能大的运动速度。常用液压缸的差动连接来获得执行元件的快速运动。如图 18-16 所示的快速运动回路,液压缸的回油口与进油口相通,液压泵输出的压力油同时进入液压缸的左腔和右腔,由于左腔为无杆腔,右腔为有杆腔,左腔的有效面积比右腔的有效面积大,所以左腔产生的推力大于右腔的推力,导致活塞向右移动。右腔多余的油液并没有流回油箱,而是与液压泵输出的油液合并一起进入液压缸的左腔,相当于在没有增加泵的流量的前提下,增加了供给液压缸的左腔的油液量,使得活塞快速向右运动。

快速运动回路的结构简单、经济,但所加快的速度有限。

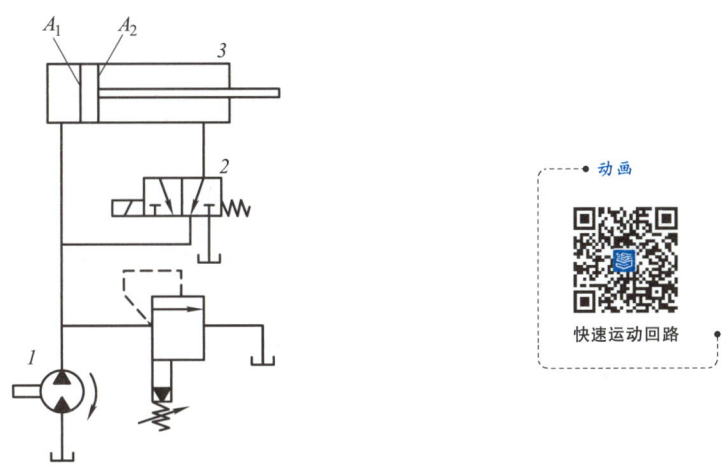

动画

快速运动回路

1—液压泵;2—换向阀;3—液压缸;A_1—无杆腔有效面积;A_2—有杆腔有效面积。

图 18-16　快速运动回路

为了使执行元件得到快速的运动,可以安装不同流量的双液压泵,根据流量的需要选择单泵或双泵供油。

第4节　顺序动作回路

在液压传动系统中,往往由一个液压泵来驱动多个液压缸工作。按照传动要求,这些液压缸有先后顺序的动作,为了避免出现压力和流量上的相互干扰,必须设计出满足顺序动作的液压回路。

常用的顺序动作回路有用行程开关控制的顺序动作回路和用压力控制的顺序动作回路两种。

一、行程控制顺序动作回路

图 18-17 所示是用行程开关和电磁阀控制的顺序动作回路。该自动车床的液压传动系统中有两个液压缸,液压缸 3 用于夹紧工件,液压缸 4 用于推动刀具切削工件。为了保证安全操作,液压缸 3 与液压缸 4 之间需要设置联动自锁装置,用行程开关和电磁阀控制液压缸的动作顺序为:液压缸 3 右进→液压缸 4 右进→液压缸 4 左退→液压缸 3 左退。具体的动作过程如下:

(1)首先按下开关使电磁铁 1YA 通电,压力油进入液压缸 3 的左腔,使活塞按箭头①的方向运动。当活塞杆上的挡块压下行程开关 6S 后,使 1YA 断电,3YA 通电,液压缸 3 的活塞停止运动。

(2)3YA 通电后压力油进入液压缸 4 的左腔,使活塞按箭头②的方向运动。当活塞杆上的挡块压下行程开关 8S 后,使 3YA 断电,4YA 通电,液压缸 4 的活塞停止运动。

(3)4YA 通电后压力油进入液压缸 4 的右腔,使活塞按箭头③的方向返回运动。当活塞杆上的挡块压下行程开关 7S 后,使 4YA 断电,2YA 通电,液压缸 4 的活塞停止运动。

(4)2YA 通电后,压力油进入液压缸 3 的右腔,使活塞按箭头④的方向返回运动。当活塞杆上的挡块压下行程开关 5S 后,使 2YA 断电,活塞停止运动,至此完成一个工作循环。

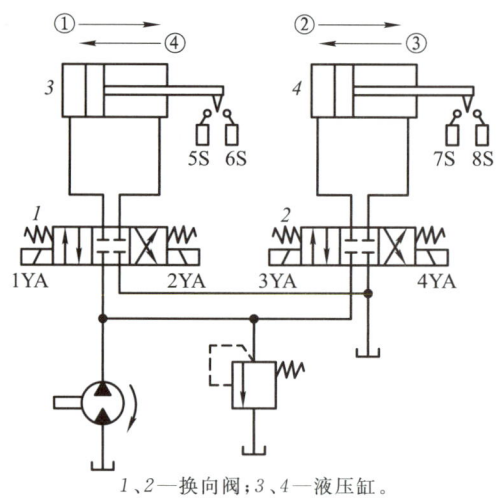

1、2—换向阀;3、4—液压缸。

图 18-17 行程控制顺序动作回路

行程开关与电磁阀在电气控制上设计成互动连锁装置,保证系统的安全运行。该顺序动作回路的优点是行程大小和先后顺序的调整方便,顺序动作靠电气互锁,可靠性强。

二、压力控制顺序动作回路

图 18-18 所示为利用压力继电器控制的顺序动作回路。其动作过程与如图 18-17 所示的行程控制顺序动作回路相似,区别是用压力继电器控制代替行程开关控制。用压力继电器的优点是可以调整压力继电器的压力大小,使压力从零到设定值之间留有一定的时间差,同时只有在压力达到设定值后,才能触动压力继电器的开关,起到一定的安全保险的作用。为了防止出现误

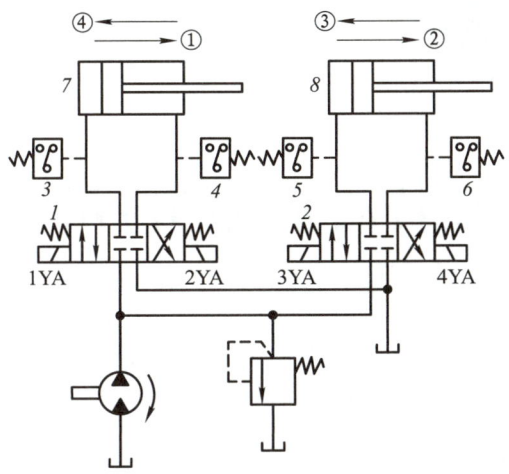

1、2—换向阀；3、4、5、6—压力继电器；7、8—液压缸。

图 18-18　压力控制顺序动作回路

动作,后一行程压力继电器的压力应比前一行程压力继电器的压力高 0.4 MPa 左右,但都要比溢流阀的压力低 0.5 MPa 左右。

练习

1. 常见的液压基本回路分为几类? 各在系统中起到什么作用?

2. 压力控制回路有几种? 各有什么特点?

3. 方向控制回路有几种? 各有什么特点?

4. 常用的速度控制回路有几种? 各有什么特点?

5. 常用的顺序动作回路有几种? 各有什么特点?

6. 如何调整液压执行元件的运动速度? 常用的调速方法有哪些?

7. 图 18-19 所示为多级调压回路,其中,各溢流阀的调压分别为 $p_1 = 8$ MPa, $p_2 = 4$ MPa, $p_3 = 2$ MPa。试确定液压泵的供油压力分为几级、各为多少。

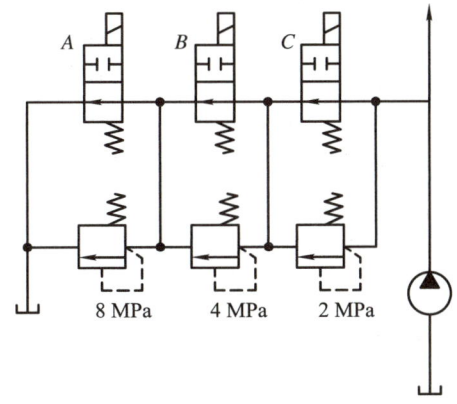

图 18-19　多级调压回路

第十九章

典型液压传动系统的应用

在汽车上许多地方采用了液压传动系统来代替传统的机械传动,提高了汽车的可操控性,减轻了驾驶员的劳动强度,向汽车自动化的发展方向迈进了一大步。

第1节　汽车液压动力转向助力器

对于载重汽车,随着载重量和自重的增加,分配给汽车前轴的载荷也相应增加,驾驶员靠自身双手的扭力来操控方向盘会感到"转向沉重",力不从心,迫切需要借助于液压传动来改善现状。在汽车转向系统上加装转向液压助力器,可使操纵轻便、灵活,提高转向的灵敏度。

一、液压动力转向助力器的构成

如图 19-1 所示,与机械传动的汽车方向盘直接操控前轴的传统方法所不同的是,在汽车方向盘与前轴之间安装了液压动力转向助力器,该传动路线为汽车方向盘→液压动力转向助力器→汽车前轴。

液压动力转向助力器由操纵阀芯 3、活塞杆 1 和缸体 2 三大件组成。与右侧活塞杆 1 相配合的缸体 2 又是左侧操纵阀芯 3 的阀体,缸体 2 的左端铰接在前轴的双摇杆机构上;活塞杆 1 的右端铰接在汽车机架上;阀芯 3 随着扇形蜗轮 4 的摆动而左右移动。

二、液压动力转向助力器的工作原理

当转向盘 5 转动时,通过方向盘 5 上的蜗杆与扇形蜗轮 4 的啮合,控制扇形蜗轮 4 上杠杆的左右摆动,推动阀芯 3 做左右移动。当转向盘 5 处在图示位置时,液压缸进油口 P 与回油口 T 被堵塞封闭,缸体 2 与活塞杆 1 相对不动,汽车保持直线行驶。

当转向盘 5 向右转动时,扇形蜗轮 4 推动阀芯 3 向右移动,进油口 P 与出油口 A 相通,液压油经过进油口 P 与出油口 A 进入缸体 2 的右腔,由于活塞杆 1 被铰接固定在汽车机架上不动,液压油将推动缸体 2 向右移动,缸体 2 将通过双摇杆机构拉动前轴向右偏转,直至缸体 2 与阀芯 3 达到新的平衡位置。

当转向盘 5 向左转动时,扇形蜗轮 4 推动阀芯 3 向左移动,进油口 P 与出油口 B 相通,液压油经过进油口 P 与出油口 B 进入缸体 2 的左腔,由于活塞杆 1 被铰接固定在汽车机架上不动,液压油将推动缸体 2 向左移动,缸体 2 将通过双摇杆机构拉动前轴向左偏转,直至缸体 2 与阀芯 3 达到新的平衡位置。

不断地转动转向盘 5,前轮便能不断地向左右偏转,使汽车在行驶中前进和转向。

该液压传动系统中，阀芯的左右两端还与缸体 2 的左右两腔相通，使移动阀芯 3 时所需的力与液压缸两腔的压力差（p_1-p_2）成正比，这样驾驶员在转动转向盘时就会感觉到转向阻力的大小。

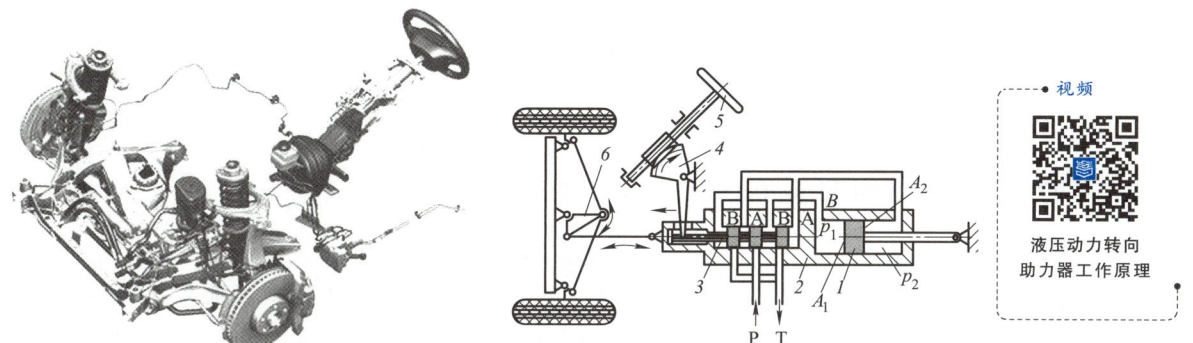

1—活塞杆；2—缸体；3—阀芯；4—扇形蜗轮；5—转向盘；6—双摇杆机构。

图 19-1　液压动力转向助力器

汽车的制动系统也应用了液压传动系统，通过驾驶员脚踩制动踏板，调整液压阀芯的移动量，控制进入制动液压缸内的油液流量，达到快速制动车轮的目的。由于液压油具有很高的压力，能够产生比人用机械的制动方法大几十倍的制动力，所以得到广泛的应用。同样，在汽车的离合器、防滑装置、变速器上也采用了液压助力装置。

第2节　液压双柱汽车举升机

在对汽车的底盘进行维护时，要求将汽车提升到离开地面的一个人的高度，才能对汽车进行正常的维修，如图 19-2 所示。液压双柱汽车举升机由立柱上的两活动支架和固定支架组成，两活动支架由液压缸通过链条驱动，推动两活动支架升起，并承担汽车的重量。

图 19-2　液压双柱汽车举升机

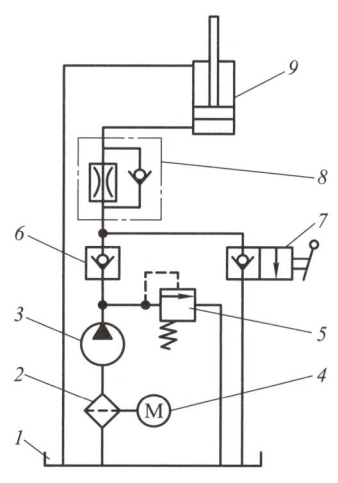

1—油箱；2—滤油器；3—齿轮泵；4—电动机；5—溢流阀；
6—单向阀；7—换向阀；8—单向调速节流阀；9—液压缸活塞。

图 19-3　液压双柱汽车举升机的液压传动系统原理图

图 19-3 所示为液压双柱汽车举升机的液压传动系统原理图。

一、液压双柱汽车举升机液压传动系统的构成

液压双柱汽车举升机液压传动系统由齿轮泵 *3*、1.5 kW 的三相异步电动机 *4*、溢流阀 *5*、换向阀 *7*、液压缸 *9*、单向调速节流阀 *8* 等构成。

该液压传动系统包含了换向回路、节流调速回路和单级调压回路。

二、液压双柱汽车举升机液压传动系统的工作原理

1. 两活动支架上升

手动换向阀 *7* 置于左位，开启电动机 *4*，液压泵 *3* 输出压力油，油压靠溢流阀 *5* 来调定，通过单向阀 *6*、单向调速节流阀 *8*，进入液压缸 *9* 的下腔，活塞杆上移，通过链条驱动推举两活动支架上升，液压缸 *9* 的上腔油液流回油箱。

2. 两活动支架停止不动

手动换向阀 *7* 置于左位，电动机 *4* 停止工作，液压缸 *9* 由单向阀 *6* 及换向阀 *7* 封闭下腔的回油；同时闭合举升机制动器，锁住举升机，使举升机处于安全状态，不会随意移动。

3. 两活动支架下降

松开制动器，将换向阀 *7* 调成右位工作，两活动支架靠自身的重力下降，液压缸 *9* 下腔的油液可以通过单向调速节流阀 *8* 来调整下降的速度，油液经过换向阀 *7* 流回油箱，两活动支架下降到原位。

第 3 节　自卸车液压传动系统

图 19-4 所示为自卸车液压传动系统原理图。

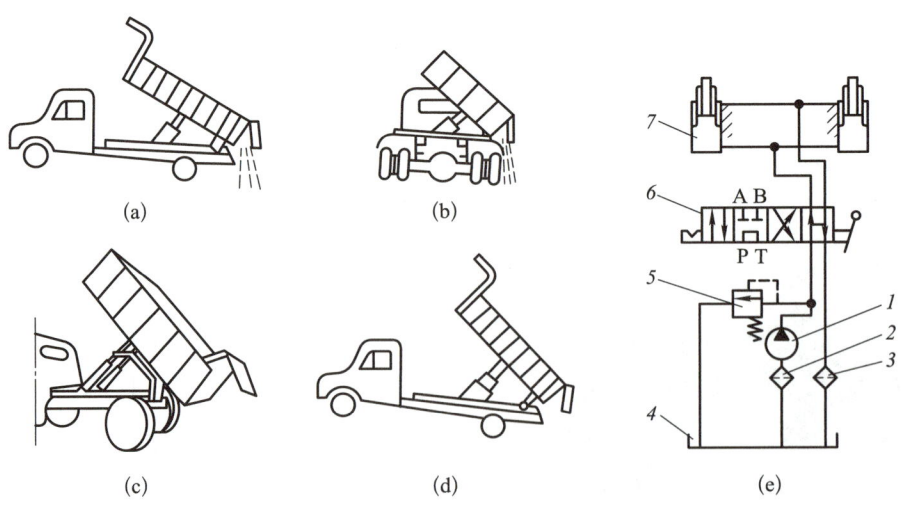

1—齿轮泵；2、3—滤清器；4—油箱；5—溢流阀；6—换向阀；7—液压缸。

图 19-4　自卸车液压传动系统原理图

一、自卸车液压传动系统的构成

自卸车液压传动系统主要由齿轮泵 *1*（额定压力为 10 MPa）、四位四通手动换向阀 *6*、溢流阀 *5* 和两个液压缸组成，包含由换向阀 *6* 控制的换向回路和卸荷回路、由溢流阀 *5* 控制的限压回路及由两液压缸组成的同步工作回路。要用换向阀 *6* 控制完成货箱的空位、举升、中停、下降等四个动作。

二、自卸车液压传动系统的工作原理

1. 空位

把手动换向阀 *6* 置于最右位，则油泵产生的油液全部流回油箱。货箱处于未举起的水平空位状态。

2. 举升

把手动换向阀 *6* 置于最左位，此时进油路线为：滤清器 *2*→齿轮泵 *1*→手动换向阀 *6* 最左位→液压缸 *7* 下腔。

出油路线为：液压缸 *7* 上腔→手动换向阀 *6* 最左位→滤清器 *2*→油箱。液压缸逐渐升起，如图 19-4a、b 所示。

3. 中停

把手动换向阀 *6* 置于左二位，进油口与回油口相通，此时齿轮泵处于卸荷状态。液压缸油液被封闭锁住，货箱停止在任意位置，如图 19-4c、d 所示。

4. 下降

把手动换向阀 *6* 置于左三位。

进油路线：滤清器 *2*→齿轮泵 *1*→手动换向阀 *6* 左三位→液压缸 *7* 上腔。

出油路线：液压缸 *7* 下腔→手动换向阀 *6* 左三位→滤清器 *2*→油箱。液压缸逐渐下降，货箱降到原位，把手动换向阀 *6* 移至最右位，如图 19-4e 所示。

第4节 汽车起重机液压传动系统

图 19-5 所示为汽车液压起重机外形图。汽车起重机为移动的起重设备，除了具有汽车正常的行走功能外，还要有液压起重 8 t 的能力，能够完成重物的提起、升高、停止、下降和转动的动作，同时还有液压前后支腿的自动伸开、收回和支承的功能。

一、汽车起重机液压传动系统的构成

汽车起重机液压传动系统原理图如图 19-6 所示，液压传动系统分为如下部分。

1. 动力部分

动力部分由轴向柱塞泵 *1*、油箱 *10*、滤油器 *2*、压力表 *4*、阻尼器 *3* 等组成。

2. 换向控制部分

换向控制部分由两部分组成：如图所示的第 I 组和第 II 组。第 I 组包括手动二位三通换向阀 *23*、安全阀 *13*、两个手动三位四通换向阀 *24* 和 *25*。该部分控制液压锁 *6*、*7*、*6'*、*7'* 对两对前

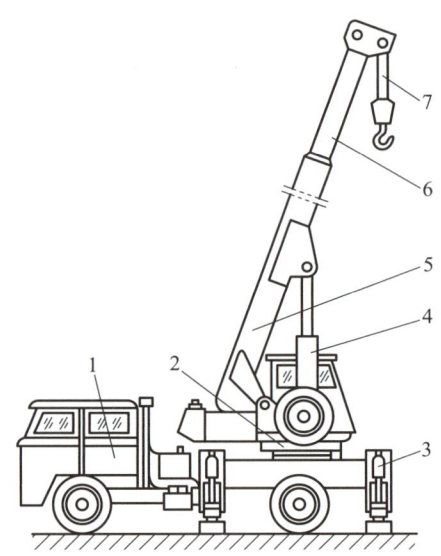

1—汽车;2—转台;3—支腿;4—吊臂变幅液压缸;5—基本臂;6—伸缩臂;7—起升机构。

图 19-5　汽车液压起重机外形图

后支腿液压缸 8 和 9 的锁紧,及控制稳定器液压缸 5。

第 Ⅱ 组由中心回转接头 22 控制该部分与动力部分的连接,主要包括四个手动三位四通换向阀 26、27、28 和 29。该部分控制吊臂液压缸 14 的伸缩、一对变幅液压缸 15 的变幅、回转马达 17 的回转、起升液压马达 18 的起升及一对制动器液压缸 19。三个平衡阀 12、16 和 20 控制吊臂伸缩、变幅、起升马达的工作平稳及单向锁紧。

二、汽车起重机液压传动系统的工作原理

1. 车身液压支承、调平和稳定

车身液压支承、调平和稳定由第 Ⅰ 组换向阀来控制。为了保证起重机工作稳定,起重工作前要先伸开前后支腿,用液压缸 8、9 将整车底盘支承起来,使后轮的轮胎离地,靠四条前后支腿来支承整车底盘和起重的全部重量,并对支腿液压缸加上液压锁,以防止出现事故。

（1）后支腿放下

进油路线:柱塞泵 1 →滤清器 2 →换向阀 23 左位→换向阀 24 左位→换向阀 25 左位→

稳定器液压缸 5 的大腔,锁住板簧

液压锁 6、7 →后支腿液压缸 8 大腔,放下后支腿

回油路线:稳定器液压缸 5 的小腔
后支腿液压缸 8 的小腔　}→换向阀 25 的左位→油箱

后支腿放下后,换向阀 24 回到中间位置,达到油路闭锁。

（2）前支腿放下

进油路线:柱塞泵 1 →滤清器 2 →换向阀 23 左位→换向阀 24 左位→液压锁 6'、7' →前支腿液压缸 9 大腔,放下前支腿

回油路线:液压缸 9 小腔→液压锁 6'、7' →换向阀 24 左位→换向阀 25 →油箱

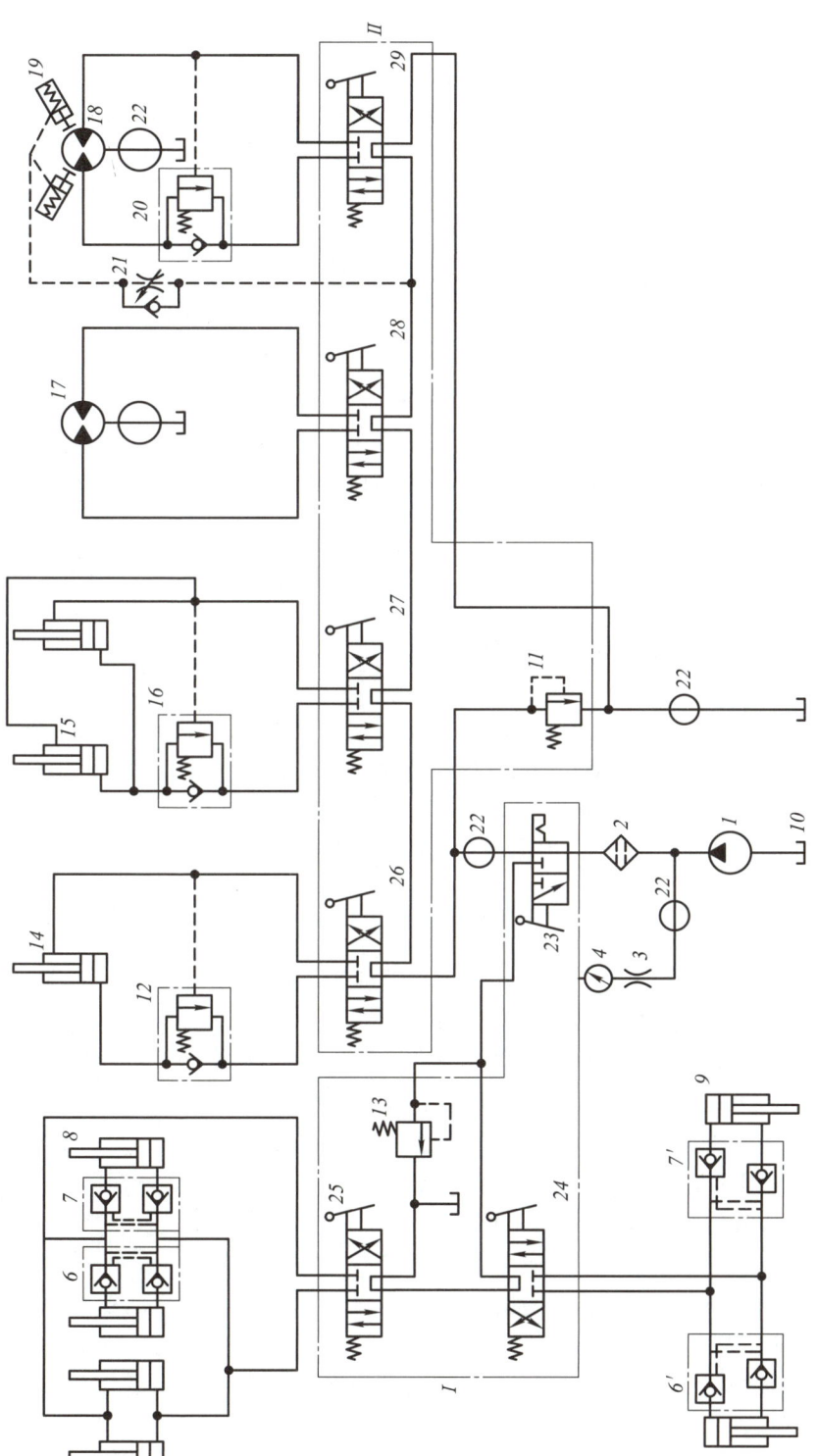

图19-6 汽车起重机液压传动系统的工作原理图

1—轴向柱塞泵；2—滤清器；3—阻尼器；4—压力表；5—稳定器液压缸；6、7、6′、7′—液压锁；

8、9—前后支腿液压缸；10—油箱；11、13—安全阀；12、16、20—平衡阀；14—吊臂液压缸；

15—变幅液压缸；17—回转液压马达；18—起升液压马达；19—制动器液压缸；21—单向节流阀；

22—中心回转接头；23、24、25—I组多路阀；26、27、28、29—II组多路阀。

放下前支腿到位后,换向阀 24 回到中间位置,达到油路闭锁的目的。前、后支腿支承车身,并靠稳定液压缸活塞的伸出,推动挡块连接车体与后桥成稳定刚体。

2. 吊臂的变幅、伸缩、吊重的升降、回转

吊臂的变幅液压缸、伸缩臂液压缸、吊重的升降、回转液压马达是由第 II 组换向阀来控制。

(1) 吊臂的变幅

进油路线:柱塞泵 1 →滤油器 2 →换向阀 23 右位→中心回转接头 22 →换向阀 26 中位→换向阀 27 左位→平衡阀 16 →变幅液压缸 15 大腔

回油路线:变幅液压缸 15 小腔→换向阀 27 左位→换向阀 28、29 中位→中心回转接头 22 →油箱

此时,变幅液压缸 15 的活塞杆伸出,使吊臂的倾角增大,实现增幅,到位后换向阀 27 回中位,变幅液压缸 15 闭锁。当换向阀 27 处于右位时,活塞杆缩回,吊臂的倾角减小,实现减幅。

(2) 吊臂的伸缩

进油路线:柱塞泵 1 →滤清器 2 →换向阀 23 右位→换向阀 26 左位→平衡阀 12 中的单向阀→液压缸 14 大腔

回油路线:液压缸 14 小腔→换向阀 26 左位→换向阀 27、28、29 →中心回转接头 22 →油箱

此时,吊臂伸出。当换向阀 26 处于右位时,吊臂缩回。

(3) 吊重的回转

进油路线:柱塞泵 1 →滤清器 2 →换向阀 23 右位→中心回转接头 22 →换向阀 26 中位→换向阀 27 中位→换向阀 28 左位→液压马达口→换向阀 28 左位→换向阀 29 中位→回转接头→油箱

此油路可实现液压马达一个方向的回转。当换向阀 28 置于右位时,回转换向;当换向阀 28 置于中位时,回转马达闭锁。

(4) 吊重的升降

吊重的升降回路的执行元件是起升马达 18 与一对制动器液压缸 19,由换向阀 29 控制。要求上闸迅速,松闸缓慢,由单向节流阀 21 实现。

吊重上升的进油路线:柱塞泵 1 →滤清器 2 →换向阀 23 右位→换向阀 26 →换向阀 27 →

换向阀 28 $\begin{cases} \text{进油阀 21 阻尼孔→制动器液压缸 19 下腔,制动器松闸} \\ \text{换向阀 29 左位→液压马达 18,使液压马达正转,重物提升} \end{cases}$

吊重下降的进油路线:柱塞泵 1 →滤清器 2 →换向阀 23 右位→换向阀 26 →换向阀 27 →换向阀 28 →换向阀 29 右位,液压马达 18 反转,吊重下降

回油路线:液压马达 18 →换向阀 29 左位→中心回转接头 22 →油箱

由于第 II 组换向阀 26、27、28、29 组成串联油路,所以可操纵伸缩液压缸 14、变幅液压缸 15、回转液压马达 17、起升液压马达 18 同时动作。

设置平衡阀 20、12、16 是为了保持吊重降低,吊臂倾角减小和吊臂平稳缩回的作用,同时,又起到液压锁的作用。

各机构的速度调节是通过改变汽车发动机的转速来改变液压泵的输出流量的。

参考文献

［1］栾学钢,赵玉奇,陈少斌.机械基础:多学时［M］.3版.北京:高等教育出版社,2024.

［2］陈桂芳.液压与气压技术［M］.4版.北京:北京理工大学出版社,2018.

［3］胡海清,徐岳清,邸静妍.气压与液压传动控制技术［M］.6版.北京:北京理工大学出版社,2022.